教育部人文社会科学研究青年基金项目（项目号 16YJC720003）资助

项目名称"亚里士多德《论灵魂》的翻译与研究"

西方古典学研究
编辑委员会

主　编：黄　洋　（复旦大学）
　　　　高峰枫　（北京大学）

编　委：陈　恒　（上海师范大学）
　　　　李　猛　（北京大学）
　　　　刘津瑜　（美国德堡大学）
　　　　刘　玮　（中国人民大学）
　　　　穆启乐　（Fritz-Heiner Mutschler，德国德累斯顿大学；北京大学）
　　　　彭小瑜　（北京大学）
　　　　吴　飞　（北京大学）
　　　　吴天岳　（北京大学）
　　　　徐向东　（浙江大学）
　　　　薛　军　（北京大学）
　　　　晏绍祥　（首都师范大学）
　　　　岳秀坤　（首都师范大学）
　　　　张　强　（东北师范大学）
　　　　张　巍　（复旦大学）

西方古典学研究

De Anima

论灵魂

Aristotle

[古希腊] 亚里士多德 著

陈玮 译

图书在版编目（CIP）数据

论灵魂 /（古希腊）亚里士多德著；陈玮译. —北京：北京大学出版社，2021.10

（西方古典学研究）

ISBN 978-7-301-30259-0

Ⅰ.①论⋯　Ⅱ.①亚⋯ ②陈⋯　Ⅲ.①古希腊罗马哲学　Ⅳ.① B502

中国版本图书馆 CIP 数据核字（2019）第 034677 号

书　　　名	论灵魂
	LUN LINGHUN
著作责任者	[古希腊] 亚里士多德（Aristotle）著　陈　玮 译
责任编辑	王晨玉
标准书号	ISBN 978-7-301-30259-0
出版发行	北京大学出版社
地　　　址	北京市海淀区成府路 205 号　100871
网　　　址	http://www.pup.cn　新浪微博：@北京大学出版社
电子信箱	pkuwsz@126.com
电　　　话	邮购部 010-62752015　发行部 010-62750672　编辑部 010-62752025
印刷者	北京中科印刷有限公司
经销者	新华书店
	730 毫米 ×1020 毫米　16 开本　16.5 印张　189 千字
	2021 年 10 月第 1 版　2025 年 5 月第 4 次印刷
定　　　价	56.00 元

未经许可，不得以任何方式复制或抄袭本书之部分或全部内容。
版权所有，侵权必究
举报电话：010-62752024　电子信箱：fd@pup.pku.edu.cn
图书如有印装质量问题，请与出版部联系，电话：010-62756370

"西方古典学研究"总序

　　古典学是西方一门具有悠久传统的学问，初时是以学习和通晓古希腊文和拉丁文为基础，研读和整理古代希腊拉丁文献，阐发其大意。18世纪中后期以来，古典教育成为西方人文教育的核心，古典学逐渐发展成为以多学科的视野和方法全面而深入研究希腊罗马文明的一个现代学科，也是西方知识体系中必不可少的基础人文学科。

　　在我国，明末即有士人与来华传教士陆续译介希腊拉丁文献，传播西方古典知识。进入20世纪，梁启超、周作人等不遗余力地介绍希腊文明，希冀以希腊之精神改造我们的国民性。鲁迅亦曾撰《斯巴达之魂》，以此呼唤中国的武士精神。20世纪40年代，陈康开创了我国的希腊哲学研究，发出欲使欧美学者以不通汉语为憾的豪言壮语。晚年周作人专事希腊文学译介，罗念生一生献身希腊文学翻译。更晚近，张竹明和王焕生亦致力于希腊和拉丁文学译介。就国内学科分化来看，古典知识基本被分割在文学、历史、哲学这些传统学科之中。20世纪80年代初，我国世界古代史学科的开创者日知（林志纯）先生始倡建立古典学学科。时至今日，古典学作为一门学问已渐为学界所识，其在西学和人文研究中的地位日益凸显。在此背景之下，我们编辑出版这套"西方古典学研究"丛书，希冀它成为古典学学习者和研究者的一个知识与精神的园地。"古典学"一词在西文中固无歧义，但在中文中可包含多重意思。丛书取"西方古典学"之名，是为避免中文语境中的歧义。

收入本丛书的著述大体包括以下几类：一是我国学者的研究成果。近年来国内开始出现一批严肃的西方古典学研究者，尤其是立志于从事西方古典学研究的青年学子。他们具有国际学术视野，其研究往往大胆而独具见解，代表了我国西方古典学研究的前沿水平和发展方向。二是国外学者的研究论著。我们选择翻译出版在一些重要领域或是重要问题上反映国外最新研究取向的论著，希望为国内研究者和学习者提供一定的指引。三是西方古典学研习者亟需的书籍，包括一些工具书和部分不常见的英译西方古典文献汇编。对这类书，我们采取影印原著的方式予以出版。四是关系到西方古典学学科基础建设的著述，尤其是西方古典文献的汉文译注。收入这类的著述要求直接从古希腊文和拉丁文原文译出，且译者要有研究基础，在翻译的同时做研究性评注。这是一项长远的事业，非经几代人的努力不能见成效，但又是亟需的学术积累。我们希望能从细小处着手，为这一项事业添砖加瓦。无论哪一类著述，我们在收入时都将以学术品质为要，倡导严谨、踏实、审慎的学风。

我们希望，这套丛书能够引领读者走进古希腊罗马文明的世界，也盼望西方古典学研习者共同关心、浇灌这片精神的园地，使之呈现常绿的景色。

"西方古典学研究"编委会

2013 年 7 月

目 录

第一卷 1
- 第一章 2
- 第二章 18
- 第三章 32
- 第四章 46
- 第五章 58

第二卷 73
- 第一章 74
- 第二章 82
- 第三章 92
- 第四章 98
- 第五章 110
- 第六章 118
- 第七章 122
- 第八章 130
- 第九章 142
- 第十章 148

第十一章 152
　　第十二章 162

第三卷 167
　　第一章 168
　　第二章 174
　　第三章 186
　　第四章 198
　　第五章 206
　　第六章 210
　　第七章 216
　　第八章 222
　　第九章 226
　　第十章 232
　　第十一章 238
　　第十二章 242
　　第十三章 248

本书所涉著作名称及缩略语表 253
文献信息 254
致　谢 255

第一卷
VOLUME ONE

第一章

[402a1] Τῶν καλῶν καὶ τιμίων τὴν εἴδησιν ὑπολαμβάνοντες, μᾶλλον δ᾽ ἑτέραν ἑτέρας ἢ κατ᾽ ἀκρίβειαν ἢ τῷ βελτιόνων τε καὶ θαυμασιωτέρων εἶναι, δι᾽ ἀμφότερα ταῦτα τὴν περὶ τῆς ψυχῆς ἱστορίαν εὐλόγως ἂν ἐν πρώτοις τιθείημεν. δοκεῖ δὲ καὶ πρὸς ἀλήθειαν ἅπασαν ἡ γνῶσις αὐτῆς μεγάλα συμβάλλεσθαι, μάλιστα δὲ πρὸς τὴν φύσιν· ἔστι γὰρ οἷον ἀρχὴ τῶν ζῴων. ἐπιζητοῦμεν δὲ θεωρῆσαι καὶ γνῶναι τήν τε φύσιν αὐτῆς

我们认为认知活动①属于那些美好而具有价值的事物，而某一种认知活动较其他认知而言更美好也更有价值，这或者是由于它更准确②，或者是由于其认知对象更好也更了不起。基于这两个原因，我们可以合理地将对灵魂的探讨归入第一等的研究。对于灵魂的研究似乎对于［我们探究］③一切真理都非常重要，对于探究自然的真理来说则尤其如此。因为灵魂是生物④的某种本原（ἀρχή）⑤。我们的目标在于考察和探知灵魂的本性

---

① τὴν εἴδησιν，"认知"，英译 cognition。这个词应该是亚里士多德自己的创造，用来指各种类型的认识活动（Shields, p.82），而亚里士多德只在此处使用了这个词（参见 Reeve, p.67, note 1）。根据 Hicks（pp.173-174），亚里士多德在这里用 εἴδησις 来指一种更为宽泛意义上的"知识"，而并不特指某种类型的知识。在这个意义上，它与 γνῶσις（例如 DA 402a5）的含义相近，都强调"正在进行的活动"这重含义，因此更确切地说，这里的"认知"应作动名词理解，指的是认知活动。

② κατ' ἀκρίβειαν，根据准确性来说。关于"准确性"的衡量标准，具体参见 Reeve, p.68, note 2；他在注释中指出，衡量一门科学是否"准确"的要点就在于，看它能否在呈现事实的基础上，从最基本的前提出发对事实加以解释。

③ 原文中省去（或未予明示）、译文中为语句通顺或语意清楚而做的补充，以［］标出，供参考或商榷。原文（OCT 本和 Ross 1961 本）中原先注明的、与其他版本间在字句上的差异，则以 <> 标出。以下不再说明。

④ τῶν ζῴων，Hamlyn 和 Shields 都译作 animals，Reeve 和秦典华则译作更普遍的 living things 或"生命"。这里应该是在指有生命或有灵魂的事物，其中包括动物和植物（参见 Reeve, p.69, note 2）。我同意采取更宽泛的译法，译作"生物"。

⑤ ἔστι γὰρ οἷον ἀρχὴ τῶν ζῴων，"灵魂是生物的本原"，亚里士多德在后文中对这句极为重要的话做出了更为充分的阐释，说明灵魂是生物的营养、感知、思想以及运动等活动的本原或原理（参见 413b11，ἐστὶν ἡ ψυχὴ τῶν εἰρημένων τούτων ἀρχὴ καὶ τούτοις ὥρισται，［转下页］

καὶ τὴν οὐσίαν, εἶθ᾽ ὅσα συμβέβηκε περὶ αὐτήν· ὧν τὰ μὲν ἴδια πάθη τῆς ψυχῆς εἶναι δοκεῖ, τὰ δὲ δι᾽ ἐκείνην καὶ τοῖς ζῴοις ὑπάρχειν.

[402a10] πάντῃ δὲ πάντως ἐστὶ τῶν χαλεπωτάτων λαβεῖν τινα πίστιν περὶ αὐτῆς. καὶ γάρ, ὄντος κοινοῦ τοῦ ζητήματος καὶ πολλοῖς ἑτέροις, λέγω δὲ τοῦ περὶ τὴν οὐσίαν καὶ τὸ τί ἐστι, τάχ᾽ ἄν τῳ δόξειε μία τις εἶναι μέθοδος κατὰ πάντων περὶ ὧν βουλόμεθα γνῶναι τὴν οὐσίαν, ὥσπερ καὶ τῶν κατὰ συμβεβηκὸς ἰδίων ἀπόδειξις, ὥστε ζητητέον ἂν εἴη τὴν μέθοδον ταύτην· εἰ δὲ μὴ ἔστι μία τις καὶ κοινὴ μέθοδος περὶ τὸ τί ἐστιν, ἔτι χαλεπώτερον γίνεται τὸ πραγματευθῆναι· δεήσει γὰρ λαβεῖν

(τήν φύσιν)① 与本质（τὴν οὐσίαν），乃至它的属性（ὅσα συμβέβηκε）：其中有些似乎是灵魂所特有的波动（τὰ πάθη）②，有些则是生物因灵魂而产生的其他波动。

不过，要获得关于它［灵魂］的任何明确的信念（πίστιν），无论怎么说都是最困难的事情之一。因为这项研究对于其他很多［领域］来说也是共同的（这里我指的是对于本质和"是什么"［τὸ τί ἐστι］③的研究），或许在某人看来有一种［单一的］方法可以用于所有的研究对象，而我们想要知道这些研究对象的本质是什么，就好像用一个证明方法就可以表明所有那些偶然的属性，如果是这

［接上页］θρεπτικῷ, αἰσθητικῷ, διανοητικῷ, κινήσει）。ἀρχὴ 通常有"本原""起源""开端"以及"原理"等意涵及译法，亚里士多德在这里将灵魂首先确立为动物的一切运动（既包括身体的也包括心灵的）的根据和来源，明确指出了灵魂是动物乃至一切生物（后面会将植物也包括进来，见 413b4-16）的生命活动之根本。基于此，这里译作"本原"，后面则根据语境酌情译为"起源""原理"等。Shields（p.83）认为亚里士多德在这里明确将灵魂作为动物的 source（起源）或 principle（原理），他本人将这里的 ἀρχὴ 译作"第一原理"（first principle）；关于亚里士多德是在什么意义上使用 ἀρχὴ，参见 Shields（p.392）："亚里士多德在多处将一个事物的 ἀρχὴ 看作其根本特征，其他特征都由之而来；非根本性的特征要依照那些产生它们的特征才能加以解释，哪怕它们是偶然一致的。"

① φύσις，本意为"自然"。根据 Shields（p.390），亚里士多德通常在两个意义上使用 φύσις：在较宽泛的意义上，它指的是整个自然界；而在较窄的意义上，亚里士多德认为，只有当一个事物自身具备产生变化的内在原因，它才被认为具有 φύσις，这个意义上的 φύσις 就不仅仅表示"自然"，而有"本性"乃至"本质"（essence）的意思。这里与 τὴν οὐσίαν 并称，故取"本性"的译法，τὴν οὐσίαν 译为"本质"。

② πάθη 指的是事物由于受外部影响而被动产生的状态或性质。Shields 将其译为 affections，Hicks 视语境而分别译为 attributes（如 403a3, 16, 25），properties（403b10）和 passive affections（403b12）。秦典华似乎将其译为"属性"。我酌情译为"波动""受动"或"状态"，或"外部性质""受外部影响而获得的性质"。

③ τὸ τί ἐστι，名词短语，关于某物"是什么"。但是 τὸ τί ἐστι 较之严格意义上的定义（definition）更为宽泛，它涉及一个事物的"属"（genus），而不涉及"种差"（differentia）。具体解释参见 Hicks（p.179）。

περὶ ἕκαστον τίς ὁ τρόπος. ἐὰν δὲ φανερὸν ᾖ πότερον ἀπόδειξίς ἐστιν ἢ διαίρεσις ἢ καί τις ἄλλη μέθοδος, ἔτι πολλὰς ἀπορίας ἔχει καὶ πλάνας, ἐκ τίνων δεῖ ζητεῖν· ἄλλαι γὰρ ἄλλων ἀρχαί, καθάπερ ἀριθμῶν καὶ ἐπιπέδων.

[402a23] πρῶτον δ' ἴσως ἀναγκαῖον διελεῖν ἐν τίνι τῶν γενῶν καὶ τί ἐστι, λέγω δὲ πότερον τόδε τι καὶ οὐσία ἢ ποιὸν ἢ ποσόν, ἢ καί τις ἄλλη τῶν διαιρεθεισῶν κατηγοριῶν, ἔτι δὲ πότερον τῶν ἐν δυνάμει ὄντων ἢ μᾶλλον ἐντελέχειά τις· διαφέρει γὰρ οὔ τι μικρόν. σκεπτέον δὲ καὶ εἰ μεριστὴ ἢ ἀμερής, καὶ πότερον ὁμοειδὴς ἅπασα ψυχὴ ἢ οὔ· εἰ δὲ μὴ ὁμοειδής, πότερον εἴδει διαφέρουσα ἢ γένει. νῦν μὲν γὰρ οἱ λέγοντες καὶ ζητοῦντες περὶ ψυχῆς περὶ τῆς ἀνθρωπίνης μόνης ἐοίκασιν ἐπισκοπεῖν· εὐλαβητέον δ' ὅπως μὴ λανθάνῃ πότερον εἷς ὁ λόγος

样，我们就必须去探究，这种方法是什么。然而，如果并没有某一种普遍的方法来研究事物"是什么"，那么我们的任务就更为艰难。因为这样一来，我们就必须在每一个领域中寻找个别的方式。而且，即使我们很清楚哪一种用证明、哪一种用划分①、哪一种用其他方法，关于"应该从哪里开始着手研究"这个问题，也还是会有很多困难和疑惑（πλάνας）②：因为不同的领域有不同的始点（ἀρχαί），比如数和平面。

最首要的工作可能是，我们必须确定灵魂的属（ἐν τίνι τῶν γενῶν），以及它是什么。我的意思是：灵魂是这一个（τόδε τι）亦即实体，还是质或者量？或是已经标示出的其他某个范畴？更进一步，我们必须确定，它是某个作为潜能（ἐν δυνάμει）而存在的事物呢，还是某种现实（ἐντελέχειά）？因为这并不是个小问题。我们还必须考虑，灵魂是有各个部分呢，还是没有部分？所有的灵魂都是同质的（ὁμοειδής）吗？如果不是，那它们的区分是种的区别还是属的区别？诚然，那些讨论和探究灵魂的人看来都只是在考虑人类的灵魂。而我们一定要注意，不要忽略了以下问题：对于灵魂是否只有一个说明（ὁ λόγος）③，就好像对于动物只有一个说明？还是说，对于每一种［动物或存在］④（比如说马、狗、人和神），都有

---

① ἡ διαίρεσις，根据 Hicks（p.181），这里所谓"划分"的方法指的是将"属"（genus）划分为"种"（species），再将"种"进一步划分为"亚种"（sub-species），然后继续划分，直至得到仅包含具体个体的"最底层的""最终的"种。

② πλάνας，柏拉图常用这个词来表示精神或心理层面的困惑乃至错误。参见：《理想国》（444B, 505C）；《斐多》（81A）；以及《巴门尼德》（135E）。相关注解参见 Hicks（1907, p.181）。

③ ὁ λόγος，Reeve（p.74, note 9）认为这里特指科学的定义（a scientific definition），我同意他的理解，但是我采取稍微宽泛一点的译法，将其译为"说明"而非"定义"。

④ ἡ καθ' ἕκαστον ἕτερος，OCT 本将 ἕκαστον 读作 ἑκάστην（指"每一种灵魂"），我这里按 Ross（1961）的读法（ἕκαστον），译作"每一种［动物或存在］"。

αὐτῆς ἐστι, καθάπερ ζῴου, ἢ καθ' ἕκαστον ἕτερος, οἷον ἵππου, κυνός, ἀνθρώπου, θεοῦ, τὸ δὲ ζῷον τὸ καθόλου ἤτοι οὐθέν ἐστιν ἢ ὕστερον, ὁμοίως δὲ κἂν εἴ τι κοινὸν ἄλλο κατηγοροῖτο·

[402b9]   ἔτι δέ, εἰ μὴ πολλαὶ ψυχαὶ ἀλλὰ μόρια, πότερον δεῖ ζητεῖν πρότερον τὴν ὅλην ψυχὴν ἢ τὰ μόρια. χαλεπὸν δὲ καὶ τούτων διορίσαι ποῖα πέφυκεν ἕτερα ἀλλήλων, καὶ πότερον τὰ μόρια χρὴ ζητεῖν πρότερον ἢ τὰ ἔργα αὐτῶν, οἷον τὸ νοεῖν ἢ τὸν νοῦν, καὶ τὸ αἰσθάνεσθαι ἢ τὸ αἰσθητικόν· ὁμοίως δὲ καὶ ἐπὶ τῶν ἄλλων. εἰ δὲ τὰ ἔργα πρότερον, πάλιν ἄν τις ἀπορήσειεν εἰ τὰ ἀντικείμενα πρότερον τούτων ζητητέον, οἷον τὸ αἰσθητὸν τοῦ αἰσθητικοῦ, καὶ τὸ νοητὸν τοῦ νοῦ.

一个不同的说明——而普遍意义上的"动物"或者什么都不是，或者是在后的（ὕστερον）。如果还有其他共同的谓词（κατηγοροῖτο），也与此类似。

更进一步，如果并不存在多个灵魂，而是一个灵魂具有多个部分，那么我们就必须确定，是必须先探究作为整体的灵魂还是它的各个部分。同样困难的是，我们不仅要确定，哪些部分在本性上与其他部分相区别，还要确定，我们是应该先探究各个部分，还是先考察它们的功能（τὰ ἔργα）。比如说，是该先研究理性的活动（τὸ νοεῖν）还是先研究理性（τὸν νοῦν）①，先研究感知活动（τὸ αἰσθάνεσθαι）还是先研究感觉能力（τὸ αἰσθητικόν），其他各个部分也是如此。而如果我们必须首先研究它们的功能，那么就会有人提出疑难：我们是否必须在探讨上述［功能］之前先探讨它们各自相应的对象？比如说，在探讨感觉能力之前先探究感觉对象，在探讨理性之前先探讨理性认识的对象。

---

① νοῦς，一般译为理性、理智或心灵。根据 Shields 的整理，亚里士多德在以下几个意义上使用 νοῦς 这个词：第一，作为灵魂的认知和理解的能力，而且不需要有一个物理性的身体器官作为其来源（《论灵魂》429a27），这是它与其他认识和感知能力的区别所在。第二，作为心灵的某种状态或活动，既可以指理智和感知的活动，也可以指这些活动的成果（比如对认识对象的理解或洞察）。第三，在亚里士多德有关逻辑、研究方法和科学体系的思想中（例如《后分析篇》88a15-17），νοῦς 这种认识能力特别对应于那些并非通过演绎论证而获得的原理或者首要原理（ἀρχὴ）。我在译文中将根据不同语境的需要和侧重将 νοῦς 译为理性、理解、理智和心灵。此外，我将 νόησις 译为理智、理解和思想，将 νοεῖν 译为理性的活动、理解活动或思考。

[402b16]　　ἔοικε δ' οὐ μόνον τὸ τί ἐστι γνῶναι χρήσιμον εἶναι πρὸς τὸ θεωρῆσαι τὰς αἰτίας τῶν συμβεβηκότων ταῖς οὐσίαις (ὥσπερ ἐν τοῖς μαθήμασι τί τὸ εὐθὺ καὶ τὸ καμπύλον, ἢ τί γραμμὴ καὶ ἐπίπεδον, πρὸς τὸ κατιδεῖν πόσαις ὀρθαῖς αἱ τοῦ τριγώνου γωνίαι ἴσαι), ἀλλὰ καὶ ἀνάπαλιν τὰ συμβεβηκότα συμβάλλεται μέγα μέρος πρὸς εἰδέναι τὸ τί ἐστιν· ἐπειδὰν γὰρ ἔχωμεν ἀποδιδόναι κατὰ τὴν φαντασίαν περὶ τῶν συμβεβηκότων, ἢ πάντων ἢ τῶν πλείστων, τότε καὶ περὶ τῆς οὐσίας ἕξομεν λέγειν κάλλιστα· πάσης γὰρ ἀποδείξεως ἀρχὴ τὸ τί ἐστιν, ὥστε καθ' ὅσους τῶν ὁρισμῶν μὴ συμβαίνει τὰ συμβεβηκότα γνωρίζειν, ἀλλὰ μηδ' εἰκάσαι περὶ αὐτῶν εὐμαρές, δῆλον ὅτι διαλεκτικῶς εἴρηνται καὶ κενῶς ἅπαντες.

[403a3]　　ἀπορίαν δ' ἔχει καὶ τὰ πάθη τῆς ψυχῆς, πότερόν ἐστι πάντα κοινὰ καὶ τοῦ ἔχοντος ἢ ἔστι τι καὶ τῆς ψυχῆς ἴδιον αὐτῆς· τοῦτο γὰρ λαβεῖν μὲν ἀναγκαῖον, οὐ ῥᾴδιον δέ. Φαίνεται δὲ τῶν μὲν πλείστων οὐθὲν ἄνευ τοῦ σώματος πάσχειν οὐδὲ ποιεῖν, οἷον ὀργίζεσθαι, θαρρεῖν,

这样看来，对于我们考察各个实体之属性（τῶν συμβεβηκότων）的原因来说，有益的工作不仅包括认识一个事物是什么——比如说，在数学研究中知道直线和曲线是什么、线和面是什么，这些都有助于我们考察三角形的内角和等于多少个直角［度数之和］；而且，反过来，确定各个属性（τὰ συμβεβηκότα）对于我们了解一个事物是什么（τὸ τί ἐστι），也具有极大的重要性。因为，如果我们能够根据表象（φαντασίαν）①而为所有的或是大多数属性提出一个说明，我们也就能够对于实体（τῆς οὐσίας）提出最好的论述。因为每一个证明的起点都是"一个东西是什么"，所以仅就那些定义（τῶν ὁρισμῶν）而言，并不能让我们确定各种属性，或者说，至少不能让我们去加以臆断，因此很清楚，这些定义在任何情况下都是以论辩的方式（διαλεκτικῶς）提出的②，也是空洞的。

关于灵魂的各种波动（τὰ πάθη），还有一个问题，即所有这些波动都为有灵魂的事物共同具有吗，还是说，有某种特定的波动是灵魂自身独有的？③这一点是我们必须把握的，但把握它并不容易。在大多数情况下，灵魂显然既不离开身体而受动（πάσχειν），也不会离开身体而有所活动（ποιεῖν），诸如愤怒、勇敢或欲求

---

① κατὰ τὴν φαντασίαν，Hicks（p.192）与 Reeve（p.76, note14）都强调这里的 φαντασίαν 不能理解成"想象"（imagination），而是相当于 φαινομένον（表象）。

② διαλεκτικῶς，副词，意为：以辩证学的方式，论辩地。ἡ διαλεκτική，本意出自动词"对话"和"论辩"（διαλέγω），英译为 dialectic（辩证法，辩证法）。为避免汉语中产生歧义，我根据语境和强调重点的不同，酌情译为论辩术、论辩法、辩证或辩证学（从秦典华译法）。关于亚里士多德对论辩性的科学（或知识）与证明性的科学（或知识）所做的区分，参见 Hicks（p.193）的评注："亚里士多德将论辩性的科学与证明性的科学对立起来，此二者都运用三段论并严格地按照从前提到结论的方式来论证。但是辩证学的前提并不必然或始终为真，其中可能包含论辩双方都同意接受的意见（ἔνδοξα）。"

③ 即只属于灵魂，不属于身体。

ἐπιθυμεῖν, ὅλως αἰσθάνεσθαι, μάλιστα δ' ἔοικεν ἰδίῳ τὸ νοεῖν· εἰ δ' ἐστὶ καὶ τοῦτο φαντασία τις ἢ μὴ ἄνευ φαντασίας, οὐκ ἐνδέχοιτ' ἂν οὐδὲ τοῦτ' ἄνευ σώματος εἶναι.

[403a10] εἰ μὲν οὖν ἔστι τι τῶν τῆς ψυχῆς ἔργων ἢ παθημάτων ἴδιον, ἐνδέχοιτ' ἂν αὐτὴν χωρίζεσθαι· εἰ δὲ μηθέν ἐστιν ἴδιον αὐτῆς, οὐκ ἂν εἴη χωριστή, ἀλλὰ καθάπερ τῷ εὐθεῖ, ᾗ εὐθύ, πολλὰ συμβαίνει, οἷον ἅπτεσθαι τῆς [χαλκῆς]① σφαίρας κατὰ στιγμήν, οὐ μέντοι γ' ἅψεται οὕτως χωρισθέν τι εὐθύ· ἀχώριστον γάρ, εἴπερ ἀεὶ μετὰ σώματός τινος ἐστιν.

[403a16] ἔοικε δὲ καὶ τὰ τῆς ψυχῆς πάθη πάντα εἶναι μετὰ σώματος, θυμός, πραότης, φόβος, ἔλεος, θάρσος, ἔτι χαρὰ καὶ τὸ φιλεῖν τε καὶ μισεῖν· ἅμα γὰρ τούτοις πάσχει τι τὸ σῶμα. μηνύει δὲ τὸ ποτὲ μὲν ἰσχυρῶν καὶ ἐναργῶν παθημάτων συμβαινόντων μηδὲν παροξύνεσθαι ἢ φοβεῖσθαι, ἐνίοτε δ' ὑπὸ μικρῶν καὶ ἀμαυρῶν κινεῖσθαι, ὅταν ὀργᾷ τὸ σῶμα

---

① χαλκῆς（铜的），Ross (1961) 将这个词加了括号，表示存疑。OCT 本则予以保留。这里我同意 Shields (p.75, note 1) 的观点，认为应予以保留而不必特意追究，故按 OCT 本译为"铜球"。关于如何解释亚里士多德在此处蓦然使用"铜球"而不仅仅是"球"，参见 Hicks (p.196)。

(ἐπιθυμεῖν)，或者一般来说所有的感知活动。不过，理性活动似乎是灵魂最独特的［活动］，但如果这是某种想象（φαντασία），或者无法离开想象，那么离开了身体，就连理性活动也是不可能的。

所以，如果说灵魂的上述功能或波动之中有某一种是它独有的（ἴδιον），那么灵魂就可能［与身体］分离。但是如果没有什么是它独有的，那它就不可分离。然而，正如直线，它就其作为直线而言是直的，却也有多种属性，比如说它能够在某一点与铜球相切；但若是分离的话，直线就不会像这样与铜球相切。① 而它其实是不可分离的，因为它总是带有某个［具有延展性的］物体。

看起来，灵魂的所有波动（τὰ τῆς ψυχῆς πάθη πάντα）② 都与身体有关：愤怒、温柔、恐惧、怜惜、勇敢，以及欢乐、爱和恨。因为与此同时，身体也以某种方式受到影响。从下面这一点可以看到：有时候，即使遭到强烈而明显的刺激，我们也不会感到激动或恐惧，但有时我们受到某个微小而模糊的事物触动，当身体激动

---

① 对直线的这个例子大致可以做如下理解：我们可以设想一种纯粹数学意义上的、抽象的直线，也可以设想一种与有形物体相结合的直线，比如直尺的边缘（参见 Reeve, p.77, note 19）。前者是可以与身体相分离而存在的，因而也无法与其他具体的有形物相交（例如铜球）；后者则是无法脱离具体的身体而存在的，当然也可以与另外的有形物（比如铜球）在某一点上相切。

② Hicks（p.198）强调必须对这里的 πάθη 予以更宽泛的理解，即理解为"属性"（attributes），而且前文（403a3）的 πάθη 也应做同样理解。他主要提出了两个理由：第一，亚里士多德在这里使用 πάθη 来指灵魂的所有能力、活动和状态，而非仅限于例子中所提到的这些情绪波动，因此在这里将 πάθη 译为"情感""感受"或"情绪"是不合适的。第二，亚里士多德使用 πάθη 的要点是强调灵魂对身体的依赖，他之所以在这里特别提及愤怒等情感反应作为例子，是因为在这些例子中，灵魂与身体之间的密切关系（或者说灵魂对身体的依赖性）体现得尤为明显。秦典华的中译本即译为"属性"，大概是因为同意 Hicks 的观点及其 attributes 的译法。我基本同意 Hicks 的观点，但是根据语境对译法稍做调整：在这里及前面（403a3ff）采取"受动"和"波动"的译法，意在强调灵魂的这些状态或性质的来源（即外部影响）；在本章后面（403b17）则采用"性质"的译法，意在强调质料所具有的倾向（即接受外部影响）。

καὶ οὕτως ἔχῃ ὥσπερ ὅταν ὀργίζηται. ἔτι δὲ μᾶλλον τοῦτο φανερόν· μηθενὸς γὰρ φοβεροῦ συμβαίνοντος ἐν τοῖς πάθεσι γίνονται τοῖς τοῦ φοβουμένου. εἰ δ᾽ οὕτως ἔχει, δῆλον ὅτι τὰ πάθη λόγοι ἔνυλοί εἰσιν·

[403a25] ὥστε οἱ ὅροι τοιοῦτοι οἷον "τὸ ὀργίζεσθαι κίνησίς τις τοῦ τοιουδὶ σώματος ἢ μέρους ἢ δυνάμεως ὑπὸ τοῦδε ἕνεκα τοῦδε", καὶ διὰ ταῦτα ἤδη φυσικοῦ τὸ θεωρῆσαι περὶ ψυχῆς, ἢ πάσης ἢ τῆς τοιαύτης.

[403a29] διαφερόντως δ᾽ ἂν ὁρίσαιντο ὁ φυσικὸς [τε] καὶ ὁ διαλεκτικὸς ἕκαστον αὐτῶν, οἷον ὀργὴ τί ἐστιν· ὁ μὲν γὰρ ὄρεξιν ἀντιλυπήσεως ἢ τι τοιοῦτον, ὁ δὲ ζέσιν τοῦ περὶ καρδίαν αἵματος καὶ θερμοῦ. τούτων δὲ ὁ μὲν τὴν ὕλην ἀποδίδωσιν, ὁ δὲ τὸ εἶδος καὶ τὸν λόγον. ὁ μὲν γὰρ λόγος ὅδε τοῦ πράγματος, ἀνάγκη δ᾽ εἶναι τοῦτον ἐν ὕλῃ τοιᾳδί, εἰ ἔσται· ὥσπερ οἰκίας ὁ μὲν λόγος τοιοῦτος, ὅτι σκέπασμα κωλυτικὸν

时，且身体的状况就像［某人］在发怒时一样。下面这一点则更清楚：有时候尽管不存在什么骇人的事物，人们还是会产生那种受到惊吓的人才有的情绪波动。如果是这样的话，那么灵魂的波动显然就是质料中的形式（λόγοι ἔνυλοί）[①]。

因此，定义就是这样的，例如："生气是这样的身体的某个运动（κίνησις），或是某个部分或能力出于这样的目的而由此产生的运动。"基于上述原因，对于灵魂的考察，无论是考察所有的灵魂还是考察这一种灵魂，就已经属于自然科学家的研究领域了[②]。

自然科学家（ὁ φυσικὸς）和采取论辩法的人（ὁ διαλεκτικὸς）对灵魂波动的界定各自不同，比如说，对于"愤怒是什么"这个问题。采取论辩法的人会说它是对于复仇的欲望，或者诸如此类的东西，而自然科学家则会说它是血的沸腾和心脏周围变热。这两位一个是在描述质料（τὴν ὕλην），另一个则是在给出形式（τὸ εἶδος）和说明（τὸν λόγον）[③]。因为这样一种对事物的说明——如果有的话——必然在于

[①] Ross（OCT 以及 1961）和 Hicks 将 403a25 这里读作 λόγοι ἔνυλοί，古代评注也有同样的读法，但是也有抄本读作 λόγοι ἐν ὕλῃ，或增补了其他的词语及成分。我这里依 Ross 的读法，并将 λόγοι 理解为形式或结构（参见 Shields 译本，Hicks 理解为 forms 或 notions）。ἔνυλοί 目前则可做两种读解，需要从中选择确切的意思及译法：大致说来，一种读法将形式或结构理解为本身即是物质性的，另一种则认为亚里士多德在这里指的是形式或结构在质料当中的实现。第一种读解要求一种较强的观点作为支撑，即认为灵魂的所有波动或性质，或者说所有的心灵状态，究其根本都是物质性的。而 ἐν ὕλῃ 虽然不排除第一种较强的读法，但是仅仅指出形式或结构可能在质料当中实现。此外，根据 Shields（p.99）的评注，ἔνυλοί 一词要到古代晚期才较为常见。关于早期注本的增改情况，参见 Hicks（p.199）；关于这两种读法及其所蕴含的观点之间的差异，具体论述参见 Shields（pp.98-99）。

[②] Hicks 这里译为 natural philosopher（自然哲学家），Shields 和 Reeve 则译为 natural scientist，我按后者译为"自然科学家"。

[③] 此处的 τὸν λόγον，Shields 译作 account，Hicks 译作 notion，秦典华译为"原理"。考虑到后面的行文，此处我按 Shields，将之译为"说明"。

φθορᾶς ὑπ' ἀνέμων καὶ ὄμβρων καὶ καυμάτων, ὁ δὲ φήσει λίθους καὶ πλίνθους καὶ ξύλα, ἕτερος δ' ἐν τούτοις τὸ εἶδος <οὗ> ἕνεκα τωνδί. τίς οὖν ὁ φυσικὸς τούτων; πότερον ὁ περὶ τὴν ὕλην, τὸν δὲ λόγον ἀγνοῶν, ἢ ὁ περὶ τὸν λόγον μόνον; ἢ μᾶλλον ὁ ἐξ ἀμφοῖν; ἐκείνων δὲ δὴ τίς ἑκάτερος; ἢ οὐκ ἔστιν εἷς ὁ περὶ τὰ πάθη τῆς ὕλης τὰ μὴ χωριστὰ μηδ' ᾗ χωιστά, ἀλλ' ὁ φυσικὸς περὶ ἅπανθ' ὅσα τοῦ τοιουδὶ σώματος καὶ τῆς τοιαύτης ὕλης ἔργα καὶ πάθη, ὅσα δὲ μὴ τοιαῦτα, ἄλλος, καὶ περὶ τινῶν μὲν τεχνίτης, ἐὰν τύχῃ, οἷον τέκτων ἢ ἰατρός, τῶν δὲ μὴ χωριστῶν μέν, ᾗ δὲ μὴ τοιούτου σώματος πάθη καὶ ἐξ ἀφαιρέσεως, ὁ μαθηματικός, ᾗ δὲ κεχωρισμένα, ὁ πρῶτος φιλόσοφος;

[403b16] ἀλλ' ἐπανιτέον ὅθεν ὁ λόγος. ἐλέγομεν δὴ ὅτι τὰ πάθη τῆς ψυχῆς οὕτως ἀχώριστα τῆς φυσικῆς ὕλης τῶν ζῴων, ᾗ γε τοιαῦθ' ὑπάρχει <οἷα> θυμὸς καὶ φόβος, καὶ οὐχ ὥσπερ γραμμὴ καὶ ἐπίπεδον.

这样一种质料当中。这就好像要对一所房子做出说明一样：它是一种防止由于刮风、下雨或受热而毁坏的遮蔽所。一个人可能会说，应该是石头、砖块和木料，而另一个人则会说，是这些事物当中的那个形式，而它们都是为了这个形式才存在。① 那么，在这些人当中，谁是自然科学家？是那个了解质料但是忽视了说明（τὸν λόγον）的人，还是那个只知道这种说明的人？还是说，自然科学家其实同时关注这两个方面？如果是这样，另外两个人又属于哪一类呢？还是说，没有人关心质料的那些不可分离的性质——因为它们不是分离的，还是说自然科学家关注所有这些事物，即这样一种身体和这样一种质料所具有的功能和性质（πάθη）？而其他的性质则有其他人来关注——有时候是匠人（如果恰巧有这样的人，比如说，木匠或者医师）？而那些不可分离的事物——就其并非作为这种身体性的性质，而是来自于抽象而言——难道不正是数学家的工作？而其他那些可分离的[性质]，难道不是研究第一哲学的人所研究的对象？

但是我们必须回到讨论开始的地方。当时我们说到，灵魂的波动按这种方式是不能和动物的自然质料相分离的，就其作为诸如愤怒和恐惧之类[的波动不能与质料分离]，且并不是像线和面那样[不能分离]。②

---

① ἕτερος δ' ἐν τούτοις τὸ εἶδος <οὗ> ἕνεκα τωνδί，OCT 本没有 οὗ，Reeve 的译本大概据 OCT 本译出：and another that it is the form in them for the sake of these other things。Shields 似乎据 Ross（1961）译出：and another will say that it is the form in these things, for the sake of which these things are。我采取 Ross（1961）的读法和 Shields 的译法。

② 403b19: καὶ οὐχ ὥσπερ γραμμὴ καὶ ἐπίπεδον，秦典华译作"就像直线和平面一样是不可分离的"。Durrant, Shields 和 Reeve 都认为这句话的意思是灵魂与身体"不可分离，但并非像线和面那样不可分离"。我采取后一种理解，认为亚里士多德在这里的意思是指：大多数的灵魂波动（如恐惧和愤怒等）在定义上和本性上都不能与身体分离，而线和面的不可分离是存在或本性上的不可分离。这两种"不可分离性"是不同的。

第二章

[403b20] Ἐπισκοποῦντας δὲ περὶ ψυχῆς ἀναγκαῖον, ἅμα διαποροῦντας περὶ ὧν εὐπορεῖν δεῖ προελθόντας, τὰς τῶν προτέρων δόξας συμπαραλαμβάνειν ὅσοι τι περὶ αὐτῆς ἀπεφήναντο, ὅπως τὰ μὲν καλῶς εἰρημένα λάβωμεν, εἰ δέ τι μὴ καλῶς, τοῦτ' εὐλαβηθῶμεν.

[403b24] ἀρχὴ δὲ τῆς ζητήσεως προθέσθαι τὰ μάλιστα δοκοῦνθ' ὑπάρχειν αὐτῇ κατὰ φύσιν. τὸ ἔμψυχον δὴ τοῦ ἀψύχου δυσὶ μάλιστα διαφέρειν δοκεῖ, κινήσει τε καὶ τῷ αἰσθάνεσθαι. παρειλήφαμεν δὲ καὶ παρὰ τῶν προγενεστέρων σχεδὸν δύο ταῦτα περὶ ψυχῆς· φασὶ γὰρ ἔνιοι καὶ μάλιστα καὶ πρώτως ψυχὴν εἶναι τὸ κινοῦν, οἰηθέντες δὲ τὸ μὴ κινούμενον αὐτὸ μὴ ἐνδέχεσθαι κινεῖν ἕτερον, τῶν κινουμένων τι τὴν ψυχὴν ὑπέλαβον εἶναι.

[403b31] ὅθεν Δημόκριτος μὲν πῦρ τι καὶ θερμόν φησιν αὐτὴν εἶναι· ἀπείρων γὰρ ὄντων σχημάτων καὶ ἀτόμων τὰ σφαιροειδῆ πῦρ καὶ ψυχὴν λέγει (οἷον ἐν τῷ ἀέρι τὰ καλούμενα ξύσματα, ἃ φαίνεται ἐν ταῖς διὰ τῶν θυρίδων ἀκτῖσιν), ὧν τὴν μὲν πανσπερμίαν στοιχεῖα λέγει τῆς ὅλης φύσεως (ὁμοίως δὲ καὶ Λεύκιππος), τούτων δὲ τὰ σφαιροειδῆ

一旦我们开始研究灵魂，同时开始考察那些要取得进展就必须解决的问题，我们就必须收集前人的意见，他们已经对于灵魂问题提出了一些观点，这样我们就可以接受其中那些说得对的，而如果有说得不对的，我们也可以予以反驳。

这项研究的开始就是要摆出那些看起来按其本性最属于灵魂的事物。有灵魂的事物与无灵魂的事物似乎主要是在两个方面有所区别：一是运动，二是感知活动（τῷ αἰσθάνεσθαι）。从前人那里我们得知，这大概就是灵魂的两个特征。其中有人说，灵魂之最主要且第一位的特征就是引起运动，并认为自身不运动的事物就无法推动其他事物运动，他们假定灵魂是某种处于运动中的事物。

基于这个假设，德谟克利特说灵魂是某种火和热。因为形状（σχημάτων）与原子是无限的，他说球形物就是火和灵魂（球形物就像是空气中的那些所谓微粒，在穿过窗户的光束当中看到），在各种原子当中，他说"所有的种子"（πανσπερμίαν）① 就是整个自然的元素（留基波也这么说），而其中的那些球形物就是灵魂，因为这种形状最容易穿透一切事物并推动其他事物运动，而它们自己同时也在运动。他们［原子论者］假定灵魂是那个令动物运动的

---

① πανσπερμίαν, Shields 译作 the "wholeseed"，Reeve 则更为明确地译作 the aggregate of such seeds，Hicks 看来也采取第二种理解，更多细节参见 Hicks, p.151。

ψυχήν, διὰ τὸ μάλιστα διὰ παντὸς δύνασθαι διαδύνειν τοὺς τοιούτους ῥυσμοὺς καὶ κινεῖν τὰ λοιπά, κινούμενα καὶ αὐτά, ὑπολαμβάνοντες τὴν ψυχὴν εἶναι τὸ παρέχον τοῖς ζῴοις τὴν κίνησιν· διὸ καὶ τοῦ ζῆν ὅρον εἶναι τὴν ἀναπνοήν· συνάγοντος γὰρ τοῦ περιέχοντος τὰ σώματα καὶ ἐκθλίβοντος τῶν σχημάτων τὰ παρέχοντα τοῖς ζῴοις τὴν κίνησιν διὰ τὸ μηδ' αὐτὰ ἠρεμεῖν μηδέποτε, βοήθειαν γίνεσθαι θύραθεν ἐπεισιόντων ἄλλων τοιούτων ἐν τῶν ἀναπνεῖν· κωλύειν γὰρ αὐτὰ καὶ τὰ ἐνυπάρχοντα ἐν τοῖς ζῴοις ἐκ-κρίνεσθαι, συνανείργοντα τὸ συνάγον καὶ πηγνύον· καὶ ζῆν δὲ ἕως ἂν δύνωνται τοῦτο ποιεῖν.

[404a16] ἔοικε δὲ καὶ τὸ παρὰ τῶν Πυθαγορείων λεγόμενον τὴν αὐτὴν ἔχειν διάνοιαν· ἔφασαν γάρ τινες αὐτῶν ψυχὴν εἶναι τὰ ἐν τῷ ἀέρι ξύσματα, οἱ δὲ τὸ ταῦτα κινοῦν, περὶ δὲ τούτων εἴρηται ὅτι συνεχῶς φαίνεται κινούμενα, κἂν ᾖ νηνεμία παντελής.

[404a20] ἐπὶ ταὐτὸ δὲ φέρονται καὶ ὅσοι λέγουσι τὴν ψυχὴν τὸ αὐτὸ κινοῦν· ἐοίκασι γὰρ οὗτοι πάντες ὑπειληφέναι τὴν κίνησιν οἰκειότατον εἶναι τῇ ψυχῇ, καὶ τὰ μὲν ἄλλα πάντα κινεῖσθαι διὰ τὴν ψυχήν, ταύτην δ' ὑφ' ἑαυτῆς, διὰ τὸ μηθὲν ὁρᾶν κινοῦν ὃ μὴ καὶ αὐτὸ κινεῖται.

[404a25] ὁμοίως δὲ καὶ Ἀναξαγόρας ψυχὴν εἶναι λέγει τὴν κινοῦσαν, καὶ εἴ τις ἄλλος εἴρηκεν ὡς τὸ πᾶν ἐκίνησε νοῦς· οὐ μὴν παντελῶς γ' ὥσπερ Δημόκριτος. ἐκεῖνος μὲν γὰρ ἁπλῶς ταὐτὸν ψυχὴν καὶ νοῦν (τὸ γὰρ

东西。^① 出于这个原因，他们还说，生命的标志就是呼吸。因为，当周围的［气］^② 挤压身体，就把那些推动动物运动的形状（τῶν σχημάτων）^③ 挤出来——因为它们从来不会停止不动；这样，当其他这类形状进入呼吸时，就从外部获得了补足。因为这样就抵消了挤压和硬化的过程，由此就能防止动物身上既有的［原子］消散。只要动物能这样做，它们就能活下来。

毕达哥拉斯学派的教义中似乎也包含了同样的想法。因为他们当中有人说过，灵魂就是气中的（ἐν τῷ ἀέρι）微粒。其他人则说，灵魂就是推动这些微粒运动的东西。他们之所以这么说，是因为这些微粒被观察到在持续运动，即使当气完全静止时也是如此。

还有人^④ 也提出过同样的想法，他们说灵魂就是那个自我运动的东西。因为所有这些人似乎都假设，灵魂最典型的特征（οἰκειότατον）就是运动，而且其他一切事物之所以产生运动都是因为灵魂，而灵魂是由自身推动的，这是因为他们从来没见过有任何东西是自身不动却推动其他事物运动的。

与此类似，阿纳克萨戈拉也说，灵魂就是产生运动的事物，此外还有人说过^⑤，理性（νοῦς）推动宇宙（τὸ πᾶν）运动。但是他并非完全同意德谟克利特，因为后者认为灵魂和理性全然是同一个东

---

① 这里是原子论者对灵魂提出的定义，即灵魂是推动动物运动的原因。

② τοῦ περιέχοντος (τὰ σώματα), Hicks 译作 the surrounding air, Shields 译作 what surrounds a body, 秦典华译作"四周的空气"。Hicks 认为这大概是指生物生活于其间的周遭环境。

③ τῶν σχημάτων，这里指球形的原子。

④ 柏拉图和色诺克拉底被认为明确主张这种观点。参见 Shields, p.107。

⑤ 这里可能是指赫尔默提姆（Hermotimus of Clazomenae），参见《形而上学》984b15-20，以及 Reeve, p.82 note 35。

ἀληθὲς εἶναι τὸ φαινόμενον, διὸ καλῶς ποιῆσαι [τὸν] Ὅμηρον ὡς ὁ Ἕκτωρ "κεῖτ' ἀλλοφρονέων"· οὐ δὴ χρῆται τῷ νῷ ὡς δυνάμει τινὶ περὶ τὴν ἀλήθειαν, ἀλλὰ ταὐτὸ λέγει ψυχὴν καὶ νοῦν) Ἀναξαγόρας δ' ἧττον διασαφεῖ περὶ αὐτῶν· πολλαχοῦ μὲν γὰρ τὸ αἴτιον τοῦ καλῶς καὶ ὀρθῶς τὸν νοῦν λέγει, ἑτέρωθι δὲ τὸν νοῦν εἶναι ταὐτὸν τῇ ψυχῇ· ἐν ἅπασι γὰρ ὑπάρχειν αὐτὸν τοῖς ζῴοις, καὶ μεγάλοις καὶ μικροῖς, καὶ τιμίοις καὶ ἀτιμοτέροις· οὐ φαίνεται δ' ὅ γε κατὰ φρόνησιν λεγόμενος νοῦς πᾶσιν ὁμοίως ὑπάρχειν τοῖς ζῴοις, ἀλλ' οὐδὲ τοῖς ἀνθρώποις πᾶσιν.

[404b7] ὅσοι μὲν οὖν ἐπὶ τὸ κινεῖσθαι τὸ ἔμψυχον ἀπέβλεψαν, οὗτοι τὸ κινητικώτατον ὑπέλαβον τὴν ψυχήν· ὅσοι δ' ἐπὶ τὸ γινώσκειν καὶ τὸ αἰσθάνεσθαι τῶν ὄντων, οὗτοι δὲ λέγουσι τὴν ψυχὴν τὰς ἀρχάς, οἱ μὲν πλείους ποιοῦντες, ταύτας, οἱ δὲ μίαν, ταύτην, ὥσπερ Ἐμπεδοκλῆς μὲν ἐκ τῶν στοιχείων πάντων, εἶναι δὲ καὶ ἕκαστον ψυχὴν τούτων, λέγων οὕτως,

西。德谟克利特说，凡显现出来的（τὸ φαινόμενον）[①] 都是真的，这也是为什么他认为荷马这句写得很好——赫克托尔倒下，"灵魂出窍"（"κεῖτ' ἀλλοφρονέων"）。[②] 德谟克利特并没有将理性看作某种关于真理的能力，而是说灵魂与理性是同一的。阿纳克萨戈拉在这些问题上则没有这么清楚，因为在很多地方，他都说，理性是那些美好地（τοῦ καλῶς）、正确地存在的事物的原因，但是在别的地方他又说，理性就是灵魂，因为一切动物都有理性，无论大或小，高贵或低等。不过，看来并不是所有动物都以同样的方式拥有理性（指的是在智慧 [κατὰ φρόνησιν] 的意义上被称为"理性"），对人而言也是 [如此]。

那些着眼于有灵魂的事物（τὸ ἔμψυχον）的运动（τὸ κινεῖσθαι）的人将灵魂看成最能够产生运动的。而那些从知道（τὸ γινώσκειν）和感知来理解"有灵魂"的人，他们把灵魂说成本原（τὰς ἀρχάς），其中一些人认为存在着多个 [本原]，说 [灵魂] 就是所有这些 [本原]；其他人则说只有一个 [本原]，这就是 [灵魂]。因此，恩培多克勒认为灵魂由所有元素构成，但是他又说每一个 [元素] 都是灵魂，他是这样说的：

[①] τὸ φαινόμενον，Hicks 译作 the presentation to the senses，Shields 译作 what appears，秦典华译作"主观的"。这里指的是显现出来、可以为我们的各种感官所觉察的事物或存在，故按字面（以及 Shields 的英译）译作"显现出来的"。

[②] "κεῖτ' ἀλλοφρονέων" 或可译为"神志涣散"或"思想涣散"。这句话无法在现存的《伊利亚特》文本当中找到确切的对应文字（也有可能是误引，参见《伊利亚特》XXIII.698，说的不是赫克托尔，而是 Eurylaus）。亚里士多德在这里应该是用这个例子来说明那种将感知等同于理性认识的观点。

γαίῃ μὲν γὰρ γαῖαν ὀπώπαμεν, ὕδατι δ᾽ ὕδωρ,
αἰθέρι δ᾽ αἰθέρα δῖαν, ἀτὰρ πυρὶ πῦρ ἀΐδηλον,
στοργῇ δὲ στοργήν, νεῖκος δέ τε νείκεϊ λυγρῷ.

[404b16] τὸν αὐτὸν δὲ τρόπον καὶ Πλάτων ἐν τῷ Τιμαίῳ τὴν ψυχὴν ἐκ τῶν στοιχείων ποιεῖ· γινώσκεσθαι γὰρ τῷ ὁμοίῳ τὸ ὅμοιον, τὰ δὲ πράγματα ἐκ τῶν ἀρχῶν εἶναι. ὁμοίως δὲ καὶ ἐν τοῖς περὶ φιλοσοφίας λεγομένοις διωρίσθη, αὐτὸ μὲν τὸ ζῷον ἐξ αὐτῆς τῆς τοῦ ἑνὸς ἰδέας καὶ τοῦ πρώτου μήκους καὶ πλάτους καὶ βάθους, τὰ δ᾽ ἄλλα ὁμοιοτρόπως· ἔτι δὲ καὶ ἄλλως, νοῦν μὲν τὸ ἕν, ἐπιστήμην δὲ τὰ δύο (μοναχῶς γὰρ ἐφ᾽ ἕν), τὸν δὲ τοῦ ἐπιπέδου ἀριθμὸν δόξαν, αἴσθησιν δὲ τὸν τοῦ στερεοῦ. οἱ μὲν γὰρ ἀριθμοὶ τὰ εἴδη αὐτὰ καὶ αἱ ἀρχαὶ ἐλέγοντο, εἰσὶ δ᾽ ἐκ τῶν στοιχείων, κρίνεται δὲ τὰ πράγματα τὰ μὲν νῷ, τὰ δ᾽ ἐπιστήμῃ, τὰ δὲ δόξῃ, τὰ δ᾽ αἰσθήσει· εἴδη δ᾽ οἱ ἀριθμοὶ οὗτοι τῶν πραγμάτων.

[404b27] ἐπεὶ δὲ καὶ κινητικὸν ἐδόκει ἡ ψυχὴ εἶναι καὶ γνωριστικὸν οὕτως, ἔνιοι συνέπλεξαν ἐξ ἀμφοῖν, ἀποφηνάμενοι τὴν ψυχὴν ἀριθμὸν

因为我们通过土而看到土，通过水而看到水，

通过气而看到神圣的气，通过火而看到吞噬一切的火，

通过爱，我们看到爱，通过恨，我们看到可怕的恨。

同样，柏拉图在《蒂迈欧》中也令灵魂从各种元素当中产生。因为同类认识同类，万物源自本原。同样地，从关于哲学的讨论中①可确定，动物自身来自于理念"一"本身（ἐξ αὐτῆς τῆς τοῦ ἑνὸς ἰδέας），以及理念"首要的长、宽、深"，其他事物则以同样的方式产生。但他又用另一种方式来说明：理性（νοῦν）是"一"，知识是二（因为我们通过一种方式去获得"一"②）；意见是"面"的数，而感觉则是"体"的数③。因为虽然数被说成是理念本身和本原，但是它们也来自元素，而且在各事物中，一些由理性判断，另一些由知识判断，还有一些由意见判断，再一些则由感觉判断。而这些数都是这些事物的理念（εἴδη）。

此外，由于灵魂被认为既能产生运动，又在这个意义上是能够认识的（γνωριστικὸν），那么有人④就把这两方面合在一起，宣称灵

---

① ἐν τοῖς περὶ φιλοσοφίας λεγομένοις，Shields 译作 in the work *On Philosophy*，认为这可能是指柏拉图未经证实的作品《论哲学》，也可能指亚里士多德已佚失的对话《论哲学》。秦典华认为这里指的是柏拉图的"《论哲学》一文"。Hicks 译作 in the lectures on philosophy。我采取 Hicks 的理解，译作柏拉图"关于哲学的讨论"，他为了强调这是一系列口传讲授而不用书名号（Hicks, p.222）。

② ἐφ' ἕν，这里的"一"，Shields 认为指"一点"（one point），Hicks 认为指"一个结论"（one conclusion）。

③ 根据 Hicks 在译文中的简要提示，这里所谓"面的数"/意见，指的是"三"；而所谓"体的数"/感知，指的是"四"。更为具体的解释参见 Polansky, p.76，他的解读是：[对本原的]理解是"一"或一个点，而知识则是推论性的或者说明性的，类似于沿直线推进或运动，故而推进的两端会有两个"端点"，所以是"二"。意见被看作流于事物的表面，因而类似于平面（所以是"三"）。而感觉则是要区分空间中存在的具体事物，类似于"四"（四面体）。

④ 这里指的是色诺克拉底。

κινοῦνθ᾽ ἑαυτόν.

[404b30] διαφέρονται δὲ περὶ τῶν ἀρχῶν, τίνες καὶ πόσαι, μάλιστα μὲν οἱ σωματικὰς ποιοῦντες τοῖς ἀσωμάτους, τούτοις δ᾽ οἱ μίξαντες καὶ ἀπ᾽ ἀμφοῖν τὰς ἀρχὰς ἀποφηνάμενοι. διαφέρονται δὲ καὶ περὶ τοῦ πλήθους· οἱ μὲν γὰρ μίαν οἱ δὲ πλείους λέγουσιν.

[405a3] ἑπομένως δὲ τούτοις καὶ τὴν ψυχὴν ἀποδιδόασιν· τὸ γὰρ κινητικὸν τὴν φύσιν τῶν πρώτων ὑπειλήφασιν, οὐκ ἀλόγως. ὅθεν ἔδοξέ τισι πῦρ εἶναι· καὶ γὰρ τοῦτο λεπτομερέστατόν τε καὶ μάλιστα τῶν στοιχείων ἀσώματον, ἔτι δὲ κινεῖταί τε καὶ κινεῖ τὰ ἄλλα πρώτως.

[405a8] Δημόκριτος δὲ καὶ γλαφυρωτέρως εἴρηκεν ἀποφαινόμενος διὰ τί τούτων ἑκάτερον· ψυχὴν μὲν γὰρ εἶναι ταὐτὸ καὶ νοῦν, τοῦτο δ᾽ εἶναι τῶν πρώτων καὶ ἀδιαιρέτων σωμάτων, κινητικὸν δὲ διὰ μικρομέρειαν καὶ τὸ σχῆμα· τῶν δὲ σχημάτων εὐκινητότατον τὸ σφαιροειδὲς λέγει· τοιοῦτον δ᾽ εἶναι τόν τε νοῦν καὶ τὸ πῦρ.

[405a13] Ἀναξαγόρας δ᾽ ἔοικε μὲν ἕτερον λέγειν ψυχήν τε καὶ νοῦν, ὥσπερ εἴπομεν καὶ πρότερον, χρῆται δ᾽ ἀμφοῖν ὡς μιᾷ φύσει, πλὴν ἀρχήν γε τὸν νοῦν τίθεται μάλιστα πάντων· μόνον γοῦν φησιν αὐτὸν τῶν ὄντων ἁπλοῦν εἶναι καὶ ἀμιγῆ τε καὶ καθαρόν. ἀποδίδωσι δ᾽ ἄμφω τῇ αὐτῇ ἀρχῇ, τό τε γινώσκειν καὶ τὸ κινεῖν, λέγων νοῦν κινῆσαι τὸ πᾶν.

[405a19] ἔοικε δὲ καὶ Θαλῆς ἐξ ὧν ἀπομνημονεύουσι κινητικόν τι τὴν ψυχὴν ὑπολαβεῖν, εἴπερ τὴν λίθον ἔφη ψυχὴν ἔχειν, ὅτι τὸν σίδηρον κινεῖ.

魂是一个自我运动的数。

不过，关于诸本原，人们又有不同意见：本原是什么？它们有多少？但是最大的分歧在于，有人认为这些本原是有形体的（σωματικὰς），有些人则认为它们是无形的，还有人将其合在一起，声称本原来自这二者。关于本原的数量，人们也有不同看法，有些人说是一个，其他人则说有多个本原。

基于上述差异，人们对灵魂给出了不同的论述。因为他们假定，本性上最能产生运动的事物应该属于首要的事物，这并非没有道理。据此，有人认为灵魂是火，因为这是最精微也是最不具有形体的元素，[自身]运动并直接推动其他事物运动。

德谟克利特比其他人阐述得更为精致，他揭示了[灵魂的两种特征]当中每种[特征]的缘由。他说，灵魂与理性相同，并属于那首要的、不可分的有形物体，因其微小和形状而能够产生运动。而且他还说，在各种形状中，球形是最容易发生运动的，理性和火就是这种[球形]。

阿纳克萨戈拉似乎是说，灵魂与理性彼此不同，就像我们之前提到的。但是他实际上认为这二者都具有同一个本性，不过他认为理性才是一切事物的最终的本原。不管怎样，他说，在存在的各种事物中，唯有理性是简单的、非混合的且纯粹的。他将认识与引起运动[这两种特征]都归于这同一个本原，因为他认为理性推动宇宙运动。

根据相关传闻，泰勒斯似乎也认为灵魂是某种能够产生运动的事物——如果他的确说过磁石具有灵魂，因为它推动铁运动。

[405a21]   Διογένης δ' ὥσπερ καὶ ἕτεροί τινες ἀέρα, τοῦτον οἰηθεὶς πάντων λεπτομερέστατον εἶναι καὶ ἀρχήν· καὶ διὰ τοῦτο γινώσκειν τε καὶ κινεῖν τὴν ψυχήν, ᾗ μὲν πρῶτόν ἐστι, καὶ ἐκ τούτου τὰ λοιπά, γινώσκειν, ᾗ δὲ λεπτότατον, κινητικὸν εἶναι.

[405a25]   καὶ Ἡράκλειτος δὲ τὴν ἀρχὴν εἶναί φησι ψυχήν, εἴπερ τὴν ἀναθυμίασιν, ἐξ ἧς τἆλλα συνίστησιν· καὶ ἀσωματώτατόν τε καὶ ῥέον ἀεί· τὸ δὲ κινούμενον κινουμένῳ γινώσκεσθαι. ἐν κινήσει δ' εἶναι τὰ ὄντα κἀκεῖνος ᾤετο καὶ οἱ πολλοί.

[405a29]   παραπλησίως δὲ τούτοις καὶ Ἀλκμαίων ἔοικεν ὑπολαβεῖν περὶ ψυχῆς· φησὶ γὰρ αὐτὴν ἀθάνατον εἶναι διὰ τὸ ἐοικέναι τοῖς ἀθανάτοις· τοῦτο δ' ὑπάρχειν αὐτῇ ὡς ἀεὶ κινουμένῃ· κινεῖσθαι γὰρ καὶ τὰ θεῖα πάντα συνεχῶς ἀεί, σελήνην, ἥλιον, τοὺς ἀστέρας καὶ τὸν οὐρανὸν ὅλον.

[405b1]   τῶν δὲ φορτικωτέρων καὶ ὕδωρ τινὲς ἀπεφήναντο, καθάπερ Ἵππων· πεισθῆναι δ' ἐοίκασιν ἐκ τῆς γονῆς, ὅτι πάντων ὑγρά. καὶ γὰρ ἐλέγχει τοὺς αἷμα φάσκοντας τὴν ψυχήν, ὅτι ἡ γονὴ οὐχ αἷμα· ταύτην δ' εἶναι τὴν πρώτην ψυχήν. ἕτεροι δ' αἷμα, καθάπερ Κριτίας, τὸ αἰσθάνεσθαι ψυχῆς οἰκειότατον ὑπολαμβάνοντες, τοῦτο δ' ὑπάρχειν διὰ τὴν τοῦ αἵματος φύσιν.

[405b8]   πάντα γὰρ τὰ στοιχεῖα κριτὴν εἴληφε, πλὴν τῆς γῆς· ταύτην δ' οὐθεὶς ἀποπέφανται, πλὴν εἴ τις αὐτὴν εἴρηκεν ἐκ πάντων εἶναι τῶν στοιχείων ἢ πάντα.

第欧根尼①也和其他人一样，说灵魂是气，认为这是一切事物中最精微的，是本原。而正是由于这个理由，灵魂既能认识也能运动：由于它是首要的，而且其他事物都源于它，所以它能认识；而由于它是最精微的，所以它能引起运动。

赫拉克利特也声称本原就是灵魂——如果它确实是"上升的气"（τὴν ἀναθυμίασιν），而其他事物都由这种"上升的气"构成的话。而且他说，灵魂［相对来说］最不具有形体并且总是处于流变之中（ῥέον），而运动的事物总是被运动的事物所认识。赫拉克利特与其他很多人一样，都认为存在的事物（τὰ ὄντα）总是在运动。

阿尔克迈翁提出的灵魂学说也与此类似。他说灵魂是不朽的，因为它看起来与不朽物类似。他还说灵魂之所以不朽是因为它总在运动，因为一切神圣的存在总是持续处于运动中：月亮、太阳、星辰以及整个苍穹。

在那些比较一般的思想家当中，有些人（例如希波）声称灵魂是水。他们相信这个观点的基础可能在于"种子"（τῆς γονῆς），因为一切事物的种子都是湿的。希波还反对有些人说灵魂是血，因为种子不是血，但种子是首要的灵魂（τὴν πρώτην ψυχήν）。但是其他人（例如克里底亚）则认为灵魂是血，他们认为感知是灵魂最典型的特征（οἰκειότατον），而它属于灵魂是由于血的本性。

几乎所有元素都被人选过了，除了土。没有人说灵魂是土——不过有人说过，灵魂由上述所有元素构成，或者就是所有这些元素。

---

① 即阿波罗尼亚的第欧根尼（Diogenes of Apollonia）。有些早期自然哲学家比如阿那克西美尼也有同样观点，但是亚里士多德在此处并未提及。

[405b11] ὁρίζονται δὴ πάντες τὴν ψυχὴν τρισὶν ὡς εἰπεῖν, κινήσει, αἰσθήσει, τῷ ἀσωμάτῳ· τούτων δ᾽ ἕκαστον ἀνάγεται πρὸς τὰς ἀρχάς. διὸ καὶ οἱ τῷ γινώσκειν ὁριζόμενοι αὐτὴν ἢ στοιχεῖον ἢ ἐκ τῶν στοιχείων ποιοῦσι, λέγοντες παραπλησίως ἀλλήλοις, πλὴν ἑνός· φασὶ γὰρ γινώσκεσθαι τὸ ὅμοιον τῷ ὁμοίῳ· ἐπειδὴ γὰρ ἡ ψυχὴ πάντα γινώσκει, συνιστᾶσιν αὐτὴν ἐκ πασῶν τῶν ἀρχῶν. ὅσοι μὲν οὖν μίαν τινὰ λέγουσιν αἰτίαν καὶ στοιχεῖον ἕν, καὶ τὴν ψυχὴν ἓν τιθέασιν, οἷον πῦρ ἢ ἀέρα· οἱ δὲ πλείους λέγοντες τὰς ἀρχὰς καὶ τὴν ψυχὴν πλείω ποιοῦσιν. Ἀναξαγόρας δὲ μόνος ἀπαθῆ φησιν εἶναι τὸν νοῦν, καὶ κοινὸν οὐθὲν οὐθενὶ τῶν ἄλλων ἔχειν. τοιοῦτος δ᾽ ὢν πῶς γνωριεῖ καὶ διὰ τίν᾽ αἰτίαν, οὔτ᾽ ἐκεῖνος εἴρηκεν οὔτ᾽ ἐκ τῶν εἰρημένων συμφανές ἐστιν. ὅσοι δ᾽ ἐναντιώσεις ποιοῦσιν ἐν ταῖς ἀρχαῖς, καὶ τὴν ψυχὴν ἐκ τῶν ἐναντίων συνιστᾶσιν· οἱ δὲ θάτερον τῶν ἐναντίων, οἷον θερμὸν ἢ ψυχρὸν ἤ τι τοιοῦτον ἄλλο, καὶ τὴν ψυχὴν ὁμοίως ἕν τι τούτων τιθέασιν. διὸ καὶ τοῖς ὀνόμασιν ἀκολουθοῦσιν, οἱ μὲν τὸ θερμὸν λέγοντες, ὅτι διὰ τοῦτο καὶ τὸ ζῆν ὠνόμασται, οἱ δὲ τὸ ψυχρόν, <διὰ τὸ> διὰ τὴν ἀναπνοὴν καὶ τὴν κατάψυξιν καλεῖσθαι ψυχήν. τὰ μὲν οὖν παραδεδομένα περὶ ψυχῆς, καὶ δι᾽ ἃς αἰτίας λέγουσιν οὕτω, ταῦτ᾽ ἐστίν.

因此，或许可以说，他们都用三个要素来界定灵魂：运动、感觉和无形体（τῷ ἀσωμάτῳ），其中每一个都会诉诸本原。出于这个原因，那些诉诸知道（τῷ γινώσκειν）来界定灵魂的人都将其看作一个元素，或者看成由上述元素构成，他们的说法都彼此相似，除了一位例外①。因为他们说，同类认识同类。而既然灵魂认识一切事物，那么他们就用所有的本原来构成灵魂。因此，那些说只有一个原因和元素的人认为灵魂也是一，比如火或气。而那些说有多个本原的人则认为灵魂也是多。只有阿纳克萨戈拉说理性不会波动（ἀπαθῆ），并且与其他任何事物都没有共同之处。但如果理性是这样的话，它如何认识、出于何种原因认识，阿纳克萨戈拉则没有说。而从他已经给出的论述来看，这一点也不清楚。那些认为本原中存在相反者的人，他们也认为灵魂是由相反者双方构成。而那些只认识到相反者中某一方的人（例如只认识到热或冷或其他类似的事物），就会假设灵魂也是［相反者的］其中之一。出于这个原因，他们诉诸事物的名称来说明自己的观点：那些说灵魂是"热"的人，他们说生命（τὸ ζῆν）之所以有此名称是因为"热"；而那些说灵魂是"冷"（ψυχρόν）的人，则说灵魂之所以有此称谓，是因为呼吸（τὴν ἀναπνοὴν）和降温（τὴν κατάψυξιν）。② 以上就是我们从前人那里得到的灵魂学说，以及他们如此论述的由来。

---

① 即阿纳克萨戈拉。

② "生命"或者说"活着"的希腊文是 τὸ ζῆν，而"煮""煮沸"（ζέω）的不定式为 τὸ ζεῖν；"灵魂"的希腊文是 ψυχή，而"变冷""降温"的希腊文是 ψύχω（同时也有"呼吸"的意思）。故有此论。

第三章

[405b31] Ἐπισκεπτέον δὲ πρῶτον μὲν περὶ κινήσεως· ἴσως γὰρ οὐ μόνον ψεῦδός ἐστι τὸ τὴν οὐσίαν αὐτῆς τοιαύτην εἶναι οἵαν φασὶν οἱ λέγοντες ψυχὴν εἶναι τὸ κινοῦν ἑαυτὸ ἢ δυνάμενον κινεῖν, ἀλλ' ἕν τι τῶν ἀδυνάτων τὸ ὑπάρχειν αὐτῇ κίνησιν. Ὅτι μὲν οὖν οὐκ ἀναγκαῖον τὸ κινοῦν καὶ αὐτὸ κινεῖσθαι, πρότερον εἴρηται. διχῶς δὲ κινουμένου παντός —ἢ γὰρ καθ' ἕτερον ἢ καθ'αὑτό· καθ' ἕτερον δὲ λέγομεν ὅσα κινεῖται τῷ ἐν κινουμένῳ εἶναι, οἷον πλωτῆρες· οὐ γὰρ ὁμοίως κινοῦνται τῷ πλοίῳ· τὸ μὲν γὰρ καθ' αὑτὸ κινεῖται, οἱ δὲ τῷ ἐν κινουμένῳ εἶναι (δῆλον δ' ἐπὶ τῶν μορίων· οἰκεία μὲν γάρ ἐστι κίνησις ποδῶν βάδισις, αὕτη δὲ καὶ ἀνθρώπων· οὐχ ὑπάρχει δὲ τοῖς πλωτῆρσι τόδε) —διχῶς δὴ λεγομένου τοῦ κινεῖσθαι νῦν ἐπισκοποῦμεν περὶ τῆς ψυχῆς εἰ καθ' αὑτὴν κινεῖται καὶ μετέχει κινήσεως.

[406a12] τεσσάρων δὲ κινήσεων οὐσῶν, φορᾶς ἀλλοιώσεως φθίσεως αὐξήσεως, ἢ μίαν τούτων κινοῖτ' ἂν ἢ πλείους ἢ πάσας. εἰ δὲ κινεῖται μὴ κατὰ συμβεβηκός, φύσει ἂν ὑπάρχοι κίνησις αὐτῇ· εἰ δὲ τοῦτο, καὶ τόπος· πᾶσαι γὰρ αἱ λεχθεῖσαι κινήσεις ἐν τόπῳ. εἰ δ' ἐστὶν ἡ οὐσία

我们应当首先探究运动。因为有些人说灵魂令自身运动或者能够令自身运动，并说这就是灵魂的本质（τὴν οὐσίαν），这种说法大概不仅是错误的，而事实上，灵魂也是不可能有运动的。首先，引起运动的事物不一定自身也在运动，这一点我们已经说过了。而且，每一个处于运动中的事物无非是以下面两种方式之一［运动］：或者是由于另一个事物而运动，或者是由于自身而运动。我们说"由于另一个事物而运动"，指的是处于正在运动的事物之中因而被推动，就好比水手。因为他们被推动的方式与船［的方式］不一样，后者被推动是因其自身的缘故，而前者被推动则是因为身处正在运动的事物之中。具体到各个部分来说，这一点也很清楚。因为适合脚的运动就是走，对整个人来说也是一样。但是在这种情况下，这就不是水手的［运动］。因此，既然我们是在两种意义上说"处于运动"，那么我们现在就要来看看，灵魂是否因其自身而被推动并分有（μετέχει）运动。

运动有四种类型：位移、改变（ἀλλοιώσεως）、衰减（φθίσεως）和增加（αὐξήσεως）。① 灵魂的运动或是属于其中之一，或是其中某些，或是全部四种。如果灵魂运动不是由于偶性，那么它就会有一

---

① 亚里士多德这里是在较为宽泛的意义上使用 κινήσις（运动）一词，这时相当于 μεταβολή，不仅是指空间中的运动即位移，也指各种变化和状态的改变，以及生成和毁灭。

τῆς ψυχῆς τὸ κινεῖν ἑαυτήν, οὐ κατὰ συμβεβηκὸς αὐτῇ τὸ κινεῖσθαι ὑπάρξει, ὥσπερ τῷ λευκῷ ἢ τῷ τριπήχει· κινεῖται γὰρ καὶ ταῦτα, ἀλλὰ κατὰ συμβεβηκός· ᾧ γὰρ ὑπάρχουσιν, ἐκεῖνο κινεῖται, τὸ σῶμα. διὸ καὶ οὐκ ἔστι τόπος αὐτῶν· τῆς δὲ ψυχῆς ἔσται, εἴπερ φύσει κινήσεως μετέχει.

[406a22] ἔτι δ᾽ εἰ φύσει κινεῖται, κἂν βίᾳ κινηθείη· κἂν εἰ βίᾳ, καὶ φύσει. τὸν αὐτὸν δὲ τρόπον ἔχει καὶ περὶ ἠρεμίας· εἰς ὃ γὰρ κινεῖται φύσει, καὶ ἠρεμεῖ ἐν τούτῳ φύσει· ὁμοίως δὲ καὶ εἰς ὃ κινεῖται βίᾳ, καὶ ἠρεμεῖ ἐν τούτῳ βίᾳ. ποῖαι δὲ βίαιοι τῆς ψυχῆς κινήσεις ἔσονται καὶ ἠρεμίαι, οὐδὲ πλάττειν βουλομένοις ῥᾴδιον ἀποδοῦναι.

[406a27] ἔτι δ᾽ εἰ μὲν ἄνω κινήσεται, πῦρ ἔσται, εἰ δὲ κάτω, γῆ· τούτων γὰρ τῶν σωμάτων αἱ κινήσεις αὗται· ὁ δ᾽ αὐτὸς λόγος καὶ περὶ τῶν μεταξύ.

[406a30] ἔτι δ᾽ ἐπεὶ φαίνεται κινοῦσα τὸ σῶμα, ταύτας εὔλογον κινεῖν τὰς κινήσεις ἃς καὶ αὐτὴ κινεῖται. εἰ δὲ τοῦτο, καὶ ἀντιστρέψασιν εἰπεῖν ἀληθὲς ὅτι ἣν τὸ σῶμα κινεῖται, ταύτην καὶ αὐτή. τὸ δὲ σῶμα κινεῖται φορᾷ· ὥστε καὶ ἡ ψυχὴ μεταβάλλοι ἂν κατὰ τὸ σῶμα ἢ ὅλη ἢ κατὰ

个由于本性的运动。但是如果这样的话,空间位置(τόπος)也一样[由于本性属于灵魂],因为上述所有运动都在某个空间位置[发生]。更进一步,如果灵魂的本质果真在于推动自身运动,那运动就不是在偶性意义上属于灵魂,就像[运动]属于白色或是三肘长一样。因为这些事物也是被推动的,却是在偶性意义上被推动,因为被推动的是它们所归属的东西,即身体。出于这个原因,它们①不具有空间位置,但是灵魂有空间位置——如果它确实由于本性而分有运动的话。

再者,如果它能由于本性而运动,那它也能受外力(βία)而运动。而如果它是受外力运动,那也就能由于本性[而运动]。② 对于静止来说,情况也是一样。因为由于本性而运动的事物,也由于本性而静止。而且同样地,那些由于受外力而运动的事物,也正是由于受到外力而静止。不过,我们很难说明灵魂的这些运动和静止受到什么样的力,就算那些想要新造一种[说明]的人也是一样。

如果它[即灵魂]向上运动,那就是火,而如果向下运动,那就是土。因为这正是这两种物质(τούτων τῶν σωμάτων)的运动。而对于介质(τῶν μεταξύ)来说,同样的论证也成立。

更进一步,由于它[即灵魂]令身体运动这一点非常明显,那么它将自身的运动传递给这些运动也就很合理。如果是这样的话,那么反过来我们同样可以说,推动身体运动的那个运动,也同样是灵魂的运动。然而,身体是通过位移而运动的,这样一来,灵魂也

---

① 指的是"白色的"和"三肘长"。

② φύσει 与 βία 在这里是一组对立的概念,相互蕴含。如果一个事物可以由于受外力而做违背本性(即自然)的运动,那么它也可以做合乎本性(即自然)的运动。反之亦然。

μόρια μεθισταμένη. εἰ δὲ τοῦτ᾽ ἐνδέχεται, καὶ ἐξελθοῦσαν εἰσιέναι πάλιν ἐνδέχοιτ᾽ ἄν· τούτῳ δ᾽ ἕποιτ᾽ ἂν τὸ ἀνίστασθαι τὰ τεθνεῶτα τῶν ζῴων.

[406b5] τὴν δὲ κατὰ συμβεβηκὸς κίνησιν κἂν ὑφ᾽ ἑτέρου κινοῖτο· ὠσθείη γὰρ ἂν βίᾳ τὸ ζῷον. οὐ δεῖ δὲ ᾧ τὸ ὑφ᾽ ἑαυτοῦ κινεῖσθαι ἐν τῇ οὐσίᾳ, τοῦθ᾽ ὑπ᾽ ἄλλου κινεῖσθαι, πλὴν εἰ μὴ κατὰ συμβεβηκός, ὥσπερ οὐδὲ τὸ καθ᾽ αὐτὸ ἀγαθὸν ἢ δι᾽ αὐτό, τὸ μὲν δι᾽ ἄλλο εἶναι, τὸ δ᾽ ἑτέρου ἕνεκεν.

[406b10] τὴν δὲ ψυχὴν μάλιστα φαίη τις ἂν ὑπὸ τῶν αἰσθητῶν κινεῖσθαι, εἴπερ κινεῖται. ἀλλὰ μὴν καὶ εἰ κινεῖ γε αὐτὴ αὑτήν, καὶ αὐτὴ κινοῖτ᾽ ἄν, ὥστ᾽ εἰ πᾶσα κίνησις ἔκστασίς ἐστι τοῦ κινουμένου ᾗ κινεῖται, καὶ ἡ ψυχὴ ἐξίσταιτ᾽ ἂν ἐκ τῆς οὐσίας, εἰ μὴ κατὰ συμβεβηκὸς ἑαυτὴν κινεῖ, ἀλλ᾽ ἐστὶν ἡ κίνησις τῆς οὐσίας αὐτῆς καθ᾽ αὑτήν.

[406b15] ἔνιοι δὲ καὶ κινεῖν φασι τὴν ψυχὴν τὸ σῶμα ἐν ᾧ ἐστιν, ὡς αὐτὴ κινεῖται, οἷον Δημόκριτος, παραπλησίως λέγων Φιλίππῳ τῷ κωμῳδοδιδασκάλῳ· φησὶ γὰρ τὸν Δαίδλον κινουμένην ποιῆσαι τὴν ξυλίνην Ἀφροδίτην, ἐγχέαντ᾽ ἄργυρον χυτόν· ὁμοίως δὲ καὶ Δημόκριτος λέγει· κινουμένας γάρ φησι τὰς ἀδιαιρέτους σφαίρας, διὰ τὸ πεφυκέναι μηδέποτε μένειν, συνεφέλκειν καὶ κινεῖν τὸ σῶμα πᾶν. ἡμεῖς δ᾽ ἐρωτήσομεν εἰ καὶ ἠρέμησιν ποιεῖ τοῦτο αὐτό· πῶς δὲ

像身体一样① ［有空间位置的］变化——无论是作为一个整体运动还是相对于各个部分而运动。如果这是可能的，那么同样可能的就是：灵魂离开身体之后，也会再回到身体之中。根据这一点推论，死了的动物也就有可能复活。

［灵魂］也可能由于偶性而被另一个事物推动，因为动物有可能受力而被推开。但一个本质上由自身推动运动的事物，一定不会被其他事物推动运动，除非它由于偶性而运动，就好像那些按照自身或因为自身而是善的事物（τὸ καθ᾽ αὑτὸ ἀγαθὸν ἢ δι᾽ αὑτό），既不会因为其他事物而是善的，也不会为了其他事物而是善的（τὸ δ᾽ ἑτέρου ἕνεκεν）。

我们应当说，灵魂是最受感觉对象推动的事物，如果它确实被推动运动的话。不仅如此，如果灵魂实际上是推动自身运动的，那么它自身也同样被推动。因此，如果每一个运动都是对被推动的事物（就其被推动而言）的取代，那么灵魂的本质也就被取代了——如果它并不是由于偶性而推动自身运动，而是按其自身（καθ᾽ αὑτήν）本质上具有运动的话。

有人会说，灵魂以一种自身在身体中被推动的方式来推动身体运动，比如德谟克利特，他说的就很接近喜剧作家菲力普的说法。因为菲力普说道，代达罗斯通过灌注水银来使他所造的、木质的阿芙洛狄忒活动。德谟克利特说的也差不多，他说由于不可分的球形物是处于运动中的（因为它们的本性就是永不静止），因此，它们就会牵引整个身体，使之处于运动当中。但是我们会问：是不是同

---

① 各抄本通常读作 κατὰ τὸ σῶμα，Ross（1961）评注本也采取这种读法。Shields 的英译按照 Bonitz 和 OCT 的读法，读作 κατὰ τόπον。我这里按 Ross（1961）评注本的读法，但在括号中兼及 Shields 的读法。相关解释参见 Ross（1961），pp. 187-188；Hicks，pp. 247-248。

ποιήσει, χαλεπὸν ἢ καὶ ἀδύνατον εἰπεῖν. ὅλως δ' οὐχ οὕτω φαίνεται κινεῖν ἡ ψυχὴ τὸ ζῷον, ἀλλὰ διὰ προαιρέσεώς τινος καὶ νοήσεως.

[406b26] τὸν αὐτὸν δὲ τρόπον καὶ ὁ Τίμαιος φυσιολογεῖ τὴν ψυχὴν κινεῖν τὸ σῶμα· τῷ γὰρ κινεῖσθαι αὐτὴν καὶ τὸ σῶμα κινεῖν διὰ τὸ συμπεπλέχθαι πρὸς αὐτό. συνεστηκυῖαν γὰρ ἐκ τῶν στοιχείων καὶ μεμερισμένην κατὰ τοὺς ἁρμονικοὺς ἀριθμούς, ὅπως αἴσθησίν τε σύμφυτον ἁρμονίας ἔχῃ καὶ τὸ πᾶν φέρηται συμφώνους φοράς, τὴν εὐθυωρίαν εἰς κύκλον κατέκαμψεν· καὶ διελὼν ἐκ τοῦ ἑνὸς δύο κύκλους δισσαχῇ συνημμένους πάλιν τὸν ἕνα διεῖλεν εἰς ἑπτὰ κύκλους, ὡς οὔσας τὰς τοῦ οὐρανοῦ φορὰς τὰς τῆς ψυχῆς κινήσεις.

[407a2] πρῶτον μὲν οὖν οὐ καλῶς τὸ λέγειν τὴν ψυχὴν μέγεθος εἶναι· τὴν γὰρ τοῦ παντὸς δῆλον ὅτι τοιαύτην εἶναι βούλεται οἷόν ποτ' ἐστὶν ὁ καλούμενος νοῦς (οὐ γὰρ δὴ οἷόν γ' ἡ αἰσθητική, οὐδ' οἷον ἡ ἐπιθυμητική· τούτων γὰρ ἡ κίνησις οὐ κυκλοφορία)· ὁ δὲ νοῦς εἷς καὶ συνεχὴς ὥσπερ καὶ ἡ νόησις· ἡ δὲ νόησις τὰ νοήματα· ταῦτα δὲ τῷ ἐφεξῆς ἕν, ὡς ὁ ἀριθμός, ἀλλ' οὐχ ὡς τὸ μέγεθος· διόπερ οὐδ' ὁ νοῦς οὕτω συνεχής, ἀλλ' ἤτοι ἀμερὴς ἢ οὐχ ὡς μέγεθός τι συνεχής.

样的［球形物］让身体静止？它如何做到这一点，这会是很难回答甚至不可能回答的问题。一般而言，灵魂看起来并不是用这种方式推动动物运动，而是通过某种决定（προαιρέσεώς τινος）和理性活动（νοήσεως）［来推动运动］。

同样，蒂迈欧①也提出了一个物理学的（φυσιολογεῖ）论述，来说明灵魂是如何推动身体运动的：通过自身运动，灵魂也推动身体运动，因为它与后者交织在一起。当灵魂由各种元素构成并按照和谐的数字加以划分之后，为了令它天然地具有对和谐（ἁρμονίας）的感觉，且整个宇宙能和谐地运行，［工匠神］就将直线②弯成了一个圆。然后他又将一个圆划分成两个圆，它们在两个点上相交，然后再将其中一个圆分成七个圆，这样天体在空间上的运动也就是灵魂的运动。

那么首先，说灵魂是一种"大小"（μέγεθος），这是不对的。因为很清楚，蒂迈欧用宇宙灵魂指的是那个有时候被称为"理性"（νοῦς）的灵魂，因为很显然，理性既不是感觉的［灵魂］，也不是欲求的［灵魂］，因为这些灵魂的运动不是圆形的。但理性是一（εἷς）而且连续地、按照像思想活动（νόησις）一样的方式而运动，而思想是思想的对象：它们都是接续的一（τῷ ἐφεξῆς ἕν），像数一样，但不像大小一样。这就是为什么理性并非在这个意义上是连续的（συνεχής），而是要么不具有部分，要么以一种不同于"大小"［的连续方式］而是连续的。

---

① 即柏拉图的对话《蒂迈欧》中的人物。一般认为，亚里士多德在提到对话中的人物时，会使用定冠词 ὁ，而在提及真实的历史人物时则不用定冠词。据此，这里应该不是指蒂迈欧本人，也不一定是指对话作者柏拉图，而是指对话中的人物蒂迈欧。参见 Shields, p.126。

② τὴν εὐθυωρίαν, Hicks（p.253）认为这里也是指灵魂（即宇宙灵魂）。

[407a10] πῶς γὰρ δὴ καὶ νοήσει, μέγεθος ὤν, πότερον ὁτῳοῦν τῶν μορίων τῶν αὑτοῦ, μορίων δ᾽ ἤτοι κατὰ μέγεθος ἢ κατὰ στιγμήν, εἰ δεῖ καὶ τοῦτο μόριον εἰπεῖν; εἰ μὲν οὖν κατὰ στιγμήν, αὗται δ᾽ ἄπειροι, δῆλον ὡς οὐδέποτε διέξεισιν· εἰ δὲ κατὰ μέγεθος, πολλάκις ἢ ἀπειράκις νοήσει τὸ αὐτό. φαίνεται δὲ καὶ ἅπαξ ἐνδεχόμενον. εἰ δ᾽ ἱκανὸν θιγεῖν ὁτῳοῦν τῶν μορίων, τί δεῖ κύκλῳ κινεῖσθαι, ἢ καὶ ὅλως μέγεθος ἔχειν; εἰ δ᾽ ἀναγκαῖον νοῆσαι τῷ ὅλῳ κύκλῳ θιγόντα, τίς ἐστιν ἡ τοῖς μορίοις θίξις; ἔτι δὲ πῶς νοήσει τὸ μεριστὸν ἀμερεῖ ἢ τὸ ἀμερὲς μεριστῷ;

[407a19] ἀναγκαῖον δὲ τὸν νοῦν εἶναι τὸν κύκλον τοῦτον· νοῦ μὲν γὰρ κίνησις νόησις κύκλου δὲ περιφορά· εἰ οὖν ἡ νόησις περιφορά, καὶ νοῦς ἂν εἴη ὁ κύκλος οὗ ἡ τοιαύτη περιφορὰ νόησις. ἀεὶ δὲ δὴ τί νοήσει (δεῖ γάρ, εἴπερ ἀίδιος ἡ περιφορά); τῶν μὲν γὰρ πρακτικῶν νοήσεων ἔστι πέρατα (πᾶσαι γὰρ ἑτέρου χάριν), αἱ δὲ θεωρητικαὶ τοῖς λόγοις ὁμοίως ὁρίζονται· λόγος δὲ πᾶς ὁρισμὸς ἢ ἀπόδειξις· αἱ μὲν οὖν ἀποδείξεις καὶ ἀπ᾽ ἀρχῆς καὶ ἔχουσαί πως τέλος, τὸν συλλογισμὸν ἢ τὸ συμπέρασμα (εἰ δὲ μὴ περατοῦνται, ἀλλ᾽ οὐκ ἀνακάμπτουσί γε πάλιν ἐπ᾽ ἀρχήν, προσλαμβάνουσαι δ᾽ ἀεὶ μέσον καὶ ἄκρον εὐθυποροῦσιν· ἡ δὲ περιφορὰ πάλιν ἐπ᾽ ἀρχὴν ἀνακάμπτει)· οἱ δ᾽ ὁρισμοὶ πάντες πεπερασμένοι.

[407a31] ἔτι εἰ ἡ αὐτὴ περιφορὰ πολλάκις, δεήσει πολλάκις νοεῖν τὸ αὐτό. ἔτι δ᾽ ἡ νόησις ἔοικεν ἠρεμήσει τινὶ καὶ ἐπιστάσει μᾶλλον ἢ κινήσει·

因为，如果灵魂是"大小"，它又如何思想呢？是［伴随着］任一部分［而思想］吗？这样的话，部分是作为大小还是作为点（如果一个点可以被称为一个部分的话）？进而，如果［部分］是作为点，而且这些点是无限的话，那么很清楚，思想就不能穷尽它们；但如果［部分］是作为大小，那它（灵魂）就会没完没了地思考同一件事。但是很明显，同一个事物也可能只思考一次。而如果它和任何一个部分发生接触就足够了，那它为什么一定要按照圆形来运动？为什么它必然具有大小？而如果它必须接触整个圆形才能思考，那么和部分"接触"又指什么呢？再者，它（灵魂）如何通过不具有部分的事物思考具有部分的事物，或者说，如何通过具有部分的事物思考不具有部分的事物？

理性必定是这个圆，因为理性的运动就是思想（νόησις），而圆的运动就是旋转。所以，如果思想就是旋转，那么理性就是这种圆，而它的这种转动就是思想。那么它一直都在思想什么呢？（因为如果旋转运动是永恒的，那它就必然如此。）因为实践推理（τῶν πρακτικῶν νοήσεων）有其限制（它们都是为了别的事物），而理论推理（αἱ θεωρητικαί）也类似地通过说明而受到限定。因为每一个说明（λόγος）要么是定义，要么是证明（ἀπόδειξις）。证明是从始点开始，并在某种意义上具有一个终点（τέλος），也就是演绎推论（τὸν συλλογισμὸν）或者结论。但是，［证明］即使没有达到终点，也不会再次回到始点，而是不断地提出中项（μέσον）和端项（ἄκρον）并继续直线向前推进，旋转则［不同，］会再次回到始点。不过，所有的定义都是有限度的。

再者，如果同样的转动多次发生，那就必然会多次思考同一事物。此外，思想（ἡ νόησις）与其说是运动，不如说更像是某种静

τὸν αὐτὸν δὲ τρόπον καὶ ὁ συλλογισμός. ἀλλὰ μὴν οὐδὲ μακάριόν γε τὸ μὴ ῥᾴδιον ἀλλὰ βίαιον· εἰ δ' ἐστὶν ἡ κίνησις αὐτῆς ἡ οὐσία, παρὰ φύσιν ἂν κινοῖτο. ἐπίπονον δὲ καὶ τὸ μεμῖχθαι τῷ σώματι μὴ δυνάμενον ἀπολυθῆναι, καὶ προσέτι φευκτόν, εἴπερ βέλτιον τῷ νῷ μὴ μετὰ σώματος εἶναι, καθάπερ εἴωθέ τε λέγεσθαι καὶ πολλοῖς συνδοκεῖ.

[407b5] ἄδηλος δὲ καὶ τοῦ κύκλῳ φέρεσθαι τὸν οὐρανὸν ἡ αἰτία· οὔτε γὰρ τῆς ψυχῆς ἡ οὐσία αἰτία τοῦ κύκλῳ φέρεσθαι, ἀλλὰ κατὰ συμβεβηκὸς οὕτω κινεῖται, οὔτε τὸ σῶμα αἴτιον, ἀλλ' ἡ ψυχὴ μᾶλλον ἐκείνῳ. ἀλλὰ μὴν οὐδ' ὅτι βέλτιον λέγεται· καίτοι γ' ἐχρῆν διὰ τοῦτο τὸν θεὸν κύκλῳ ποιεῖν φέρεσθαι τὴν ψυχήν, ὅτι βέλτιον αὐτῇ τὸ κινεῖσθαι τοῦ μένειν, κινεῖσθαι δ' οὕτως ἢ ἄλλως.

[407b12] ἐπεὶ δ' ἐστὶν ἡ τοιαύτη σκέψις ἑτέρων λόγων οἰκειοτέρα, ταύτην μὲν ἀφῶμεν τὸ νῦν. ἐκεῖνο δὲ ἄτοπον συμβαίνει καὶ τούτῳ τῷ λόγῳ καὶ τοῖς πλείστοις τῶν περὶ ψυχῆς· συνάπτουσι γὰρ καὶ τιθέασιν εἰς σῶμα τὴν ψυχήν, οὐθὲν προσδιορίσαντες διὰ τίν' αἰτίαν καὶ πῶς ἔχοντος τοῦ σώματος. καίτοι δόξειεν ἂν τοῦτ' ἀναγκαῖον εἶναι· διὰ γὰρ τὴν κοινωνίαν τὸ μὲν ποιεῖ τὸ δὲ πάσχει καὶ τὸ μὲν κινεῖται τὸ δὲ κινεῖ, τούτων δ' οὐθὲν ὑπάρχει πρὸς ἄλληλα τοῖς τυχοῦσιν.

止或停顿，而这也正是演绎推论（ὁ συλλογισμός）的方式。不过，本身不易实现而是通过受力才能实现的事物必定不为神灵所喜爱。如果运动不是思想（αὐτῆς）的本质①，那它运动就违反了本性（παρὰ φύσιν）。而它与身体混合起来且无法分离，这是十分费力的，再说这也应该避免，如果理性不伴随身体更好——很多人②经常提及并普遍赞同这一点。

再者，天穹（τὸν οὐρανὸν）旋转运动的原因是不清楚的。因为灵魂的本质并不是它旋转运动的原因，相反，它是由于偶性而这样运动的。身体也不是原因，反之，灵魂是[身体运动的]原因。[蒂迈欧]也没有说[这种运动]更好。不过，原本就是出于下面这个[目的因]，神才创造灵魂让它旋转运动，即对它而言运动比静止更好，而以这种方式运动比以其他方式运动更好。

不过，既然这种探究更适合于其他的论述，那我们现在就先暂且搁下不谈。但是这一论述跟其他大多数关于灵魂的论述一样，也会产生荒谬的结论，因为这些论述将灵魂系于身体并放在身体中，却没有对其原因和身体[方面的]条件另外加以说明。但这个说明看来应该是必要的，因为正是由于[身体与灵魂之间的]联结（κοινωνίαν），才会[有如下情形]：一个起作用的时候，另一个也在受作用；而一个被推动运动的时候，另一个正在推动[它]运动。而如果双方之间只是偶然的联系，那上述情况就不会发生。

---

① 407b1, Ross（1961）读作 ἦ οὐσία。我依从各抄本读作 μὴ οὐσία，而不是 ἦ οὐσία。Hicks (p. 260)、Polansky (p. 99)、Shields (p.75, note 6) 以及 Reeve 也都按抄本读作 μὴ οὐσία。更多解释参见 Reeve, p. 96, note 93。

② πολλοῖς，这里应该是指柏拉图主义者。

[407b20] οἱ δὲ μόνον ἐπιχειροῦσι λέγειν ποῖόν τι ἡ ψυχή, περὶ δὲ τοῦ δεξομένου σώματος οὐθὲν ἔτι προσδιορίζουσιν, ὥσπερ ἐνδεχόμενον κατὰ τοὺς Πυθαγορικοὺς μύθους τὴν τυχοῦσαν ψυχὴν εἰς τὸ τυχὸν ἐνδύεσθαι σῶμα. δοκεῖ γὰρ ἕκαστον ἴδιον ἔχειν εἶδος καὶ μορφήν, παραπλήσιον δὲ λέγουσιν ὥσπερ εἴ τις φαίη τὴν τεκτονικὴν εἰς αὐλοὺς ἐνδύεσθαι· δεῖ γὰρ τὴν μὲν τέχνην χρῆσθαι τοῖς ὀργάνοις, τὴν δὲ ψυχὴν τῷ σώματι.

以上论述仅试图说明灵魂是什么样的事物，却没有对接收灵魂的身体提出进一步的说明，就好像毕达哥拉斯学派的神话说的一样，任何灵魂都可能置入（ἐνδύεσθαι）任何身体。因为每一个身体看来都有其特定的形式（εἶδος）和形状（μορφήν），而该学派就好像是说，木工技术（τεκτονικὴν）可以被置入笛子——其实技艺必须要运用［它自己的］工具，而灵魂则要运用［它自己的］身体。

第四章

[407b26] Καὶ ἄλλη δέ τις δόξα παραδέδοται περὶ ψυχῆς, πιθανὴ μὲν πολλοῖς οὐδεμιᾶς ἧττον τῶν λεγομένων, λόγον δ' ὥσπερ εὐθύνοις δεδωκυῖα κἀν τοῖς ἐν κοινῷ γεγενημένοις λόγοις. ἁρμονίαν γάρ τινα αὐτὴν λέγουσι· καὶ γὰρ τὴν ἁρμονίαν κρᾶσιν καὶ σύνθεσιν ἐναντίων εἶναι, καὶ τὸ σῶμα συγκεῖσθαι ἐξ ἐναντίων.

[407b32] καίτοι γε ἡ μὲν ἁρμονία λόγος τίς ἐστι τῶν μιχθέντων ἢ σύνθεσις, τὴν δὲ ψυχὴν οὐδέτερον οἷόν τ' εἶναι τούτων. ἔτι δὲ τὸ κινεῖν οὐκ ἔστιν ἁρμονίας, ψυχῇ δὲ πάντες ἀπονέμουσι τοῦτο μάλισθ' ὡς εἰπεῖν. ἁρμόζει δὲ μᾶλλον καθ' ὑγιείας λέγειν ἁρμονίαν, καὶ ὅλως τῶν σωματικῶν ἀρετῶν, ἢ κατὰ ψυχῆς. φανερώτατον δ' εἴ τις ἀποδιδόναι πειραθείη τὰ πάθη καὶ τὰ ἔργα τῆς ψυχῆς ἁρμονίᾳ τινί· χαλεπὸν γὰρ ἐφαρμόζειν.

在留传下来关于灵魂的观点中，还有一个看法，它对于大多数人的说服力不亚于我们之前提到的那些说法，而且即使在流行的（ἐν κοινῷ）讨论中，也给出了论证（λόγον）以供审视，[这个看法]即人们认为灵魂是一种和谐（ἁρμονίαν）。因为他们说，和谐是相反事物的混合（κρᾶσιν）或复合（σύνθεσιν）①，身体是由相反的事物复合而成的。

不过，和谐是混合物的某种比例（λόγος）或复合，但灵魂不是其中任何一种。再者，引起运动的不是和谐，但是就像已经说过的，几乎所有人都将这一点首要地归诸灵魂。其实说到和谐，更合适的例子应该是健康，或者是一般而论的身体方面的卓越（ἀρετῶν），而不是灵魂。如果有人试图将灵魂的各种性质（πάθη）和功能（ἔργα）归于某种和谐，那么这一点就会表现得最清楚，因为很难令其相互契合。

---

① σύνθεσις、κρᾶσις 和 μίξις 都是指不同的成分或要素合起来构成一个新事物。其中 σύνθεσις 指的是各个构成成分保持原先状态不变或改变程度较小的情况，有时候用来指各元素并置在一起构成的复合物，例如一袋由胡椒、盐和糖构成的调料包。我将它翻译为"复合物"（英译为 synthesis）。与此相对，κρᾶσις 和 μίξις 都是指各个构成成分发生了较大改变，完全融在新生成的事物之中，无从分辨，例如一杯糖盐水或者一块合金，其中 μίξις 多指固体，κρᾶσις 多指液体，我将它们都译为"混合物"（英译通常将 κρᾶσις 译为 blend，μίξις 译为 mixture）。参见 Polansky, pp.105-106；以及 Reeve, p.98, note 98。

[408a5] ἔτι δ᾽ εἰ λέγομεν τὴν ἁρμονίαν εἰς δύο ἀποβλέποντες, κυριώτατα μέν, τῶν μεγεθῶν ἐν τοῖς ἔχουσι κίνησιν καὶ θέσιν, τὴν σύνθεσιν αὐτῶν, ἐπειδὰν οὕτω συναρμόζωσιν ὥστε μηδὲν συγγενὲς παραδέχεσθαι, ἐντεῦθεν δὲ καὶ τὸν τῶν μεμιγμένων λόγον — οὐδετέρως μὲν οὖν εὔλογον, ἡ δὲ σύνθεσις τῶν τοῦ σώματος μερῶν λίαν εὐεξέταστος. πολλαί τε γὰρ αἱ συνθέσεις τῶν μερῶν καὶ πολλαχῶς· τίνος οὖν ἢ πῶς ὑπολαβεῖν τὸν νοῦν χρὴ σύνθεσιν εἶναι, ἢ καὶ τὸ αἰσθητικὸν ἢ ὀρεκτικόν; ὁμοίως δὲ ἄτοπον καὶ τὸ τὸν λόγον τῆς μίξεως εἶναι τὴν ψυχήν· οὐ γὰρ τὸν αὐτὸν ἔχει λόγον ἡ μίξις τῶν στοιχείων καθ᾽ ἣν σὰρξ καὶ καθ᾽ ἣν ὀστοῦν. συμβήσεται οὖν πολλάς τε ψυχὰς ἔχειν καὶ κατὰ πᾶν τὸ σῶμα, εἴπερ πάντα μὲν ἐκ τῶν στοιχείων μεμιγμένων, ὁ δὲ τῆς μίξεως λόγος ἁρμονία καὶ ψυχή.

[408a18] ἀπαιτήσειε δ᾽ ἄν τις τοῦτό γε καὶ παρ᾽ Ἐμπεδοκλέους· ἕκαστον γὰρ αὐτῶν λόγῳ τινί φησιν εἶναι· πότερον οὖν ὁ λόγος ἐστὶν ἡ ψυχή, ἢ μᾶλλον ἕτερόν τι οὖσα ἐγγίνεται τοῖς μέρεσιν; ἔτι δὲ πότερον ἡ φιλία τῆς τυχούσης αἰτία μίξεως ἢ τῆς κατὰ τὸν λόγον, καὶ αὕτη πότερον ὁ λόγος ἐστὶν ἢ παρὰ τὸν λόγον ἕτερόν τι;

[408a24] ταῦτα μὲν οὖν ἔχει τοιαύτας ἀπορίας. εἰ δ᾽ ἐστὶν ἕτερον ἡ ψυχὴ τῆς μίξεως, τί δή ποτε ἅμα τῷ σαρκὶ εἶναι ἀναιρεῖται καὶ τὸ τοῖς ἄλλοις

再者，或许我们可以通过重点考察以下二者来讨论和谐：其中最恰当的是［将和谐归于］具有大小（μεγεθῶν）的复合物——它们处于那些具有运动和位置（θέσιν）的事物当中，而且无论何时，它们都非常契合，以至于不再容纳其他同类的事物（συγγενές）；另一种［和谐］则是指混合物（τῶν μεμιγμένων）的比例。但是［如果这样的话，那么］这两种说法都不合理，而若将和谐看作身体各部分的复合物，则很容易遭到反驳。因为有很多部分的复合物，它们以多种方式加以复合。那么我们应该假定哪个复合物是理性（τὸν νοῦν）呢？如何假定？以及哪个复合物是感觉能力或欲望能力？［它们又是如何复合的？］不过，将灵魂看作混合物的比例也同样荒谬。因为各种元素的混合比例对于肉和骨来说是不同的。这样一来就会得出［结论认为］，一个［生物］具有多个灵魂且遍布整个身体——如果它的所有部分都来自于元素的混合，而混合物的比例就是某种和谐，亦即灵魂。

有人或许会针对恩培多克勒而提出这个问题，因为他说每一个［部分］都具有特定的比例：那么，灵魂是某种比例吗，还是说，它是另一种在部分中生成的事物？再者，爱（φιλία）是偶然的混合物①的原因吗，还是说，它只是那些合乎比例的混合物的原因？那么，爱就是比例吗，还是除比例之外的其他某种东西？

这样，这些观点②就会有以上种种疑难。然而，如果灵魂是其他不同于混合物的事物，那为什么当肉的所是（τῷ σαρκὶ εἶναι）毁

---

① τῆς τυχούσης μίξεως，偶然的混合物，即随机形成的混合物。
② 即在这段讨论恩培多克勒之前所讨论的各种相关观点和疑难。

μορίοις τοῦ ζῴου;[①] πρὸς δὲ τούτοις εἴπερ μὴ ἕκαστον τῶν μορίων ψυχὴν ἔχει, εἰ μὴ ἔστιν ἡ ψηχὴ ὁ λόγος τῆς μίξεως, τί ἐστιν ὃ φθείρεται τῆς ψυχῆς ἀπολιπούσης;

[408a29] ὅτι μὲν οὖν οὔθ᾽ ἁρμονίαν οἷόν τ᾽ εἶναι τὴν ψυχὴν οὔτε κύκλῳ περιφέρεσθαι, δῆλον ἐκ τῶν εἰρημένων. κατὰ συμβεβηκὸς δὲ κινεῖσθαι, καθάπερ εἴπομεν, ἔστι, καὶ κινεῖν ἑαυτήν, οἷον κινεῖσθαι μὲν ἐν ᾧ ἐστι, τοῦτο δὲ κινεῖσθαι ὑπὸ τῆς ψυχῆς· ἄλλως δ᾽ οὐχ οἷόν τε κινεῖσθαι κατὰ τόπον αὐτήν.

[408a34] εὐλογώτερον δ᾽ ἀπορήσειεν ἄν τις περὶ αὐτῆς ὡς κινουμένης, εἰς τὰ τοιαῦτα ἀποβλέψας· φαμὲν γὰρ τὴν ψυχὴν λυπεῖσθαι χαίρειν, θαρρεῖν φοβεῖσθαι, ἔτι δὲ ὀργίζεσθαί τε καὶ αἰσθάνεσθαι καὶ διανοεῖσθαι· ταῦτα δὲ πάντα κινήσεις εἶναι δοκοῦσιν. ὅθεν οἰηθείη τις ἂν αὐτὴν κινεῖσθαι· τὸ δ᾽ οὐκ ἔστιν ἀναγκαῖον. εἰ γὰρ καὶ ὅτι μάλιστα τὸ λυπεῖσθαι ἢ χαίρειν ἢ διανοεῖσθαι κινήσεις εἰσί, καὶ ἕκαστον κινεῖσθαί τι τούτων, τὸ δὲ κινεῖσθαί ἐστιν ὑπὸ τῆς ψυχῆς, οἷον τὸ ὀργίζεσθαι ἢ φοβεῖσθαι τὸ τὴν καρδίαν ὡδὶ κινεῖσθαι, τὸ δὲ διανοεῖσθαι ἤ τι τοιοῦτον ἴσως ἢ ἕτερόν τι, τούτων δὲ συμβαίνει τὰ μὲν κατὰ φορὰν τινων κινουμένων, τὰ δὲ κατ᾽ ἀλλοίωσιν (ποῖα δὲ καὶ πῶς,

---

① τί δή ποτε ἅμα τῷ σαρκὶ εἶναι ἀναιρεῖται καὶ τὸ τοῖς ἄλλοις μορίοις τοῦ ζῴου, 这句话 OCT 本读作 τί δή ποτε ἅμα τὸ σαρκὶ εἶναι ἀναιρεῖται καὶ τὸ τοῖς ἄλλοις μορίοις τοῦ ζῴου. 我按照 Ross (1961) 读作 τῷ……τὸ……。相关解释参见 Ross (1961), p.197。

坏时，其他动物的部分［之所是］也随之一起毁坏呢？此外，如果并非身体的每个部分都有灵魂，如果灵魂不是混合物的比例，那么当灵魂离开［身体］的时候，朽坏的那个东西又是什么呢？

因此，灵魂既不可能是某种和谐，也不可能做圆周运动，根据上面的讨论，这一点就非常清楚了。不过灵魂可以由于偶性而运动（就像我们之前说过的），也可以推动自身运动，比如说，它所在的事物被推动，或者该事物被灵魂推动。但是它不可能被推动着发生空间位置的变化。

有人会更合理地提出一个难题，即灵魂是如何运动的，其考虑如下：我们说灵魂是感受到痛苦的和快乐的，自信的和恐惧的，或说它是愤怒的且能够感知并能够思考。但是所有这些似乎都是运动（κινήσεις）。有人可能会据此假定，灵魂是被推动［运动］的。但是并非必然如此。因为就算痛苦或快乐或思考（διανοεῖσθαι）都是运动，就算它们每一个都是被推动的，但［其］运动则是由于灵魂［而产生的］——比如说，感到愤怒或恐惧是心脏（τὴν καρδίαν）以这样的一种方式被推动运动，而思考则可能是这个或那个事物被推动：它们在某些情况下是在位移的意义上发生运动，在其他情况下则是在"改变"（ἀλλοίωσιν）的意义上发生运动（至于运动的类型和方式，则是另一个话题）。不过，说"灵魂感到愤怒"，就跟有人说灵魂"在织布"或是"在造房子"一样。因为我们或许最好不要说是灵魂在"怜悯"或"学习"或"思考"，而是人凭借灵魂［在做这些事情］。而这并非由于在灵魂中有运动，而是由于运动有时候触及灵魂，有时候则源自灵魂。比如说，感觉是从这些事物开始的，而回忆则是从灵魂开始的，它延伸到感觉器官的各种运动或是

ἕτερός ἐστι λόγος), τὸ δὴ λέγειν ὀργίζεσθαι τὴν ψυχὴν ὅμοιον κἂν εἴ τις λέγοι τὴν ψυχὴν ὑφαίνειν ἢ οἰκοδομεῖν· βέλτιον γὰρ ἴσως μὴ λέγειν τὴν ψυχὴν ἐλεεῖν ἢ μανθάνειν ἢ διανοεῖσθαι, ἀλλὰ τὸν ἄνθρωπον τῇ ψυχῇ· τοῦτο δὲ μὴ ὡς ἐν ἐκείνῃ τῆς κινήσεως οὔσης, ἀλλ᾽ ὁτὲ μὲν μέχρι ἐκείνης, ὁτὲ δ᾽ ἀπ᾽ ἐκείνης, οἷον ἡ μὲν αἴσθησις ἀπὸ τωνδί, ἡ δ᾽ ἀνάμνησις ἀπ᾽ ἐκείνης ἐπὶ τὰς ἐν τοῖς αἰσθητηρίοις κινήσεις ἢ μονάς.

[408b18] ὁ δὲ νοῦς ἔοικεν ἐγγίνεσθαι οὐσία τις οὖσα, καὶ οὐ φθείρεσθαι. μάλιστα γὰρ ἐφθείρετ᾽ ἂν ὑπὸ τῆς ἐν τῷ γήρᾳ ἀμαυρώσεως, νῦν δ᾽ ὥσπερ ἐπὶ τῶν αἰσθητηρίων συμβαίνει· εἰ γὰρ λάβοι ὁ πρεσβύτης ὄμμα τοιονδί, βλέποι ἂν ὥσπερ καὶ ὁ νέος. ὥστε τὸ γῆρας οὐ τῷ τὴν ψυχὴν τι πεπονθέναι, ἀλλ᾽ ἐν ᾧ, καθάπερ ἐν μέθαις καὶ νόσοις. καὶ τὸ νοεῖν δὴ καὶ τὸ θεωρεῖν μαραίνεται ἄλλου τινὸς ἔσω φθειρομένου, αὐτὸ δὲ ἀπαθές ἐστιν. τὸ δὲ διανοεῖσθαι καὶ φιλεῖν ἢ μισεῖν οὐκ ἔστιν ἐκείνου πάθη, ἀλλὰ τουδὶ τοῦ ἔχοντος ἐκεῖνο, ᾗ ἐκεῖνο ἔχει. διὸ καὶ τούτου φθειρομένου οὔτε μνημονεύει οὔτε φιλεῖ· οὐ γὰρ ἐκείνου ἦν, ἀλλὰ τοῦ κοινοῦ, ὃ ἀπόλωλεν· ὁ δὲ νοῦς ἴσως θειότερόν τι καὶ ἀπαθές ἐστιν.

[408b30] ὅτι μὲν οὖν οὐχ οἷόν τε κινεῖσθαι τὴν ψυχήν, φανερὸν ἐκ τούτων· εἰ δ᾽ ὅλως μὴ κινεῖται, δῆλον ὡς οὐδ᾽ ὑφ᾽ ἑαυτῆς. πολὺ δὲ τῶν εἰρημένων ἀλογώτατον τὸ λέγειν ἀριθμὸν εἶναι τὴν ψυχὴν κινοῦνθ᾽ ἑαυτόν· ὑπάρχει γὰρ αὐτοῖς ἀδύνατα πρῶτα μὲν τὰ ἐκ τοῦ κινεῖσθαι συμβαίνοντα, ἴδια δ᾽ ἐκ τοῦ λέγειν αὐτὴν ἀριθμόν. πῶς γὰρ χρὴ νοῆσαι

各个持续状态（μονάς）①。

而理性似乎是作为某种实体（οὐσία）而在一个人身上产生，并且不会朽坏。因为假若它有朽坏，那也主要是因为年老所导致的昏昧。但事实上它和各种感知器官的情况一样。因为如果一个老人有［年轻人］这样的视力，那他甚至也能像年轻人那样去看［事物］。所以说，年迈并不是因为灵魂受到某种影响，而是因为它的所在之处受到影响，比如说处于醉酒或生病［的状态］。而理性活动和思考会随着［身体］内部的另一事物的毁灭而消失，但其本身是不受影响的（ἀπαθές）。理智思考（διανοεῖσθαι）、爱或恨都不是理性的波动，而是那具有理性的［事物］的波动——就后者具有理性而言。因此，当这个［具有理性的事物］遭到朽坏时，它②不会回忆也不会爱，因为这些不属于理性，而是属于共同的事物，而后者已经朽坏。而理性大概是某种更为神圣的事物，且不受影响。

因此，由上述可知，灵魂是不能被推动的。而如果它完全不运动，那就很清楚，它也不会推动自身运动。但是在我们上面讨论过的各种说法中，最不合理的就是说灵魂是一个自我运动的数。③因为这样的话，它首先就会遭遇"灵魂被推动"这个说法所导致的不可能［的情况］，然后就是来自"灵魂是一个数"这个说法所独有的困难。因为我们要如何才能理解一个单元（μονάδα）被推动呢？它被什么推动呢？如果它完全没有部分和差别，又何以如此呢？因为

---

① μονάς 原义为各个点，这里可以理解为过去产生的各种感觉的踪迹。

② 关于这里的"它"指的是什么，一般有三种理解：第一种认为是指人，第二种认为指灵魂，第三种则认为指理性。阿奎纳被认为同意第二种，特米斯提乌斯则被认为同意第三种（参见 Shields, p.146）。我这里的译法倾向于第一种理解，但在代词的选择上则使用"它"（而不是"他"）来保留解释上的其他可能性。

③ 指的是色诺克拉底的说法。

μονάδα κινουμένην, καὶ ὑπὸ τίνος, καὶ πῶς, ἀμερῆ καὶ ἀδιάφορον οὖσαν; ᾗ γάρ ἐστι κινητικὴ καὶ κινητή, διαφέρειν δεῖ.

[409a3] ἔτι δ᾽ ἐπεί φασι κινηθεῖσαν γραμμὴν ἐπίπεδον ποιεῖν, στιγμὴν δὲ γραμμήν, καὶ αἱ τῶν μονάδων κινήσεις γραμμαὶ ἔσονται· ἡ γὰρ στιγμὴ μονάς ἐστι θέσιν ἔχουσα, ὁ δ᾽ ἀριθμὸς τῆς ψυχῆς ἤδη πού ἐστι καὶ θέσιν ἔχει. ἔτι δ᾽ ἀριθμοῦ μὲν ἐὰν ἀφέλῃ τις ἀριθμὸν ἢ μονάδα, λείπεται ἄλλος ἀριθμός· τὰ δὲ φυτὰ καὶ τῶν ζῴων πολλὰ διαιρούμενα ζῇ καὶ δοκεῖ τὴν αὐτὴν ψυχὴν ἔχειν τῷ εἴδει.

[409a10] δόξειε δ᾽ ἂν οὐθὲν διαφέρειν μονάδας λέγειν ἢ σωμάτια μικρά· καὶ γὰρ ἐκ τῶν Δημοκρίτου σφαιρίων ἐὰν γένωνται στιγμαί, μόνον δὲ μένῃ τὸ ποσόν, ἔσται [τι] ἐν αὐτῷ τὸ μὲν κινοῦν τὸ δὲ κινούμενον, ὥσπερ ἐν τῷ συνεχεῖ· οὐ γὰρ διὰ τὸ μεγέθει διαφέρειν ἢ μικρότητι συμβαίνει τὸ λεχθέν, ἀλλ᾽ ὅτι ποσόν· διὸ ἀναγκαῖον εἶναί τι τὸ κινῆσον τὰς μονάδας.

[409a16] εἰ δ᾽ ἐν τῷ ζῴῳ τὸ κινοῦν ἡ ψυχή, καὶ ἐν τῷ ἀριθμῷ, ὥστε οὐ τὸ κινοῦν καὶ κινούμενον ἡ ψυχή, ἀλλὰ τὸ κινοῦν μόνον. ἐνδέχεται δὲ δὴ πῶς μονάδα ταύτην εἶναι; δεῖ γὰρ ὑπάρχειν τινὰ αὐτῇ διαφορὰν πρὸς τὰς ἄλλας, στιγμῆς δὲ μοναδικῆς τίς ἂν εἴη διαφορὰ πλὴν θέσις;

[409a21] εἰ μὲν οὖν εἰσὶν ἕτεραι αἱ ἐν τῷ σώματι μονάδες καὶ αἱ στιγμαί, ἐν τῷ αὐτῷ ἔσονται αἱ μονάδες· καθέξει γὰρ <ἑκάστη> χώραν στιγμῆς.

若是要能够产生运动和被推动运动，那它自身就必然得有所差别。

再者，既然他们说，一条线运动就会产生一个面，一个点运动会产生一条线，则多个单元的运动也将是多条线；因为一个点就是一个具有位置（θέσιν）的单元，而灵魂的数（ἀριθμὸς）已经在某一处并具有位置。如果有人从一个数中减去一个数或一个单元，那么剩下的则是一个不同的数；但是植物和很多动物在被切分之后，依然活着并且似乎具有同一种（τῷ εἴδει）灵魂。

至于我们所说的是单元还是微小物体，似乎没什么差别。因为如果点的确产生自德谟克利特所谓的球形物，仅保留了量（τὸ ποσόν），那么其中就［有某种东西，］既有推动者也有被推动者，就好像它们都处于同一个连续的事物中（ὥσπερ ἐν τῷ συνεχεῖ）。因为这样说并非由于它的大或小（τὸ μεγέθει ἢ μικρότητι），而是因为它是一个量（ποσόν）。① 因此必然有某种事物来推动这些单元。

如果在动物中，灵魂就是推动者，那么在数之中也是一样，这样灵魂就不会既是推动者又是被推动者，而只是推动者。但这样的话，它又怎么可能是一个单元呢？因为一个单元肯定要与其他的［单元］有某种区别（τινὰ διαφορὰν），但是对于一个作为单元的点来说，除了位置之外还能有什么差别呢？

因此，一方面，如果处于身体之中的单元和点［与处于灵魂中的单元和点］是不同的，单元也会处于同一位置。因为＜其中每一

---

① ποσόν 和 μέγεθος：μέγεθος 指的是在空间中所占的量，即体积。根据 Shields（p.140），亚里士多德对 μέγεθος 的用法通常有两种：第一种是指在三维空间上的延展与量，第二种则指包括了二维平面上的延展与量（在这个意义上，直线也可以看作"量"）。Shields 认为亚里士多德在这一章使用了第一种用法，因为他的讨论焦点在于"那些由各种元素复合而成并构成了一切物质存在的有形物（bodies）"。因此，我一般将 μέγεθος 译为"大小"，以和 τὸ ποσόν（数量）区别，必要时则会将 μέγεθος 译为"体量"，τὸ ποσόν 译为"量"。

καίτοι τί κωλύει ἐν τῷ αὐτῷ εἶναι, εἰ δύο, καὶ ἄπειρα; ὧν γὰρ ὁ τόπος ἀδιαίρετος, καὶ αὐτά. εἰ δ᾽ αἱ ἐν τῷ σώματι στιγμαὶ ὁ ἀριθμὸς ὁ τῆς ψυχῆς, ἢ εἰ ὁ τῶν ἐν τῷ σώματι στιγμῶν ἀριθμὸς ἡ ψυχή, διὰ τί οὐ πάντα ψυχὴν ἔχουσι τὰ σώματα; στιγμαὶ γὰρ ἐν ἅπασι δοκοῦσιν εἶναι καὶ ἄπειροι. ἔτι δὲ πῶς οἷόν τε χωρίζεσθαι τὰς στιγμὰς καὶ ἀπολύεσθαι τῶν σωμάτων, εἴ γε μὴ διαιροῦνται αἱ γραμμαὶ εἰς στιγμάς;

个 > 都会占据一个点的空间（χώραν）。而如果同一个位置有两个点，那又是什么原因令此处不会有无限个点呢？因为那些空间位置（τόπος）不可分的事物，其自身也不可分。而另一方面，如果处于身体中的点就是灵魂的数，或者如果灵魂就是身体中的点的数，那为什么不是所有的物体都有灵魂呢？因为似乎一切物体中都有点，而且还是无限的。再者，如果线不能分成各个点的话，点又如何能与身体相分离并离开身体呢？

第五章

[409a31] Συμβαίνει δέ, καθάπερ εἴπομεν, τῇ μὲν ταὐτὸ λέγειν τοῖς σῶμά τι λεπτομερὲς αὐτὴν τιθεῖσι, τῇ δ', ὥσπερ Δημόκριτος κινεῖσθαί φησιν ὑπὸ τῆς ψυχῆς, ἴδιον τὸ ἄτοπον. εἴπερ γάρ ἐστιν ἡ ψυχὴ ἐν παντὶ τῷ αἰσθανομένῳ σώματι, ἀναγκαῖον ἐν τῷ αὐτῷ δύο εἶναι σώματα, εἰ σῶμά τι ἡ ψηχή· τοῖς δ' ἀριθμὸν λέγουσιν, ἐν τῇ μιᾷ στιγμῇ πολλὰς στιγμάς, καὶ πᾶν σῶμα ψυχὴν ἔχειν, εἰ μὴ διαφέρων τις ἀριθμὸς ἐγγίνεται καὶ ἄλλος τις τῶν ὑπαρχουσῶν ἐν τῷ σώματι στιγμῶν· συμβαίνει τε κινεῖσθαι τὸ ζῷον ὑπὸ τοῦ ἀριθμοῦ, καθάπερ καὶ Δημόκριτον αὐτὸ ἔφαμεν κινεῖν· τί γὰρ διαφέρει σφαίρας λέγειν μικρὰς ἢ μονάδας μεγάλας, ἢ ὅλως μονάδας φερομένας; ἀμφοτέρως γὰρ ἀναγκαῖον κινεῖν τὸ ζῷον τῷ κινεῖσθαι ταύτας.

[409b11] τοῖς δὴ συμπλέξασιν εἰς τὸ αὐτὸ κίνησιν καὶ ἀριθμὸν ταῦτά τε συμβαίνει καὶ πολλὰ ἕτερα τοιαῦτα· οὐ γὰρ μόνον ὁρισμὸν ψυχῆς ἀδύνατον τοιοῦτον εἶναι, ἀλλὰ καὶ συμβεβηκός. δῆλον δ' εἴ τις ἐπιχειρήσειεν ἐκ τοῦ λόγου τούτου τὰ πάθη καὶ τὰ ἔργα τῆς ψυχῆς ἀποδιδόναι, οἷον λογισμούς, αἰσθήσεις, ἡδονάς, λύπας, ὅσα ἄλλα

就像我们说过的①，这就意味着：从一方面来看，这个观点②和某些人的观点一样，他们认为灵魂是某种精微的物体，但是从另一方面来看，就像德谟克利特说［身体］被灵魂推动着运动，这种说法本身又有其荒谬之处。因为如果灵魂存在于所有具有感知的身体部分当中，那么在同一个地方就必然有两个身体——如果灵魂就是某种身体的话。而对于那些说灵魂是一个数的人来说，在一个点中就会有多个点，而所有身体也都有灵魂，除非某个不同的数进入身体，并且与存在于身体中的点有所不同。这也意味着，动物是由数推动运动的，就像我们说德谟克利特推动它运动。因为，说是小的球体还是大的单元，或者更一般地是在运动的单元，这有什么区别呢？因为无论怎样，推动动物运动肯定需要通过这些事物自我运动才能完成。

　　对于那些要将运动和数结合在同一个事物上的人来说，就会导致上述结论以及很多其他的类似结果。因为这样的事物不仅不可能作为灵魂的定义，它甚至都不能作为灵魂的偶性（συμβεβηκός）。如果有人试图从以上说明中给出灵魂的各种波动和活动，例如理性推理、感觉、快乐、痛苦，诸如此类，那么这一点就会很清楚。因

---

① 参见本书 408b33ff，或 409a10-11。
② 即色诺克拉底的观点。

τοιαῦτα· ὥσπερ γὰρ εἴπομεν πρότερον, οὐδὲ μαντεύσασθαι ῥᾴδιον ἐξ αὐτῶν.

[409b19] τριῶν δὲ τρόπων παραδεδομένων καθ᾽ οὓς ὁρίζονται τὴν ψυχήν, οἱ μὲν τὸ κινητικώτατον ἀπεφήναντο τῷ κινεῖν ἑαυτό, οἱ δὲ σῶμα τὸ λεπτομερέστατον ἢ τὸ ἀσωματώτατον τῶν ἄλλων. ταῦτα δὲ τίνας ἀπορίας τε καὶ ὑπεναντιώσεις ἔχει, διεληλύθαμεν σχεδόν· λείπεται δ᾽ ἐπισκέψασθαι πῶς λέγεται τὸ ἐκ τῶν στοιχείων αὐτὴν εἶναι.

[409b24] λέγουσι μὲν γάρ, ἵν᾽ αἰσθάνηταί τε τῶν ὄντων καὶ ἕκαστον γνωρίζῃ· ἀναγκαῖον δὲ συμβαίνειν πολλὰ καὶ ἀδύνατα τῷ λόγῳ. τίθενται γὰρ γνωρίζειν τῷ ὁμοίῳ τὸ ὅμοιον, ὥσπερ ἂν εἰ τὴν ψυχὴν τὰ πράγματα τιθέντες. οὐκ ἔστι δὲ μόνα ταῦτα, πολλὰ δὲ καὶ ἕτερα, μᾶλλον δ᾽ ἴσως ἄπειρα τὸν ἀριθμὸν τὰ ἐκ τούτων. ἐξ ὧν μὲν οὖν ἐστιν ἕκαστον τούτων, ἔστω γινώσκειν τὴν ψυχὴν καὶ αἰσθάνεσθαι· ἀλλὰ τὸ σύνολον τίνι γνωριεῖ ἢ αἰσθήσεται, οἷον τί θεὸς ἢ ἄνθρωπος ἢ σὰρξ ἢ ὀστοῦν; ὁμοίως δὲ καὶ ἄλλο ὁτιοῦν τῶν συνθέτων· οὐ γὰρ ὁπωσοῦν ἔχοντα τὰ στοιχεῖα τούτων ἕκαστον, ἀλλὰ λόγῳ τινὶ καὶ συνθέσει, καθάπερ φησὶ καὶ Ἐμπεδοκλῆς τὸ ὀστοῦν·

为就像我们之前说过的，从上面这些论述中很难猜测［要如何说明灵魂的这些波动和活动］。①

有三种既有方式来界定灵魂：有人说它是最能产生运动的，因为它推动自身运动，还有人说它是最精微的有形物体（σῶμα），或者较其他事物而言最［接近］无形体的事物（ἀσωματώτατον）。这些观点之中有一些困难和矛盾之处，我们刚刚已经说过了。其余有待探究的问题，则是如何能说灵魂是由各元素而来的。

他们这样说是为了说明，灵魂既能感知存在物，也能认识其中的每一个存在；但是这种说法必然导致很多不可能之处。因为他们声称同类认识同类（τὸ ὅμοιον），这就等于是在说，灵魂就是［它所认识的］各事物。不过，存在的不是只有这些［元素］，还有很多其他的事物，而由这些［元素］构成的事物在数目上可能是无限的。因此，就算我们假设灵魂能够认识和感知这些［元素］——每一个事物都来自于它们，但通过什么灵魂认识或感知［由元素构成的］复合体呢（τὸ σύνολον）？比如说，神是什么、人是什么、肉是什么、骨又是什么？对于其他的复合物（τῶν συνθέτων）来说也是一样，因为元素不是以随便什么状态构成这些复合物当中的每一个，而是依照某种比例和复合方式，就像恩培多克勒谈到骨的时候所说：

---

① 大多数当代文本都将 409a31 到 409b18 这部分归入第五章，而 Shields 认为这部分明显在讨论第四章的问题，故在其 2016 年出版的英译本中，按文艺复兴之前的抄录方式，将这部分归于第四章。参见 Shields 译文，尤其是第 150 页的评注说明。本译文将这部分归入第五章。

ἡ δὲ χθὼν ἐπίηρος ἐν εὐστέρνοις χοάνοισιν
τὼ δύο τῶν ὀκτὼ μερέων λάχε νήστιδος αἴγλης,
τέσσαρα δ᾽ Ἡφαίστοιο· τὰ δ᾽ ὀστέα λευκὰ γένοντο.

οὐδὲν οὖν ὄφελος ἐνεῖναι τὰ στοιχεῖα ἐν τῇ ψυχῇ, εἰ μὴ καὶ οἱ λόγοι ἐνέσονται καὶ ἡ σύνθεσις· γνωριεῖ γὰρ ἕκαστον τὸ ὅμοιον, τὸ δ᾽ ὀστοῦν ἢ τὸν ἄνθρωπον οὐθέν, εἰ μὴ καὶ ταῦτ᾽ ἐνέσται. τοῦτο δ᾽ ὅτι ἀδύνατον, οὐθὲν δεῖ λέγειν· τίς γὰρ ἂν ἀπορήσειεν εἰ ἔνεστιν ἐν τῇ ψυχῇ λίθος ἢ ἄνθρωπος; ὁμοίως δὲ καὶ τὸ ἀγαθὸν καὶ τὸ μὴ ἀγαθόν· τὸν αὐτὸν δὲ τρόπον καὶ περὶ τῶν ἄλλων.

[410a13] ἔτι δὲ πολλαχῶς λεγομένου τοῦ ὄντος (σημαίνει γὰρ τὸ μὲν τόδε τι, τὸ δὲ ποσὸν ἢ ποιὸν ἢ καί τινα ἄλλην τῶν διαιρεθεισῶν κατηγοριῶν) πότερον ἐξ ἁπάντων ἔσται ἡ ψυχὴ ἢ οὔ; ἀλλ᾽ οὐ δοκεῖ κοινὰ πάντων εἶναι στοιχεῖα. ἆρ᾽ οὖν ὅσα τῶν οὐσιῶν, ἐκ τούτων μόνον; πῶς οὖν γινώσκει καὶ τῶν ἄλλων ἕκαστον; ἢ φήσουσιν ἑκάστου γένους εἶναι στοιχεῖα καὶ ἀρχὰς ἰδίας, ἐξ ὧν τὴν ψυχὴν συνεστάναι; ἔσται ἄρα ποσὸν καὶ ποιὸν καὶ οὐσία. ἀλλ᾽ ἀδύνατον ἐκ τῶν τοῦ ποσοῦ στοιχείων οὐσίαν εἶναι καὶ μὴ ποσόν. τοῖς δὴ λέγουσιν ἐκ πάντων ταῦτά τε καὶ τοιαῦθ᾽ ἕτερα συμβαίνει.

[410a23] ἄτοπον δὲ καὶ τὸ φάναι μὲν ἀπαθὲς εἶναι τὸ ὅμοιον ὑπὸ τοῦ ὁμοίου, αἰσθάνεσθαι δὲ τὸ ὅμοιον τοῦ ὁμοίου καὶ γινώσκειν τῷ ὁμοίῳ τὸ ὅμοιον· τὸ δ᾽ αἰσθάνεσθαι πάσχειν τι καὶ κινεῖσθαι τιθέασιν· ὁμοίως δὲ καὶ τὸ νοεῖν τε καὶ γινώσκειν.

宽敞的坩锅中宜人的土

从闪耀的水当中获取了八份中的两份，

再从火［神］那里获取四份：这样就生成了白骨。

所以，［认为］灵魂中存在各种元素，这个说法就毫无优势可言，除非其中还包含各种比例与复合方式。因为每一个元素认识的是同类，而不是骨或者人，除非后者也包含其中。但这是不可能的，我们甚至都不必说起这一点。因为，谁会去问灵魂中有没有石头或人呢？对于善和非善来说，也是一样。对于其他事物来说，也是同样。

再者，既然我们是在多种意义上说"存在"（因为它表示"这一个"、量、质或者其他某个已经加以区分的范畴），那么灵魂是不是来自以上全部呢？但是，它们［即范畴］似乎并非都具有共同的元素。那么灵魂是仅仅来自那些实体的元素吗？这样的话，它又如何能够认识其他每一个事物呢？还是说，他们认为每一个属都有其独有的元素和本原，并从其中复合成了灵魂？这样的话，灵魂就是量、质和实体。但是不可能从量的元素产生一个实体而不是一个量。那么，这些和其他类似的［困境］就是那些说灵魂来自于所有元素的人所导致的理论后果。

而且还有一种荒谬的说法，认为同类不受同类影响，但是同类却能被同类感知、为同类所认识。但是他们认为，感知就是某种受影响和受推动［的状态］，而理性活动和认识也与此类似。

[410a27]   πολλὰς δ' ἀπορίας καὶ δυσχερείας ἔχοντος τοῦ λέγειν, καθάπερ Ἐμπεδοκλῆς, ὡς τοῖς σωματικοῖς στοιχείοις ἕκαστα γνωρίζεται, καί, πρός, τῷ ὁμοίῳ, μαρτυρεῖ τὸ νῦν λεχθέν· ὅσα γάρ ἐστιν ἐν τοῖς τῶν ζῴων σώμασιν ἁπλῶς γῆς, οἷον ὀστᾶ νεῦρα τρίχες, οὐθενὸς αἰσθάνεσθαι δοκεῖ, ὥστ' οὐδὲ τῶν ὁμοίων· καίτοι προσῆκεν. ἔτι δ' ἑκάστῃ τῶν ἀρχῶν ἄγνοια πλείων ἢ σύνεσις ὑπάρξει· γνώσεται μὲν γὰρ ἓν ἑκάστῃ, πολλὰ δ' ἀγνοήσει· πάντα γὰρ τἆλλα.

[410b4]   συμβαίνει δ' Ἐμπεδοκλεῖ γε καὶ ἀφρονέστατον εἶναι τὸν θεόν· μόνος γὰρ τῶν στοιχείων ἓν οὐ γνωριεῖ, τὸ νεῖκος, τὰ δὲ θνητὰ πάντα· ἐκ πάντων γὰρ ἕκαστον.

[410b7]   ὅλως τε διὰ τίν' αἰτίαν οὐχ ἅπαντα ψυχὴν ἔχει τὰ ὄντα, ἐπειδὴ πᾶν ἤτοι στοιχεῖον ἢ ἐκ στοιχείου ἑνὸς ἢ πλειόνων ἢ πάντων; ἀναγκαῖον γάρ ἐστιν ἕν τι γινώσκειν ἢ τινὰ ἢ πάντα. ἀπορήσειε δ' ἄν τις καὶ τί ποτ' ἐστὶ τὸ ἑνοποιοῦν αὐτά· ὕλῃ γὰρ ἔοικε τά γε στοιχεῖα, κυριώτατον δ' ἐκεῖνο τὸ συνέχον, ὅ τί ποτ' ἐστίν· τῆς δὲ ψυχῆς εἶναί τι κρεῖττον καὶ ἄρχον ἀδύνατον· ἀδυνατώτερον δ' ἔτι τοῦ νοῦ· εὔλογον γὰρ τοῦτον εἶναι προγενέστατον καὶ κύριον κατὰ φύσιν, τὰ δὲ στοιχεῖά φασι πρῶτα τῶν ὄντων εἶναι.

[410b16]   πάντες δὲ καὶ οἱ διὰ τὸ γνωρίζειν καὶ αἰσθάνεσθαι τὰ ὄντα τὴν ψυχὴν ἐκ τῶν στοιχείων λέγοντες αὐτήν, καὶ οἱ τὸ κινητικώτατον, οὐ περὶ πάσης λέγουσι ψυχῆς. οὔτε γὰρ τὰ αἰσθανόμενα πάντα κινητικά (φαίνεται γὰρ εἶναί τινα μόνιμα τῶν ζῴων κατὰ τόπον· καίτοι δοκεῖ

下面这个说法有很多困难和缺陷,正如恩培多克勒所提出的,每一个事物都是通过有形体的元素而得以认识,这就是说,通过它的同类而得以认识,我们刚刚说过的就可以作为佐证。因为动物身体当中那些完全由土构成的部分,例如骨、筋、毛发,似乎都无法感知事物。所以它们也无法感知同类,尽管这一点本应当是适合〔它们〕的。再者,这些本原〔即元素〕中的每一个所具有的,更多的是无知而不是领会(σύνεσις):因为它们每一个只认得一个事物,而不识得多个事物——因为它们每一个〔实际上〕不认得其他一切事物。

这就意味着,按照恩培多克勒的说法,神就是最不智的(ἀφρονέστατον):因为唯有他不识得各种元素中的一个,即争斗,而必朽者却都识得所有〔元素〕,因为他们每一个都是从所有〔元素〕当中产生的。

总而言之,为什么不是一切存在物都有灵魂呢,既然一切事物要么是某种元素,要么是出于某种元素,要么是出于几种元素,要么是出于所有元素?因为必定是一个事物要么认识一个事物,要么认识一些事物,要么认识一切事物。而这样就可能会有人提出问题:是什么东西将这些连结在一起呢?因为这些元素肯定就像质料(ὕλη)一样,而那个将之聚合在一起的东西就是最关键的——无论它是什么。而不可能有任何事物比灵魂更高、更首要,更不可能有什么比理性更高、更首要。因为说理性在本性上最早也最主要,这是合理的;可那些人却说元素是存在物中最首要的。

所有那些说灵魂是由于〔它〕认识和感知存在物而从各种元素中产生的人,以及所有那些说灵魂最能产生运动的人,都未能论及全部灵魂。因为并不是一切有所感知的事物都能产生运动(因为有

γε ταύτην μόνην τῶν κινήσεων κινεῖν ἡ ψυχὴ τὸ ζῷον)· ὁμοίως δὲ καὶ ὅσοι τὸν νοῦν καὶ τὸ αἰσθητικὸν ἐκ τῶν στοιχείων ποιοῦσιν. φαίνεται γὰρ τά τε φυτὰ ζῆν οὐ μετέχοντα [φορᾶς οὐδ'] αἰσθήσεως, καὶ τῶν ζῴων <τὰ> πολλὰ διάνοιαν οὐκ ἔχειν.

[410b24] εἰ δέ τις καὶ ταῦτα παραχωρήσειε καὶ θείη τὸν νοῦν μέρος τι τῆς ψυχῆς, ὁμοίως δὲ καὶ τὸ αἰσθητικόν, οὐδ' ἂν οὕτω λέγοιεν καθόλου περὶ πάσης ψυχῆς οὐδὲ περὶ ὅλης οὐδεμιᾶς. τοῦτο δὲ πέπονθε καὶ ὁ ἐν τοῖς Ὀρφικοῖς καλουμένοις ἔπεσι λόγος· φησὶ γὰρ τὴν ψυχὴν ἐκ τοῦ ὅλου εἰσιέναι ἀναπνεόντων, φερομένην ὑπὸ τῶν ἀνέμων, οὐχ οἷόν τε δὲ τοῖς φυτοῖς τοῦτο συμβαίνειν οὐδὲ τῶν ζῴων ἐνίοις, εἴπερ μὴ πάντα ἀναπνέουσιν· τοῦτο δὲ λέληθε τοὺς οὕτως ὑπειληφότας.

[411a2] εἰ δὲ δεῖ τὴν ψυχὴν ἐκ τῶν στοιχείων ποιεῖν, οὐθὲν δεῖ ἐξ ἁπάντων· ἱκανὸν γὰρ θάτερον μέρος τῆς ἐναντιώσεως ἑαυτό τε κρίνειν καὶ τὸ ἀντικείμενον. καὶ γὰρ τῷ εὐθεῖ καὶ αὐτὸ καὶ τὸ καμπύλον γινώσκομεν· κριτὴς γὰρ ἀμφοῖν ὁ κανών, τὸ δὲ καμπύλον οὔθ' ἑαυτοῦ οὔτε τοῦ εὐθέος.

[411a7] καὶ ἐν τῷ ὅλῳ δή τινες αὐτὴν μεμῖχθαί φασιν, ὅθεν ἴσως καὶ Θαλῆς ᾠήθη πάντα πλήρη θεῶν εἶναι. τοῦτο δ' ἔχει τινὰς ἀπορίας· διὰ τίνα γὰρ αἰτίαν ἐν μὲν τῷ ἀέρι ἢ τῷ πυρὶ οὖσα ἡ ψυχὴ οὐ ποιεῖ ζῷον, ἐν δὲ τοῖς μικτοῖς, καὶ ταῦτα βελτίων ἐν τούτοις εἶναι δοκοῦσα; (ἐπιζητήσειε δ' ἄν τις καὶ διὰ τίν' αἰτίαν ἡ ἐν τῷ ἀέρι ψυχὴ τῆς ἐν τοῖς ζῴοις βελτίων ἐστὶ καὶ ἀθανατωτέρα.) συμβαίνει δ' ἀμφοτέρως ἄτοπον καὶ παράλογον· καὶ γὰρ τὸ λέγειν ζῷον τὸ πῦρ ἢ τὸν ἀέρα τῶν παραλογωτέρων ἐστί, καὶ τὸ μὴ λέγειν ζῷα ψυχῆς ἐνούσης ἄτοπον.

些动物看起来在空间位置上是保持不动的,而在各种运动中,灵魂肯定只能如此推动动物运动)。那些认为理性和感觉能力来自于各种元素的人,[处境]也与此类似:因为看起来,植物并不分有感觉而活着,而大多数动物则没有思想(διάνοιαν)。①

不过,如果有人绕开上述问题而认为理性是灵魂的一部分,并认为感觉能力也与此类似,那么他以这种方式[来谈论]就不可能是普遍地谈论全部灵魂,也不可能谈论任何灵魂的整体。那些所谓出自俄耳甫斯诗篇中的说法也会面临这一点。因为这一说法宣称灵魂由风带着,随着呼吸从宇宙进入[身体],但是对于植物来说并非如此,对于某些动物来说也并非如此——如果并不是一切动物都有呼吸的话。但是在那些提出上述主张的人那里,这一点始终遭到忽视。

如果必须要从各元素中造出灵魂,那么灵魂也不必从所有的元素中产生:因为相反者中的一方就足以判别它自己及其对立面。因为我们通过直线而知道直线与曲线,一把标尺可以衡量二者,而曲线既不能衡量自身也不能衡量直线。

还有人说,灵魂混合在整个宇宙当中,大概正是因此,泰勒斯才认为万物充满了神灵。不过这可能也有一些疑难:为什么灵魂在气或火之中不曾造出动物,却在混合物之中造出了动物?即使它看起来在气和火当中似乎更好?(还有人可能会考察,为什么灵魂在气当中就比在动物身上更好,更加不朽?)这两者其实都很荒谬没道理,因为说火或气是动物固然没道理,但是当其中有灵魂时却不承认它是动物,这也是荒谬的。

---

① 410b23,抄本读作 φορᾶς οὐδ',Torstrik 将之删去,参见 OCT 及 Ross(1961)随文脚注,以及 Shields, p.75, note 13。

[411a16]   ὑπολαβεῖν δ' ἐοίκασιν εἶναι τὴν ψυχὴν ἐν τούτοις ὅτι τὸ ὅλον τοῖς μορίοις ὁμοειδές· ὥστ' ἀναγκαῖον αὐτοῖς λέγειν καὶ τὴν ψυχὴν ὁμοειδῆ τοῖς μορίοις εἶναι, εἰ τῷ ἀπολαμβάνεσθαί τι τοῦ περιέχοντος ἐν τοῖς ζῴοις ἔμψυχα τὰ ζῷα γίνεται. εἰ δ'ὁ μὲν ἀὴρ διασπώμενος ὁμοειδής, ἡ δὲ ψυχὴ ἀνομοιομερής, τὸ μέν τι αὐτῆς ὑπάρξει δῆλον ὅτι, τὸ δ' οὐχ ὑπάρξει. ἀναγκαῖον οὖν αὐτὴν ἢ ὁμοιομερῆ εἶναι ἢ μὴ ἐνυπάρχειν ἐν ὁτῳοῦν μορίῳ τοῦ παντός.

[411a24]   φανερὸν οὖν ἐκ τῶν εἰρημένων ὡς οὔτε τὸ γινώσκειν ὑπάρχει τῇ ψυχῇ διὰ τὸ ἐκ τῶν στοιχείων εἶναι, οὔτε τὸ κινεῖσθαι αὐτὴν καλῶς οὐδ' ἀληθῶς λέγεται. ἐπεὶ δὲ τὸ γινώσκειν τῆς ψυχῆς ἐστὶ καὶ τὸ αἰσθάνεσθαί τε καὶ τὸ δοξάζειν, ἔτι δὲ τὸ ἐπιθυμεῖν καὶ βούλεσθαι καὶ ὅλως αἱ ὀρέξεις, γίνεται δὲ καὶ ἡ κατὰ τόπον κίνησις τοῖς ζῴοις ὑπὸ τῆς ψυχῆς, ἔτι δ' αὔξη τε καὶ ἀκμὴ καὶ φθίσις, πότερον ὅλῃ τῇ ψυχῇ τούτων ἕκαστον ὑπάρχει, καὶ πάσῃ νοοῦμέν τε καὶ αἰσθανόμεθα καὶ κινούμεθα καὶ τῶν ἄλλων ἕκαστον ποιοῦμέν τε καὶ πάσχομεν, ἢ μορίοις ἑτέροις ἕτερα; καὶ τὸ ζῆν δὴ πότερον ἔν τινι τούτων ἐστὶν ἑνὶ ἢ καὶ ἐν πλείοσιν ἢ πᾶσιν, ἢ καὶ ἄλλο τι αἴτιον;

[411b5]   λέγουσι δή τινες μεριστὴν αὐτήν, καὶ ἄλλῳ μὲν νοεῖν ἄλλῳ δὲ ἐπιθυμεῖν. τί οὖν δή ποτε συνέχει τὴν ψυχήν, εἰ μεριστὴ πέφυκεν; οὐ γὰρ δὴ τό γε σῶμα· δοκεῖ γὰρ τοὐναντίον μᾶλλον ἡ ψυχὴ τὸ σῶμα

他们似乎认为这些元素中有灵魂存在，是因为整体与其中各个部分是同一个种（ὁμοειδές）。这样他们就必然宣称，灵魂和各部分也是同类——如果动物是通过从周围环境中吸收某种东西进入动物当中而获得灵魂的话。但是如果气在被分散之后［各部分］还是形式上相同，而灵魂的各部分并不相同（ἀνομοιομερής），那就很清楚，灵魂的某个部分会有气，而另一部分则不会有气。因此，灵魂必定要么是同质的（ὁμοιομερῆ），要么就并非存在于宇宙的任何部分当中。

　　因此，从以上论述中可以清楚地看到，灵魂不能认识，是因为它来自于各元素；而且，认为灵魂在运动的说法既不好也不真。既然灵魂具有认识、感知和相信（τὸ δοξάζειν），进一步还有欲求（τὸ ἐπιθυμεῖν）①、想望（βούλεσθαι）以及一般而言的欲望（ὀρέξεις），而动物发生空间位置的移动也是由灵魂引起的，还有生长、繁盛和衰败也是一样；那么，是不是上述每一种变化都为整个灵魂所具备呢？就是说，我们是凭借整个灵魂来思考、感知、运动以及影响或承受其他各个事物呢，还是说，我们凭借灵魂的不同部分做不同的事情？生命活动（τὸ ζῆν）是属于其中某个部分呢，还是多个部分，还是属于整个灵魂，还是说另有其他原因？

　　诚然，有些人说灵魂有各个部分，思考凭借一个部分，欲求则凭借另一个部分。真是这样的话，如果灵魂在本性上就有各个部分，那么是什么令灵魂保持统一呢？肯定不是身体，相反，应该是

---

① 在亚里士多德的著作中，ἐπιθυμία 有时不加区分地指欲望，与理性相对，这时相当于 ὀρέξις，译作"欲望"；有时则特指吃、喝、性这几种基本欲望，与欲望的其他形式比如 βούλησις（想望）相区别。我通常将其译为"欲求"（尤其是动词形式或与动词联系紧密的情况下），偶尔会根据语境或行文要求译成"基本欲望"或"原初欲望"。

συνέχειν· ἐξελθούσης γοῦν διαπνεῖται καὶ σήπεται. εἰ οὖν ἕτερόν τι μίαν αὐτὴν ποιεῖ, ἐκεῖνο μάλιστ' ἂν εἴη ψυχή. δεήσει δὲ πάλιν κἀκεῖνο ζητεῖν πότερον ἕν ἢ πολυμερές. εἰ μὲν γὰρ ἕν, τί οὐκ εὐθέως καὶ ἡ ψυχὴ ἕν; εἰ δὲ μεριστόν, πάλιν ὁ λόγος ζητήσει τί τὸ συνέχον ἐκεῖνο, καὶ οὕτω δὴ πρόεισιν ἐπὶ τὸ ἄπειρον.

[411b14] ἀπορήσειε δ' ἄν τις καὶ περὶ τῶν μορίων αὐτῆς, τίν' ἔχει δύναμιν ἕκαστον ἐν τῷ σώματι. εἰ γὰρ ἡ ὅλη ψυχὴ πᾶν τὸ σῶμα συνέχει, προσήκει καὶ τῶν μορίων ἕκαστον συνέχειν τι τοῦ σώματος. τοῦτο δ' ἔοικεν ἀδυνάτῳ· ποῖον γὰρ μόριον ἢ πῶς ὁ νοῦς συνέξει, χαλεπὸν καὶ πλάσαι. φαίνεται δὲ καὶ τὰ φυτὰ διαιρούμενα ζῆν καὶ τῶν ζῴων ἔνια τῶν ἐντόμων, ὡς τὴν αὐτὴν ἔχοντα ψυχὴν τῷ εἴδει, εἰ καὶ μὴ ἀριθμῷ· ἑκάτερον γὰρ τῶν μορίων αἴσθησιν ἔχει καὶ κινεῖται κατὰ τόπον ἐπί τινα χρόνον. εἰ δὲ μὴ διατελοῦσιν, οὐθὲν ἄτοπον· ὄργανα γὰρ οὐκ ἔχουσιν ὥστε σώζειν τὴν φύσιν. ἀλλ' οὐδὲν ἧττον ἐν ἑκατέρῳ τῶν μορίων ἅπαντ' ἐνυπάρχει τὰ μόρια τῆς ψυχῆς, καὶ ὁμοειδῆ ἐστιν ἀλλήλοις καὶ τῇ ὅλῃ, ἀλλήλοις μὲν ὡς οὐ χωριστὰ ὄντα, τῇ δ' ὅλῃ ψυχῇ ὡς οὐ διαιρετῇ οὔσῃ. ἔοικε δὲ καὶ ἡ ἐν τοῖς φυτοῖς ἀρχὴ ψυχή τις εἶναι· μόνης γὰρ ταύτης κοινωνεῖ καὶ ζῷα καὶ φυτά, καὶ αὕτη μὲν χωρίζεται τῆς αἰσθητικῆς ἀρχῆς, αἴσθησιν δ' οὐθὲν ἄνευ ταύτης ἔχει.

灵魂令身体保持统一。不管怎样，只要灵魂离开身体，身体就会分散消亡。因此，如果是有别的东西使灵魂成为一个统一体（μίαν），那最有可能的也是灵魂。而有人肯定又会再问，这个东西是一个还是有多个部分。如果是一，那为什么灵魂不能直接是一？如果是有多个部分，那这论证又要再次考察，是什么令它保持统一？这样的话就会不断推进以至无穷。

有人可能会对灵魂的各部分提出问题：身体中的每个部分都有什么能力（δύναμιν）？因为如果整个灵魂让整个身体保持统一，那么其中的每个部分也都让身体的某个部分保持统一。但是这一点看来是不可能的：因为理性是将什么样的部分保持为一个统一体，又要以何种方式，对此是很难设想的。还有，植物经过切割后似乎依然继续存活，动物当中有些昆虫在被分割以后也是一样，这样的话，这些被切割的部分也具有在种上同一的灵魂——虽然不是在数量上同一。因为其中的每一个部分都能在一段时间内有感觉，在空间位置上运动。如果它们不是持续这样的话，倒也没什么奇怪的，因为它们不具有那些保存本性所需的器官。不过，灵魂的各个部分也都存在于所有这些部分当中，而且各个部分之间以及它们与整个灵魂都属于同一个种（ὁμοειδῆ），各部分之间［属于同一个种］是由于［各部分是］不分离的，与整个灵魂［属于同一个种］是由于［各部分与整个灵魂］不可分。看来植物的本原就是某种灵魂：因为只有它是动物和植物所共有的，而且一方面，这种灵魂与感觉的本原是分离的，但是另一方面，没有它，也就没有感觉。

第二卷

VOLUME TWO

第一章

[412a3] Τὰ μὲν δὴ ὑπὸ τῶν πρότερον παραδεδομένα περὶ ψυχῆς εἰρήσθω· πάλιν δ' ὥσπερ ἐξ ὑπαρχῆς ἐπανίωμεν, πειρώμενοι διορίσαι τί ἐστι ψυχὴ καὶ τίς ἂν εἴη κοινότατος λόγος αὐτῆς.

[412a6] λέγομεν δὴ γένος ἕν τι τῶν ὄντων τὴν οὐσίαν, ταύτης δὲ τὸ μέν, ὡς ὕλην, ὃ καθ' αὑτὸ οὐκ ἔστι τόδε τι, ἕτερον δὲ μορφὴν καὶ εἶδος, καθ' ἣν ἤδη λέγεται τόδε τι, καὶ τρίτον τὸ ἐκ τούτων. ἔστι δ' ἡ μὲν ὕλη δύναμις, τὸ δ' εἶδος ἐντελέχεια, καὶ τοῦτο διχῶς, τὸ μὲν ὡς ἐπιστήμη, τὸ δ' ὡς τὸ θεωρεῖν.

[412a11] οὐσίαι δὲ μάλιστ' εἶναι δοκοῦσι τὰ σώματα, καὶ τούτων τὰ φυσικά· ταῦτα γὰρ τῶν ἄλλων ἀρχαί. τῶν δὲ φυσικῶν τὰ μὲν ἔχει ζωήν, τὰ δ' οὐκ ἔχει· ζωὴν δὲ λέγομεν τὴν δι' αὑτοῦ τροφήν τε καὶ αὔξησιν καὶ φθίσιν.

[412a15] ὥστε πᾶν σῶμα φυσικὸν μετέχον ζωῆς οὐσία ἂν εἴη, οὐσία δ' οὕτως ὡς συνθέτη. ἐπεὶ δ' ἐστὶ καὶ σῶμα καὶ τοιόνδε, ζωὴν γὰρ ἔχον, οὐκ ἂν εἴη σῶμα ἡ ψυχή· οὐ γάρ ἐστι τῶν καθ' ὑποκειμένου τὸ σῶμα,

对于前人留传下来的有关灵魂的观点，我们已经说过了。我们现在重新开始，就像是从最初的起点开始讨论，来试着确定灵魂是什么，以及它最普遍的说明。

现在我们说，在那些存在者当中，有一类是实体：要么它是作为质料（ὡς ὕλην）而是实体，它就其自身而言并不是"这一个"（τόδε τι）①；要么它是作为形状（μορφήν）和形式（εἶδος）而是实体，就此而言我们已经说它是"这一个"，第三个事物则是从前两者中产生的。质料是潜能，形式是现实（ἐντελέχεια），且现实有两种方式：一是作为知识，另一则作为沉思②。

物体尤其会被看作实体，其中又以自然物体为甚，因为它们是其他事物的本原。在自然物体中，有些具有生命，有些则没有；而我们所说的有生命，就是指［该物体］凭自身获取营养、成长和毁灭。

因此，每一个分有生命的自然物体都是实体，而且是作为复合物（συνθέτη）的实体。由于它确实是如此这般的一种身体，因为它有生命，因此灵魂就不是身体。因为身体不是那种谓述主体

---

① 即作为特定的个体存在。

② ὡς τὸ θεωρεῖν，作为沉思，即对于知识的运用。

μᾶλλον δ᾽ ὡς ὑποκείμενον καὶ ὕλη. ἀναγκαῖον ἄρα τὴν ψυχὴν οὐσίαν εἶναι ὡς εἶδος σώματος φυσικοῦ δυνάμει ζωὴν ἔχοντος. ἡ δ᾽ οὐσία ἐντελέχεια· τοιούτου ἄρα σώματος ἐντελέχεια.

[412a22] αὕτη δὲ λέγεται διχῶς, ἡ μὲν ὡς ἐπιστήμη, ἡ δ᾽ ὡς τὸ θεωρεῖν. φανερὸν οὖν ὅτι ὡς ἐπιστήμη· ἐν γὰρ τῷ ὑπάρχειν τὴν ψυχὴν καὶ ὕπνος καὶ ἐγρήγορσίς ἐστιν, ἀνάλογον δ᾽ ἡ μὲν ἐγρήγορσις τῷ θεωρεῖν, ὁ δ᾽ ὕπνος τῷ ἔχειν καὶ μὴ ἐνεργεῖν· προτέρα δὲ τῇ γενέσει ἐπὶ τοῦ αὐτοῦ ἡ ἐπιστήμη. διὸ ἡ ψυχή ἐστιν ἐντελέχεια ἡ πρώτη σώματος φυσικοῦ δυνάμει ζωὴν ἔχοντος.

[412a28] τοιοῦτον δὲ ὃ ἂν ᾖ ὀργανικόν. (ὄργανα δὲ καὶ τὰ τῶν φυτῶν μέρη, ἀλλὰ παντελῶς ἁπλᾶ, οἷον τὸ φύλλον περικαρπίου σκέπασμα, τὸ δὲ περικάρπιον καρποῦ· αἱ δὲ ῥίζαι τῷ στόματι ἀνάλογον· ἄμφω γὰρ

（ὑποκείμενον）① 的东西，而是作为主体和质料而存在。因而灵魂就必定是作为某种自然身体的形式而存在的实体，它潜在地② 具有生命。实体就是现实（ἐντελέχεια）③。因此，灵魂也就是这种身体的现实。

但现实也是在两种意义上说的：一是类似于知识，一是类似于沉思。这样一来就很清楚了：灵魂是类似于知识一样的"现实"。因为"睡着"和"醒着"都要以灵魂存在作为基础，而"醒着"可类比于沉思，"睡着"则类比于具有但不现实地使用知识。对于同一个个体而言，知识在生成上是在先的，因此灵魂就是潜在地具有生命的自然物体的第一现实（ἐντελέχεια ἡ πρώτη）。

这种身体都是官能性的。④ 即使植物身上的各个部分也都是器官，尽管是极其简单的器官，比如说，叶子就是为了遮盖果壳，而果壳则是为了包裹果实，根则类似于嘴，因为二者都要摄取营养。

---

① καθ' ὑποκειμένου，英译本有译为"predicated of"（Durrant，他基本上使用了 Hicks 的译文，略有修改。此处 Hicks 译作 [be] an attribute of，二者意思相同）或"said of"（Shields），秦典华译作"隶属于"。参考亚里士多德《范畴篇》与《形而上学》相关论述，此处从英译本，译作"谓述"，即谓述主体或主词。

② δυνάμει，潜在地，作为潜能地，与后面的 ἐντελέχεια（现实，或潜能的实现）相对。Hicks（以及 Durrant）将它直接译为"能力"（capacity）。

③ 此处的 ἐντελέχεια，英译多为 actuality，秦典华译为"现实性"。我的理解大致与之相同，但是不倾向于将其理解为更加抽象的"性"（-ness），而是作为一种能力得到运行和实现的状态和成果。基于以上原因，我将根据语境将这里（及以下）的 ἐντελέχεια 译为"现实"，有时译作"实现"。

④ ὀργανικόν，按照《希英词典》（中型本）（版本信息：《希英词典（中型本）影印本》，[美] 亨利·乔治·利德尔、罗伯特·斯科特编，张巍导读，北京大学出版社，2015 年）的注释，亚里士多德常用该词来表示"作为工具"而实施其功能（by way of instrument）。这里有英译本译作"[a body which] is possessed of organs"（Hicks/Durrant）或"whatever has organs"（Hamlyn），秦典华的中译本也相应地译为"这样的躯体具有器官"。我更愿意采取 Shields 的处理方式（[one] which is organic），将其中所蕴含的器官的"功能"与"功能性"意涵说得更明白一些，故译作"官能性的"。下同。

ἕλκει τὴν τροφήν.) εἰ δή τι κοινὸν ἐπὶ πάσης ψυχῆς δεῖ λέγειν, εἴη ἂν ἐντελέχεια ἡ πρώτη σώματος φυσικοῦ ὀργανικοῦ.

[412b6] διὸ καὶ οὐ δεῖ ζητεῖν εἰ ἓν ἡ ψυχὴ καὶ τὸ σῶμα, ὥσπερ οὐδὲ τὸν κηρὸν καὶ τὸ σχῆμα, οὐδ᾽ ὅλως τὴν ἑκάστου ὕλην καὶ τὸ οὗ ὕλη· τὸ γὰρ ἓν καὶ τὸ εἶναι ἐπεὶ πλεοναχῶς λέγεται, τὸ κυρίως ἡ ἐντελέχειά ἐστιν.

[412b10] καθόλου μὲν οὖν εἴρηται τί ἐστιν ἡ ψυχή· οὐσία γὰρ ἡ κατὰ τὸν λόγον. τοῦτο δὲ τὸ τί ἦν εἶναι τῷ τοιῳδὶ σώματι, καθάπερ εἴ τι τῶν ὀργάνων φυσικὸν ἦν σῶμα, οἷον πέλεκυς· ἦν μὲν γὰρ ἂν τὸ πελέκει εἶναι ἡ οὐσία αὐτοῦ, καὶ ἡ ψυχὴ τοῦτο· χωρισθείσης δὲ ταύτης οὐκ ἂν ἔτι πέλεκυς ἦν, ἀλλ᾽ ἢ ὁμωνύμως, νῦν δ᾽ ἔστι πέλεκυς. οὐ γὰρ τοιούτου σώματος τὸ τί ἦν εἶναι καὶ ὁ λόγος ἡ ψυχή, ἀλλὰ φυσικοῦ τοιουδί, ἔχοντος ἀρχὴν κινήσεως καὶ στάσεως ἐν ἑαυτῷ.

[412b17] θεωρεῖν δὲ καὶ ἐπὶ τῶν μερῶν δεῖ τὸ λεχθέν. εἰ γὰρ ἦν ὁ ὀφθαλμὸς ζῷον, ψυχὴ ἂν ἦν αὐτοῦ ἡ ὄψις· αὕτη γὰρ οὐσία ὀφθαλμοῦ ἡ κατὰ τὸν λόγον (ὁ δ᾽ ὀφθαλμὸς ὕλη ὄψεως), ἧς ἀπολειπούσης οὐκέτ᾽ ὀφθαλμός, πλὴν ὁμωνύμως, καθάπερ ὁ λίθινος καὶ ὁ γεγραμμένος.

所以，如果一定要说什么东西是一切灵魂所共有的，那就是官能性的自然身体的第一现实。

因此，我们也不必去问，灵魂与身体是不是一，就像我们不必去问蜡块与印迹是不是一，以及（一般而言）每一个事物的质料和以之为质料的事物（τὸ οὗ ὕλη）是不是一。因为"一"（τὸ ἓν）和存在（τὸ εἶναι）都是从很多方面来说的，其中最恰当的说法就是现实（ἡ ἐντελέχειά）。

我们已经说了，一般来讲，灵魂是什么：它是依照定义的实体①。这就是这样一个身体的"是其所是"（τὸ τί ἦν εἶναι）。这就好比说，如果某件工具是一个自然物体（比如说斧头），那么它的实体就是使其是斧头的东西，而这就是灵魂。如果它［即实体］分离出去，这个东西就不再是斧头，除非是在同名异义的（ὁμωνύμως）②意义上。不过，斧头［即便没有灵魂也］毕竟是斧头，因为灵魂并不是［斧头］这种物体的"是其所是"和定义（ὁ λόγος）③，而是一种这样的自然物体［的"是其所是"和定义］，这种身体中有运动和静止的本原。

我们还必须思考有关身体各部分的观点。如果说眼睛是某种动物，那么视力就是它的灵魂，因为这就是一只眼睛依照定义的实体。眼睛［的瞳孔］是视力的质料，而如果没有了视力，它就不再是眼睛，除非是在同名异义的意义上，就好比一只石刻的或是画上的眼睛。

---

① κατὰ τὸν λόγον，Hamlyn 将这里的 τὸν λόγον 译作 principle（秦典华亦译作"原理"），Shieldes 与 Durrant 都译作 account，Hicks 理解为 notion 或 form。其实意思大致相同，即都是令一个事物成其为该事物的东西，与该事物的名称、定义、规定性、原理及说明相一致。

② 即名称相同而定义不同。

③ Shields 将这里的 λόγος 译为 organization。

[412b22]   δεῖ δὴ λαβεῖν τὸ ἐπὶ μέρους ἐφ' ὅλου τοῦ ζῶντος σώματος· ἀνάλογον γὰρ ἔχει ὡς τὸ μέρος πρὸς τὸ μέρος, οὕτως ἡ ὅλη αἴσθησις πρὸς τὸ ὅλον σῶμα τὸ αἰσθητικόν, ᾗ τοιοῦτον. ἔστι δὲ οὐ τὸ ἀποβεβληκὸς τὴν ψυχὴν τὸ δυνάμει ὂν ὥστε ζῆν, ἀλλὰ τὸ ἔχον· τὸ δὲ σπέρμα καὶ ὁ καρπὸς τὸ δυνάμει τοιονδὶ σῶμα.

[412b27]   ὡς μὲν οὖν ἡ τμῆσις καὶ ἡ ὅρασις, οὕτω καὶ ἡ ἐγρήγορσις ἐντελέχεια, ὡς δ' ἡ ὄψις καὶ ἡ δύναμις τοῦ ὀργάνου, ἡ ψυχή· τὸ δὲ σῶμα τὸ δυνάμει ὄν· ἀλλ' ὥσπερ ὀφθαλμὸς ἡ κόρη καὶ ἡ ὄψις, κἀκεῖ ἡ ψυχὴ καὶ τὸ σῶμα ζῷον.

[413a3]   ὅτι μὲν οὖν οὐκ ἔστι ἡ ψυχὴ χωριστὴ τοῦ σώματος, ἢ μέρη τινὰ αὐτῆς, εἰ μεριστὴ πέφυκεν, οὐκ ἄδηλον· ἐνίων γὰρ ἡ ἐντελέχεια τῶν μερῶν ἐστὶν αὐτῶν. οὐ μὴν ἀλλ' ἔνιά γε οὐθὲν κωλύει, διὰ τὸ μηθενὸς εἶναι σώματος ἐντελεχείας. ἔτι δὲ ἄδηλον εἰ οὕτως ἐντελέχεια τοῦ σώματος ἡ ψυχὴ <ἢ> [①] ὥσπερ πλωτὴρ πλοίου. τύπῳ μὲν οὖν ταύτῃ διωρίσθω καὶ ὑπογεγράφθω περὶ ψυχῆς.

---

① 这里我没有采取 OCT 本的读法，我读作这里没有 ἢ，Reeve 采取了 OCT 本的读法，相关说明参见 Reeve, p.113，note 157。

我们现在必须将用于部分的，也用来理解整个活着的身体，因为正如部分［的感觉］相关于部分［的具有感觉能力的身体］，类似地，整体的感觉也相关于整个具有感觉能力的身体，就其作为这样［一种具有感觉能力的身体而言］。已经失去灵魂的身体不会潜在地拥有生命，拥有灵魂的［身体］才会如此。而种子和果实都是这样一种潜在的身体。

所以，就像"在切"与"在看"一样，"醒着"是一种现实（ἐντελέχεια）；而就像视力和工具的能力一样，灵魂也是［现实］；而身体则潜在地存在。不过，就像瞳孔与视力构成了眼睛，同样地，灵魂和身体共同构成了生物。

因此，灵魂是不能与身体分离的，或者说，如果灵魂在本性上具有部分，那么其中某些部分也不能与身体分离，这一点是比较清楚的。因为这些部分的实现就属于其本身。不过即使如此，也依然无法阻止某些部分［与身体］分离，因为它们并非身体的现实。此外，我们不大清楚的是，灵魂以这样的方式是身体的现实，是不是就类似于一名水手之于一艘船［的关系］。以上就是对灵魂的一个大致界定和说明。

第二章

[413a11] Ἐπεὶ δ' ἐκ τῶν ἀσαφῶν μὲν φανερωτέρων δὲ γίνεται τὸ σαφὲς καὶ κατὰ τὸν λόγον γνωριμώτερον, πειρατέον πάλιν οὕτω γ' ἐπελθεῖν περὶ αὐτῆς· οὐ γὰρ μόνον τὸ ὅτι δεῖ τὸν ὁριστικὸν λόγον δηλοῦν, ὥσπερ οἱ πλεῖστοι τῶν ὅρων λέγουσιν, ἀλλὰ καὶ τὴν αἰτίαν ἐνυπάρχειν καὶ ἐμφαίνεσθαι. νῦν δ' ὥσπερ συμπεράσμαθ' οἱ λόγοι τῶν ὅρων εἰσίν· οἷον τί ἐστιν ὁ τετραγωνισμός; τὸ ἴσον ἑτερομήκει ὀρθογώνιον εἶναι ἰσόπλευρον. ὁ δὲ τοιοῦτος ὅρος λόγος τοῦ συμπεράσματος· ὁ δὲ λέγων ὅτι ἐστὶν ὁ τετραγωνισμὸς μέσης εὕρεσις τοῦ πράγματος λέγει τὸ αἴτιον.

[413a20] λέγομεν οὖν, ἀρχὴν λαβόντες τῆς σκέψεως, διωρίσθαι τὸ ἔμψυχον τοῦ ἀψύχου τῷ ζῆν. πλεοναχῶς δὲ τοῦ ζῆν λεγομένου, κἂν ἕν τι τούτων ἐνυπάρχῃ μόνον, ζῆν αὐτό φαμεν, οἷον νοῦς, αἴσθησις, κίνησις καὶ στάσις ἡ κατὰ τόπον, ἔτι κίνησις ἡ κατὰ τροφὴν καὶ φθίσις τε καὶ αὔξησις.

[413a25] διὸ καὶ τὰ φυόμενα πάντα δοκεῖ ζῆν· φαίνεται γὰρ ἐν αὐτοῖς ἔχοντα δύναμιν καὶ ἀρχὴν τοιαύτην, δι' ἧς αὔξησίν τε καὶ φθίσιν λαμβάνουσι κατὰ τοὺς ἐναντίους τόπους· οὐ γὰρ ἄνω μὲν αὔξεται,

既然［理智上］清晰且依照定义［在理智上］更可知的事物来自于那些［理智上］不清晰但是［感觉上］更直观的东西，那我们就必须尝试用这种方式再次考察灵魂；因为一个定义性的说明不仅应该澄清事实，而且还应该涵盖并揭示［事实的］原因。而现在，各种定义性的说明更像是结论：比如，什么是"作一个正方形"？就是作一个面积等于某个不等边矩形的等边矩形。但是这样一个定义只是一种结论的说明。而如果有人说，作一个正方形就是发现［两条直线的］比例中项（μέσης），那他就说出了事实（τοῦ πράγματος）的原因。

于是，在我们的研究开始的时候，我们说有灵魂的事物（τὸ ἔμψυχον）与没有灵魂的事物是由"活着"①区分开来的。但"活着"有很多种含义，只要一个东西具有下述［要素］之一，我们就说它活着，这些要素是：理智（νοῦς）、感觉（αἴσθησις）、空间位置（τόπον）上的运动与静止，还有为了获取营养的运动以及衰朽和生长。

出于这个原因，所有的植物也都被认为具有生命。因为它们看起来在其自身中具有潜能以及这样一种原理（ἀρχὴν τοιαύτην），由此就可以朝着相反的方向生长和衰朽。因为它们并不是只向上生长

---

① τῷ ζῆν，即由是否"具有生命"来区分有灵魂的事物和没有灵魂的事物。

κάτω δ' οὔ, ἀλλ' ὁμοίως ἐπ' ἄμφω καὶ πάντῃ, ὅσα ἀεὶ τρέφεταί τε καὶ ζῇ διὰ τέλους, ἕως ἂν δύνηται λαμβάνειν τροφήν. χωρίζεσθαι δὲ τοῦτο μὲν τῶν ἄλλων δυνατόν, τὰ δ' ἄλλα τούτου ἀδύνατον ἐν τοῖς θνητοῖς. φανερὸν δ' ἐπὶ τῶν φυομένων· οὐδεμία γὰρ αὐτοῖς ὑπάρχει δύναμις ἄλλη ψυχῆς.

[413b1] τὸ μὲν οὖν ζῆν διὰ τὴν ἀρχὴν ταύτην ὑπάρχει τοῖς ζῶσι, τὸ δὲ ζῷον διὰ τὴν αἴσθησιν πρώτως· καὶ γὰρ τὰ μὴ κινούμενα μηδ' ἀλλάττοντα τόπον, ἔχοντα δ' αἴσθησιν, ζῷα λέγομεν καὶ οὐ ζῆν μόνον.

[413b4] αἰσθήσεως δὲ πρῶτον ὑπάρχει πᾶσιν ἁφή· ὥσπερ δὲ τὸ θρεπτικὸν δύναται χωρίζεσθαι τῆς ἁφῆς καὶ πάσης αἰσθήσεως, οὕτως ἡ ἁφὴ τῶν ἄλλων αἰσθήσεων. θρεπτικὸν δὲ λέγομεν τὸ τοιοῦτον μόριον τῆς ψυχῆς οὗ καὶ τὰ φυόμενα μετέχει, τὰ δὲ ζῷα πάντα φαίνεται τὴν ἁπτικὴν αἴσθησιν ἔχοντα· δι' ἣν δ' αἰτίαν ἑκάτερον τούτων συμβέβηκεν, ὕστερον ἐροῦμεν.

[413b11] νῦν δ' ἐπὶ τοσοῦτον εἰρήσθω μόνον, ὅτι ἐστὶν ἡ ψυχὴ τῶν εἰρημένων τούτων ἀρχὴ καὶ τούτοις ὥρισται, θρεπτικῷ, αἰσθητικῷ, διανοητικῷ, κινήσει. πότερον δὲ τούτων ἕκαστόν ἐστι ψυχὴ ἢ μόριον ψυχῆς, καὶ εἰ μόριον, πότερον οὕτως ὥστ' εἶναι χωριστὸν λόγῳ μόνον ἢ καὶ τόπῳ, περὶ μὲν τινῶν τούτων οὐ χαλεπὸν ἰδεῖν, ἔνια δὲ ἀπορίαν ἔχει.

而不向下生长，而是同时朝两个方向乃至朝着所有方向生长——只要它们能够获得营养，也就能够一直被滋养并持续生存。这种［生命形式］①能够与其他［形式］相分离，而在可朽的存在物那里，其他［形式］则无法与这种［形式］相分离。在植物身上这一点很明显；因为它们没有其他的灵魂能力。

因此，正是由于这个本原②，活着的生物才具有生命，但动物首要是由于感觉而是动物。因为哪怕是那些不移动也不改变空间位置的事物，若是有感觉，我们也称之为动物，而不是仅仅称其为"生物"。

所有的动物都具有的首要感觉是触觉（ἀφή）。就像营养能力可以与触觉和所有感觉相分离一样，触觉也可以与其他感觉相分离。我们所说的"营养能力"，指的是连植物也分有的这部分灵魂；而所有的动物看来都具有触觉感官。何以如此，个中原因我们稍后再作说明。③

目前只要这样说就足够了：灵魂是上述能力的本原并由其界定——这些能力包括营养能力、感觉能力、思考能力以及运动能力。不过，这当中每一种能力都是灵魂抑或只是灵魂的一部分？如果是灵魂的一部分，它是仅在定义上可分还是在空间位置上同样可分？对于其中某些能力来说不难回答，对于其他［能力来说］则十分困难。

---

① 这里的 τοῦτο 指代何物，一般有两种理解，一是理解为"能力"，一是"生命形式"。我将其译为"生命形式"。

② διὰ τὴν ἀρχὴν ταύτην，指前面 413a27 的 ἀρχὴν τοιαύτην，即令植物得以具有生命，得以向不同的方向发展和成长、生长与衰亡的原理。

③ 参见本书 III.12 434a22-30，434b9-25。

[413b16] ὥσπερ γὰρ ἐπὶ τῶν φυτῶν ἔνια διαιρούμενα φαίνεται ζῶντα καὶ χωριζόμενα ἀπ' ἀλλήλων, ὡς οὔσης τῆς ἐν αὐτοῖς ψυχῆς ἐντελεχείᾳ μὲν μιᾶς ἐν ἑκάστῳ φυτῷ, δυνάμει δὲ πλειόνων, οὕτως ὁρῶμεν καὶ περὶ ἑτέρας διαφορὰς τῆς ψυχῆς συμβαῖνον ἐπὶ τῶν ἐντόμων ἐν τοῖς διατεμνομένοις· καὶ γὰρ αἴσθησιν ἑκάτερον τῶν μερῶν ἔχει καὶ κίνησιν τὴν κατὰ τόπον, εἰ δ' αἴσθησιν, καὶ φαντασίαν καὶ ὄρεξιν· ὅπου μὲν γὰρ αἴσθησις, καὶ λύπη τε καὶ ἡδονή, ὅπου δὲ ταῦτα, ἐξ ἀνάγκης καὶ ἐπιθυμία.

[413b24] περὶ δὲ τοῦ νοῦ καὶ τῆς θεωρητικῆς δυνάμεως οὐδέν πω φανερόν, ἀλλ' ἔοικε ψυχῆς γένος ἕτερον εἶναι, καὶ τοῦτο μόνον ἐνδέχεσθαι① χωρίζεσθαι, καθάπερ τὸ ἀΐδιον τοῦ φθαρτοῦ.

[413b27] τὰ δὲ λοιπὰ μόρια τῆς ψυχῆς φανερὸν ἐκ τούτων ὅτι οὐκ ἔστι χωριστά, καθάπερ τινές φασιν· τῷ δὲ λόγῳ ὅτι ἕτερα, φανερόν· αἰσθητικῷ γὰρ εἶναι καὶ δοξαστικῷ ἕτερον, εἴπερ καὶ τὸ αἰσθάνεσθαι τοῦ δοξάζειν, ὁμοίως δὲ καὶ τῶν ἄλλων ἕκαστον τῶν εἰρημένων.

[413b32] ἔτι δ' ἐνίοις μὲν τῶν ζῴων ἅπανθ' ὑπάρχει ταῦτα, τισὶ δὲ τινὰ τούτων, ἑτέροις δὲ ἓν μόνον (τοῦτο δὲ ποιεῖ② διαφορὰν τῶν ζῴων)· διὰ τίνα δ' αἰτίαν, ὕστερον ἐπισκεπτέον. παραπλήσιον δὲ καὶ περὶ τὰς αἰσθήσεις συμβέβηκεν· τὰ μὲν γὰρ ἔχει πάσας, τὰ δὲ τινάς, τὰ δὲ μίαν τὴν ἀναγκαιοτάτην, ἁφήν.

---

① ἐνδέχεσθαι，OCT 本读作 ἐνδέχεται。
② ποιεῖ，OCT 本读作 ποιήσει。

因为，就好像有些植物，它们在遭到分割、[各部分]彼此分离的情况下显然还活着，其灵魂在每个植物身上都现实地是"一"，潜在地是"多"，同样我们会看到，这一点在被切成两半的昆虫身上、对于灵魂的其他不同特征来说也是如此；因为其[即昆虫的]每个部分都还具有感觉和空间位置的移动，而如果有感觉，就也有想象（φαντασίαν）和欲望（ὄρεξιν）。因为只要有感觉，也就同时具有痛苦和快乐，而只要有了这些，必然也就有了欲求（ἐπιθυμία）。

　　关于理智和沉思的能力，我们现在还不清楚，但是看起来它是另一种灵魂，而只有这种灵魂是可分离的，就像永恒物能够与可朽物相分离一样。

　　由此可见，就像某些人所说的那样，灵魂的其余部分是不可分离的，但它们在定义上又明显是不同的。因为如果感觉和相信（δοξαστικῷ）确实不同的话，那么感知的能力和相信的能力也彼此不同。我们此前所说的各个[部分及能力]① 也都与此类似。

　　不仅如此，有些动物具有上述全部能力，其他动物只有其中某些能力，还有一些动物只有一种能力，而这构成了动物之间的区别；稍后我们必须要考虑其中的原因。就感觉而言也是一样：有些动物拥有全部感觉，其他动物只拥有部分感觉，还有的动物只有一种最必要的感觉，即触觉。

---

① τῶν ἄλλων τῶν εἰρημένων，Hamlyn 和 Reeve 认为这里指的是前面说到的其他"部分"（the other parts），Hicks，Shields 和秦典华都认为指的是前面说到的其他"能力"（faculties），Durrant 对 Hicks 的译文略作改动，用了更宽泛的说法"the other things mentioned above"。

[414a4] ἐπεὶ δὲ ᾧ ζῶμεν καὶ αἰσθανόμεθα διχῶς λέγεται, καθάπερ ᾧ ἐπιστάμεθα (λέγομεν δὲ τὸ μὲν ἐπιστήμην τὸ δὲ ψυχήν, ἑκατέρῳ γὰρ τούτων φαμὲν ἐπιστασθαι), ὁμοίως δὲ καὶ [ᾧ] ὑγιαίνομεν τὸ μὲν ὑγιείᾳ τὸ δὲ μορίῳ τινὶ τοῦ σώματος ἢ καὶ ὅλῳ, τούτων δ' ἡ μὲν ἐπιστήμη τε καὶ ὑγίεια μορφὴ καὶ εἶδός τι καὶ λόγος καὶ οἷον ἐνέργεια τοῦ δεκτικοῦ, ἡ μὲν τοῦ ἐπιστημονικοῦ, ἡ δὲ τοῦ ὑγιαστοῦ (δοκεῖ γὰρ ἐν τῷ πάσχοντι καὶ διατιθεμένῳ ἡ τῶν ποιητικῶν ὑπάρχειν ἐνέργεια), ἡ ψυχὴ δὲ τοῦτο ᾧ ζῶμεν καὶ αἰσθανόμεθα καὶ διανοούμεθα πρώτως - ὥστε λόγος τις ἂν εἴη καὶ εἶδος, ἀλλ' οὐχ ὕλη καὶ τὸ ὑποκείμενον.

[414a14] τριχῶς γὰρ λεγομένης τῆς οὐσίας, καθάπερ εἴπομεν, ὧν τὸ μὲν εἶδος, τὸ δὲ ὕλη, τὸ δὲ ἐξ ἀμφοῖν, τούτων δ' ἡ μὲν ὕλη δύναμις, τὸ δὲ εἶδος ἐντελέχεια, ἐπεὶ τὸ ἐξ ἀμφοῖν ἔμψυχον, οὐ τὸ σῶμα ἐστιν ἐντελέχεια ψυχῆς, ἀλλ' αὕτη σώματός τινος.

[414a19] καὶ διὰ τοῦτο καλῶς ὑπολαμβάνουσιν οἷς δοκεῖ μήτ' ἄνευ σώματος εἶναι μήτε σῶμά τι ἡ ψυχή· σῶμα μὲν γὰρ οὐκ ἔστι, σώματος δέ τι, καὶ διὰ τοῦτο ἐν σώματι ὑπάρχει, καὶ ἐν σώματι τοιούτῳ, καὶ οὐχ ὥσπερ οἱ πρότερον εἰς σῶμα ἐνήρμοζον αὐτήν, οὐθὲν προσδιορίζοντες ἐν τίνι καὶ ποίῳ, καίπερ οὐδὲ φαινομένου τοῦ τυχόντος δέχεσθαι τὸ

由于"我们凭借什么而生存和具有感知"是以两种方式被述说，正如"我们凭借什么而知道"也是以两种方式被述说（一种方式是我们说，这是知识；另一种方式是说，这是灵魂，因为正是凭借其中之一，我们才说"我们知道"）；［那么］与此类似，我们一方面凭借健康而是健康的，另一方面则是凭借身体的某个部分或者整个身体。其中，知识和健康或是"形状"（μορφή），或是某种形式（εἶδός），或是说明（λόγος），又似乎是其接受者的某种现实活动（ἐνέργεια）：一种情况下是接受知识，另一种则是接受健康（因为这些能够产生［影响］的东西，其现实活动似乎就在于受其影响和易于受其影响的事物之中）。灵魂在首要的意义上就是我们据以生存、感知和思考的东西：这样它就是某种原理和形式，而不是质料（ὕλη）或基底（τὸ ὑποκείμενον）①。

因为就像我们说过的②，实体是在三种意义上被述说的：其一是形式，另一个是质料，还有一个是来自于二者的产物。其中，质料是潜能，而形式是现实（ἐντελέχεια）。由于来自于二者的事物是一个具有灵魂的东西（ἔμψυχον），那么身体就不是灵魂的现实，相反，灵魂是某种身体的现实。

出于这个原因，有些人正确地认为，灵魂既非脱离身体而存在，亦非某种身体。因为它不是身体，而是某种属于身体的东西，出于这个原因它存在于身体之中，而且是存在于这样一种身体之中（ἐν σώματι τοιούτῳ）。灵魂并不是像前人所假设的那样是被放进某个身体之中，而他们也没有确定是放进什么身体、怎样的身体——

---

① τὸ ὑποκείμενον, Durrant 和 Hamlyn 译为 subject, Hicks 译为 substratum, Shields 译为 substrate, 秦典华译为"载体"。

② 见本书 II.1 412a6-11。

τυχόν. οὕτω δὲ γίνεται καὶ κατὰ λόγον· ἑκάστου γὰρ ἡ ἐντελέχεια ἐν τῷ δυνάμει ὑπάρχοντι καὶ τῇ οἰκείᾳ ὕλῃ πέφυκεν ἐγγίνεσθαι. ὅτι μὲν οὖν ἐντελέχειά τίς ἐστι καὶ λόγος τοῦ δύναμιν ἔχοντος εἶναι τοιούτου, φανερὸν ἐκ τούτων.

哪怕其实很显然，一个偶然物不会接受另一个偶然物（τὸ τυχόν）。而下面这种［复合物的］生成则是合理的：因为每一个事物的现实都自然地产生于它所具有的潜能之中，存在于适当的（οἰκεία）质料之中。由此不难看出，灵魂是某种现实（ἐντελέχειά τίς），是有潜能变得如此这般的事物的原理（λόγος）。

第三章

[414a29] Τῶν δὲ δυνάμεων τῆς ψυχῆς αἱ λεχθεῖσαι τοῖς μὲν ὑπάρχουσι πᾶσαι, καθάπερ εἴπομεν, τοῖς δὲ τινὲς αὐτῶν, ἐνίοις δὲ μία μόνη. δυνάμεις δ᾽εἴπομεν θρεπτικόν, αἰσθητικόν, ὀρεκτικόν, κινητικὸν κατὰ τόπον, διανοητικόν.

[414a32] ὑπάρχει δὲ τοῖς μὲν φυτοῖς τὸ θρεπτικὸν μόνον, ἑτέροις δὲ τοῦτό τε καὶ τὸ αἰσθητικόν. εἰ δὲ τὸ αἰσθητικόν, καὶ τὸ ὀρεκτικόν· ὄρεξις μὲν γὰρ ἐπιθυμία καὶ θυμὸς καὶ βούλησις, τὰ δὲ ζῷα πάντ᾽ ἔχουσι μίαν γε τῶν αἰσθήσεων, τὴν ἁφήν· ᾧ δ᾽ αἴσθησις ὑπάρχει, τούτῳ ἡδονή τε καὶ λύπη καὶ τὸ ἡδύ τε καὶ λυπηρόν, οἷς δὲ ταῦτα, καὶ ἐπιθυμία[①]· τοῦ γὰρ ἡδέος ὄρεξις αὕτη.

[414b6] ἔτι δὲ τῆς τροφῆς αἴσθησιν ἔχουσιν· ἡ γὰρ ἁφὴ τῆς τροφῆς αἴσθησις· ξηροῖς γὰρ καὶ ὑγροῖς καὶ θερμοῖς καὶ ψυχροῖς τρέφεται τὰ ζῶντα πάντα, τούτων δ᾽ αἴσθησις ἁφή, τῶν δ᾽ ἄλλων αἰσθητῶν κατὰ συμβεβηκός. οὐθὲν γὰρ εἰς τροφὴν συμβάλλεται ψόφος οὐδὲ χρῶμα οὐδὲ ὀσμή, ὁ δὲ χυμὸς ἕν τι τῶν ἁπτῶν ἐστιν. πεῖνα δὲ καὶ

---

① καὶ ἐπιθυμία, OCT 本作 καὶ ἡ ἐπιθυμία。

在我们前面说到的灵魂的各种能力之中，有些［存在物］具有全部这些能力，这一点我们已经说过了，其他的某些［存在物］具有其中某些能力，还有某些［存在物］只有一种能力。我们所说的这些能力就是营养（θρεπτικόν）、感觉（αἰσθητικόν）、欲望（ὀρεκτικόν）、空间位置的运动（κινητικὸν）以及理性思考（διανοητικόν）①。

植物只有营养的能力；其他生物则既有营养的能力也有感觉的能力。如果有了感觉能力，也就有了欲望能力；因为欲望包括欲求（ἐπιθυμία）、血气（θυμὸς）以及想望（βούλησις）：一切动物至少都具有一种感觉，即触觉；而具有感觉就有快乐和痛苦，就会有令人快乐和令人痛苦［的事物］，而只要有这些令人快乐和痛苦［的事物］，就会有欲求，因为欲求就是一种对于令人快乐的事物的欲望。

不仅如此，动物还有对营养（或食物）的感觉；因为触觉就是对食物的感觉；因为所有活着的东西都是由干的、湿的、热的和冷的事物供给营养，触觉就是对于这些的感觉，对其他感觉对象［的感觉］则只是偶然的（κατὰ συμβεβηκός）。因为声音、颜色和气味都于营养无益，而口味则是可触知的对象之一。饿与渴都

---

① διανοητικόν, Durrant 和 Hamlyn 译作 [the capacity of] thought, Shields 和 Hicks 译作 [the power/faculty] of understanding。我在这里采取一个较为"综合"的译法，译为"理性思考"。

δίψα ἐπιθυμία, καὶ ἡ μὲν πεῖνα ξηροῦ καὶ θερμοῦ, ἡ δὲ δίψα ὑγροῦ καὶ ψυχροῦ· ὁ δὲ χυμὸς οἷον ἥδυσμά τι τούτων ἐστίν. διασαφητέον δὲ περὶ αὐτῶν ὕστερον, νῦν δ' ἐπὶ τοσοῦτον εἰρήσθω, ὅτι τῶν ζώντων τοῖς ἔχουσιν ἁφὴν καὶ ὄρεξις ὑπάρχει.

[414b16]   περὶ δὲ φαντασίας ἄδηλον, ὕστερον δ' ἐπισκεπτέον. ἐνίοις δὲ πρὸς τούτοις ὑπάρχει καὶ τὸ κατὰ τόπον κινητικόν, ἑτέροις δὲ καὶ τὸ διανοητικόν τε καὶ νοῦς, οἷον ἀνθρώποις καὶ εἴ τι τοιοῦτον ἕτερον ἔστιν ἢ τιμιώτερον.

[414b20]   δῆλον οὖν ὅτι τὸν αὐτὸν τρόπον εἷς ἂν εἴη λόγος ψυχῆς τε καὶ σχήματος· οὔτε γὰρ ἐκεῖ σχῆμα παρὰ τὸ τρίγωνον ἔστι καὶ τὰ ἐφεξῆς, οὔτ' ἐνταῦθα ψυχὴ παρὰ τὰς εἰρημένας. γένοιτο δ' ἂν καὶ ἐπὶ τῶν σχημάτων λόγος κοινός, ὃς ἐφαρμόσει μὲν πᾶσιν, ἴδιος δ' οὐδενὸς ἔσται σχήματος. ὁμοίως δὲ καὶ ἐπὶ ταῖς εἰρημέναις ψυχαῖς.

[414b25]   διὸ γελοῖον ζητεῖν τὸν κοινὸν λόγον καὶ ἐπὶ τούτων καὶ ἐφ' ἑτέρων, ὃς οὐδενὸς ἔσται τῶν ὄντων ἴδιος λόγος, οὐδὲ κατὰ τὸ οἰκεῖον καὶ ἄτομον εἶδος, ἀφέντας τὸν τοιοῦτον.

[414b28]   παραπλησίως δ' ἔχει τῷ περὶ τῶν σχημάτων καὶ τὰ κατὰ ψυχήν· ἀεὶ γὰρ ἐν τῷ ἐφεξῆς ὑπάρχει δυνάμει τὸ πρότερον ἐπί τε τῶν σχημάτων

是欲求（ἐπιθυμία），饿是欲求干与热，渴是欲求湿与冷；而口味则是这些的某种调味。我们稍后必须对这些加以澄清，但是现在就先说这么多，即有生命的事物当中，那些具有触觉的，也就具有欲望（ὄρεξις）。

关于想象［的问题］也是模糊不清的，而且必须在以后加以考察。有些［有生命的事物］除此之外还具有空间位置的运动，其他的存在则具有思考的能力和理性（τὸ διανοητικόν τε καὶ νοῦς），例如人类，以及其他某种与之类似的，甚至可能比人更高级的存在。

因此很清楚，对于灵魂和图形来说，可用同一个方式来得出一个定义。因为一方面，在三角形和由此而来的序列产生的图形①之外就没有其他图形；另一方面，在我们之前提到的那些［灵魂］之外就不存在别的灵魂。不过即使就图形而言，或许也有某个共同的定义，适用于全部图形，却并非专属于某一个图形。至于我们前面说到的那些灵魂，情况也是类似的。

因此，无论是为这些事物，还是为其他事物而寻找一个共同的定义，这种做法都是可笑的：该定义不会与个别的存在物相契，也不会与任何恰当的（οἰκεῖον）、不可分的种（εἶδος）相符，而是忽略这［其中所涵盖的事物］②。

对于图形来说是这样，对于灵魂来说也差不多：因为无论是对于图形来说，还是对于有灵魂的事物来说，先在的事物总是潜在地

---

① 例如四边形。

② ἀφέντας τὸν τοιοῦτον，Hicks/Durrant 译为 "to the neglect of the definition which is so applicable"，Hamlyn 译作 "to the neglect of one which will"，Shields 译为 "while neglecting what is of this sort"，秦典华译作"而是把对事物特殊性的定义抛在一边"。我的理解更接近于 Shields，故将 τὸν τοιοῦτον 译作［这样一个定义理应］涵盖的［"种"和"类"的概念以及具体存在等］事物。

καὶ ἐπὶ τῶν ἐμψύχων, οἷον ἐν τετραγώνῳ μὲν τρίγωνον, ἐν αἰσθητικῷ δὲ τὸ θρεπτικόν. ὥστε καθ' ἕκαστον ζητητέον, τίς ἑκάστου ψυχή, οἷον τίς φυτοῦ καὶ τίς ἀνθρώπου ἢ θηρίου.①

[414b33] διὰ τίνα δ' αἰτίαν τῷ ἐφεξῆς οὕτως ἔχουσι, σκεπτέον. ἄνευ μὲν γὰρ τοῦ θρεπτικοῦ τὸ αἰσθητικὸν οὐκ ἔστιν· τοῦ δ' αἰσθητικοῦ χωρίζεται τὸ θρεπτικὸν ἐν τοῖς φυτοῖς. πάλιν δ' ἄνευ μὲν τοῦ ἁπτικοῦ τῶν ἄλλων αἰσθήσεων οὐδεμία ὑπάρχει, ἁφὴ δ' ἄνευ τῶν ἄλλων ὑπάρχει· πολλὰ γὰρ τῶν ζῴων οὔτ' ὄψιν οὔτ' ἀκοὴν ἔχουσιν οὔτ' ὀσμῆς αἴσθησιν. καὶ τῶν αἰσθητικῶν δὲ τὰ μὲν ἔχει τὸ κατὰ τόπον κινητικόν, τὰ δ' οὐκ ἔχει· τελευταῖον δὲ καὶ ἐλάχιστα λογισμὸν καὶ διάνοιαν· οἷς μὲν γὰρ ὑπάρχει λογισμὸς τῶν φθαρτῶν, τούτοις καὶ τὰ λοιπὰ πάντα, οἷς δ' ἐκείνων ἕκαστον, οὐ πᾶσι λογισμός, ἀλλὰ τοῖς μὲν οὐδὲ φαντασία, τὰ δὲ ταύτῃ μόνῃ ζῶσιν. περὶ δὲ τοῦ θεωρητικοῦ νοῦ ἕτερος λόγος. ὅτι μὲν οὖν ὁ περὶ τούτων ἑκάστου λόγος, οὗτος οἰκειότατος καὶ περὶ ψυχῆς, δῆλον.

---

① Ross (1961) 提到，Förster 把 "παραπλησίως... θρεπτικόν" 移到 "οἷον τίς φυτοῦ καὶ τίς ἀνθρώπου ἢ θηρίου" 这句话之后。Ross 自己没有移动句子，而是认为 "παραπλησίως... θρεπτικόν" 这句话是插入的成分，用括号括起来。Shields 反对 Ross 的读法，认为这里上下文之间的逻辑联系很明显，因而不仅仅是后来插入的。通常的其他译本则既没有转移句子，也没有加括号明确表示是插入的成分。亦参见 Shields, p.28（译文）以及 p.75, note 16。

（δυνάμει）存在于后来产生的序列当中，比如说，三角形在四边形之中，营养能力在感觉能力之中。因此我们必须逐一探询，每个事物的灵魂是什么，比如说，植物的灵魂是什么，人或者野兽的灵魂是什么。

我们必须考察一下，它们出于何种原因会依据这样一个次序。因为，感觉能力不会脱离营养能力而存在；而在植物当中，营养能力则是脱离感觉能力而存在的。再者，没有触觉能力就没有其他任何感觉能力，但是触觉能力可以脱离其他感觉能力而存在，因为很多动物既没有视觉，也没有听觉或是嗅觉。而在那些能够感知的动物中，有些具有空间位置的运动，有些则没有这种运动。最后，也是最为少见的，有些动物可以推理（λογισμὸν）和思考（διάνοιαν）；这些具有推理能力的必朽生物也具有其他全部能力，但是并非具备各种其他能力的生物都具有推理能力。不过，有些生物没有想象的能力，而其他生物则仅依靠这种能力生存。关于理论理性（τοῦ θεωρητικοῦ νοῦ），我们得另行讨论。因此，这一点就很清楚了：对于上述各种能力的论述（λόγος），也是关于灵魂的最恰当的说明。

第四章

[415a14] Ἀναγκαῖον δὲ τὸν μέλλοντα περὶ τούτων σκέψιν ποιεῖσθαι λαβεῖν ἕκαστον αὐτῶν τί ἐστιν, εἶθ᾽ οὕτως περὶ τῶν ἐχομένων καὶ περὶ τῶν ἄλλων ἐπιζητεῖν. εἰ δὲ χρὴ λέγειν τί ἕκαστον αὐτῶν, οἷον τί τὸ νοητικὸν ἢ τὸ αἰσθητικὸν ἢ τὸ θρεπτικόν, πρότερον ἔτι λεκτέον τί τὸ νοεῖν καὶ τί τὸ αἰσθάνεσθαι· πρότεραι γάρ εἰσι τῶν δυνάμεων αἱ ἐνέργειαι καὶ αἱ πράξεις κατὰ τὸν λόγον. εἰ δ᾽ οὕτως, τούτων δ᾽ ἔτι πρότερα τὰ ἀντικείμενα δεῖ τεθεωρηκέναι, περὶ ἐκείνων πρῶτον ἂν δέοι διορίσαι διὰ τὴν αὐτὴν αἰτίαν, οἷον περὶ τροφῆς καὶ αἰσθητοῦ καὶ νοητοῦ.

[415a22] ὥστε πρῶτον περὶ τροφῆς καὶ γεννήσεως λεκτέον· ἡ γὰρ θρεπτικὴ ψυχὴ καὶ τοῖς ἄλλοις ὑπάρχει, καὶ πρώτη καὶ κοινοτάτη δύναμίς ἐστι ψυχῆς, καθ᾽ ἣν ὑπάρχει τὸ ζῆν ἅπασιν. ἧς ἐστὶν ἔργα γεννῆσαι καὶ τροφῇ χρῆσθαι· φυσικώτατον γὰρ τῶν ἔργων τοῖς ζῶσιν, ὅσα τέλεια καὶ μὴ πηρώματα ἢ τὴν γένεσιν αὐτομάτην ἔχει, τὸ ποιῆσαι ἕτερον οἷον αὐτό, ζῷον μὲν ζῷον, φυτὸν δὲ φυτόν, ἵνα τοῦ ἀεὶ καὶ τοῦ θείου μετέχωσιν ᾗ δύνανται· πάντα γὰρ ἐκείνου ὀρέγεται, καὶ ἐκείνου

任何人想要研究这些［能力］，就必须了解其中每一种能力各是什么，然后再用这种方式考察相关的和随后产生的其他［事物］。但是如果我们必须说明其中每种能力是什么，比如说，思考能力（τὸ νοητικὸν）、感觉能力或营养能力各是什么，那我们又得首先说明思考（τὸ νοεῖν）和感觉是什么。因为现实活动（ἐνέργειαι）和实践行动（πράξεις）在定义上都先于各能力而存在。不过如果是这样，如果在考虑这些［活动］之前，我们必须先要考察与它们相应的对象，那么正因如此，我们就该先去确定那些对象，比如说，营养、感觉和思考的对象。

因此，我们必须首先讨论营养和生殖；因为其他生物也有营养的灵魂，而且这是灵魂所具有的最初的也是最普遍的能力，有了它，一切生物才有了生命。它的功能（ἔργα）在于生殖以及摄取营养；因为这是生物的各种功能之中最为自然的一种——若［该生物］既完善，又没有什么缺失，也不是自发生成的，即生出另一个与自身同类的事物，动物生出动物，植物生出植物，由此按其所能而分有永恒和神圣。因为所有的生物都渴望（ὀρέγεται）这一点，它们出于本性所做的一切也是为了这个缘故（ἐκείνου ἕνεκα）。（但是"为了这个缘故"也有两个意思：一个是为了它［οὗ］，一个是由于它

ἕνεκα πράττει ὅσα πράττει κατὰ φύσιν (τὸ δ᾽ οὗ ἕνεκα διττόν, τὸ μὲν οὗ, τὸ δὲ ᾧ). ἐπεὶ οὖν κοινωνεῖν ἀδυνατεῖ τοῦ ἀεὶ καὶ τοῦ θείου τῇ συνεχείᾳ, διὰ τὸ μηδὲν ἐνδέχεσθαι τῶν φθαρτῶν ταὐτὸ καὶ ἓν ἀριθμῷ διαμένειν, ᾗ δύναται μετέχειν ἕκαστον, κοινωνεῖ ταύτῃ, τὸ μὲν μᾶλλον τὸ δ᾽ ἧττον, καὶ διαμένει οὐκ αὐτὸ ἀλλ᾽ οἷον αὐτό, ἀριθμῷ μὲν οὐχ ἕν, εἴδει δ᾽ ἕν.

[415b8] ἔστι δὲ ἡ ψυχὴ τοῦ ζῶντος σώματος αἰτία καὶ ἀρχή. ταῦτα δὲ πολλαχῶς λέγεται, ὁμοίως δ᾽ ἡ ψυχὴ κατὰ τοὺς διωρισμένους τρόπους τρεῖς αἰτία· καὶ γὰρ ὅθεν ἡ κίνησις καὶ οὗ ἕνεκα καὶ ὡς ἡ οὐσία τῶν ἐμψύχων σωμάτων ἡ ψυχὴ αἰτία.

[415b12] ὅτι μὲν οὖν ὡς οὐσία, δῆλον· τὸ γὰρ αἴτιον τοῦ εἶναι πᾶσιν ἡ οὐσία, τὸ δὲ ζῆν τοῖς ζῶσι τὸ εἶναί ἐστιν, αἰτία δὲ καὶ ἀρχὴ τούτου ἡ ψυχή. ἔτι τοῦ δυνάμει ὄντος λόγος ἡ ἐντελέχεια.

[415b15] φανερὸν δ᾽ ὡς καὶ οὗ ἕνεκεν ἡ ψυχὴ αἰτία· ὥσπερ γὰρ ὁ νοῦς ἕνεκά του ποιεῖ, τὸν αὐτὸν τρόπον καὶ ἡ φύσις, καὶ τοῦτ᾽ ἔστιν αὐτῆς τέλος. τοιοῦτον δ᾽ ἐν τοῖς ζῴοις ἡ ψυχὴ κατὰ φύσιν· πάντα γὰρ τὰ φυσικὰ σώματα τῆς ψυχῆς ὄργανα, καθάπερ τὰ τῶν ζῴων[①], οὕτω καὶ

---

① OCT 本为 καὶ καθάπερ τὰ τῶν ζῴων。

[ᾧ])①。由于它们不能通过持续存在而分有永恒和神圣——因为没有任何可朽的存在能够在数上（ἀριθμῷ）保持一和不变，因此它们就各按自身所能而分有［永恒和神圣］，有的多些，有的少些；它们所延续的并非其本身，而是某种与之类似的东西，并非在数上是一，而是在种上（εἴδει）是一。

灵魂是具有生命的身体的原因（αἰτία）和本原（ἀρχή）；但是"原因"和"本原"可以有多种意义，而灵魂是在三种不同的意义上被说成是原因：作为运动的原因，作为目的（οὗ ἕνεκα），以及作为有灵魂的身体的实体（οὐσία）②。

灵魂作为实体于是就很清楚了：因为实体就是一切事物存在的原因，对于有生命的物体来说，存在就是生命，而灵魂就是其生命的原因和本原。不仅如此，现实（ἡ ἐντελέχεια）就是作为潜能的存在的原理（λόγος）。

同样清楚的是，灵魂在目的意义上也是原因。因为正如理性（ὁ νοῦς）的行动总是为了某个缘故，自然（ἡ φύσις）的行动也是一样，而这就是它的目的（τέλος）。在动物身上，灵魂自然地就是这样的目的，因为所有自然物体都是灵魂的工具（ὄργανα）③，动物的身

---

① τὸ δ' οὗ ἕνεκα διττόν, τὸ μὲν οὗ, τὸ δὲ ᾧ, Durrant 的译法是 "either the purpose for which or the person for whom a thing is done"；Hamlyn 译作 "the purpose for which and the beneficiary for whom"，跟 Durrant 的理解相同。Shields 则译为 "that on account of which and that for which"；秦典华译为 "一是所为为什么，一是所用"。我更倾向于采取秦典华和 Shields 的处理方式，在此仅按字面意思译出属格和与格的涵义，不做过多阐释。

② ἡ οὐσία τῶν ἐμψύχων σωμάτων, Durrant 译为 "as the being of ensouled bodies, as substance"，Hamlyn 将这里的 οὐσία 译作 essence。我采取与 Shields 和秦典华相同的方法，按照属格的基本含义直译为"有灵魂的身体的实体"。

③ ὄργανα，这里除了 Shields 译作 organs 之外，其他几位译者均译为 instruments 或"工具"。我亦将其理解为工具。

τὰ τῶν φυτῶν, ὡς ἕνεκα τῆς ψυχῆς ὄντα· διττῶς δὲ τὸ οὗ ἕνεκα, τό τε οὗ καὶ τὸ ᾧ.

[415b21] ἀλλὰ μὴν καὶ ὅθεν πρῶτον ἡ κατὰ τόπον κίνησις, ψυχή· οὐ πᾶσι δ' ὑπάρχει τοῖς ζῶσιν ἡ δύναμις αὕτη. ἔστι δὲ καὶ ἀλλοίωσις καὶ αὔξησις κατὰ ψυχήν· ἡ μὲν γὰρ αἴσθησις ἀλλοίωσίς τις εἶναι δοκεῖ, αἰσθάνεται δ' οὐθὲν ὃ μὴ μετέχει ψυχῆς, ὁμοίως δὲ καὶ περὶ αὐξήσεώς τε καὶ φθίσεως ἔχει· οὐδὲν γὰρ φθίνει οὐδ' αὔξεται φυσικῶς μὴ τρεφόμενον, τρέφεται δ' οὐθὲν ὃ μὴ κοινωνεῖ ζωῆς.

[415b28] Ἐμπεδοκλῆς δ' οὐ καλῶς εἴρηκε τοῦτο προστιθείς, τὴν αὔξησιν συμβαίνειν τοῖς φυτοῖς, κάτω μὲν συρριζουμένοις διὰ τὸ τὴν γῆν οὕτω φέρεσθαι κατὰ φύσιν, ἄνω δὲ διὰ τὸ <τὸ> πῦρ ὡσαύτως. οὔτε γὰρ τὸ ἄνω καὶ κάτω καλῶς λαμβάνει (οὐ γὰρ ταὐτὸ πᾶσι τὸ ἄνω καὶ κάτω καὶ τῷ παντί, ἀλλ' ὡς ἡ κεφαλὴ τῶν ζῴων, οὕτως αἱ ῥίζαι τῶν φυτῶν, εἰ χρὴ τὰ ὄργανα λέγειν ἕτερα καὶ ταὐτὰ τοῖς ἔργοις) πρὸς δὲ τούτοις τί τὸ συνέχον εἰς τἀναντία φερόμενα τὸ πῦρ καὶ τὴν γῆν; διασπασθήσεται γάρ, εἰ μή τι ἔσται τὸ κωλῦον· εἰ δ' ἔσται, τοῦτ' ἔστιν ἡ ψυχή, καὶ τὸ αἴτιον τοῦ αὐξάνεσθαι[①] καὶ τρέφεσθαι.

[416a9] δοκεῖ δέ τισιν ἡ τοῦ πυρὸς φύσις ἁπλῶς αἰτία τῆς τροφῆς καὶ τῆς αὐξήσεως εἶναι· καὶ γὰρ αὐτὸ φαίνεται μόνον τῶν σωμάτων [ἢ τῶν στοιχείων] τρεφόμενον καὶ αὐξόμενον, διὸ καὶ ἐν τοῖς φυτοῖς καὶ ἐν

---

① OCT 本为 αὔξεσθαι。

体是如此，植物的身体也是一样，都是为了灵魂。但是"为了这个缘故"也有两个意思，一个是为了它，一个是由于它。

不仅如此，灵魂也是空间位置的移动（ἡ κατὰ τόπον κίνησις）最初的开始之处；但是并非所有生物都有这个能力。改变（ἀλλοίωσις）和生长也是由于灵魂而发生，因为感觉被认为是一种性质改变，而没有任何能感知的事物不分有灵魂。生长与衰朽也与此类似：因为没有任何能够自然地衰朽或生长的事物无法获得营养，而没有任何能够被滋养（τρέφεται）的事物是不分有生命的。

恩培多克勒加上了一点，认为当植物生长的时候，它们的根系就会向下生长，因为土按其本性（κατὰ φύσιν）向着这个方向运动，而植物向上生长则是因为火朝着这个方向运动。但他说得不对。而他也没有恰当地理解向上和向下（因为向上和向下对于所有事物来说并不像对于宇宙那样是完全相同的，相反，动物的头部就像是植物的根部——如果我们说器官相异或相同是根据其功能而言的话）。除此之外，既然火和土倾向于朝着相反的方向运动，那么是什么将它们合在一起？因为它们是要分开的，除非有什么东西阻止它们分开；而如果真有这种东西，那么这就是灵魂，也就是生长和营养的原因。

在一些人①看来，火的本性就是营养和生长的绝对（ἁπλῶς）原因；因为看起来在各种物体［或元素］②之中，火是唯一一个受滋养和有生长的。于是有人就会假设，在植物和动物之中，火就是那个起作用的［元素］。这是辅助性的原因（τὸ συναίτιον），但不是

---

① 可能是指赫拉克利特。
② OCT 本删去了 ἢ τῶν στοιχείων，我保留作为补充说明。

τοῖς ζῴοις ὑπολάβοι τις ἂν τοῦτο εἶναι τὸ ἐργαζόμενον. τὸ δὲ συναίτιον μέν πώς ἐστιν, οὐ μὴν ἁπλῶς γε αἴτιον, ἀλλὰ μᾶλλον ἡ ψυχή· ἡ μὲν γὰρ τοῦ πυρὸς αὔξησις εἰς ἄπειρον, ἕως ἂν ᾖ τὸ καυστόν, τῶν δὲ φύσει συνισταμένων πάντων ἔστι πέρας καὶ λόγος μεγέθους τε καὶ αὐξήσεως· ταῦτα δὲ ψυχῆς, ἀλλ᾽ οὐ πυρός, καὶ λόγου μᾶλλον ἢ ὕλης.

[416a19] ἐπεὶ δ᾽ ἡ αὐτὴ δύναμις τῆς ψυχῆς θρεπτικὴ καὶ γεννητική, περὶ τροφῆς ἀναγκαῖον διωρίσθαι πρῶτον· ἀφορίζεται γὰρ πρὸς τὰς ἄλλας δυνάμεις τῷ ἔργῳ τούτῳ. δοκεῖ δ᾽ εἶναι ἡ τροφὴ τὸ ἐναντίον τῷ ἐναντίῳ, οὐ πᾶν δὲ παντί, ἀλλ᾽ ὅσα τῶν ἐναντίων μὴ μόνον γένεσιν ἐξ ἀλλήλων ἔχουσιν ἀλλὰ καὶ αὔξησιν· γίνεται γὰρ πολλὰ ἐξ ἀλλήλων, ἀλλ᾽ οὐ πάντα ποσά, οἷον ὑγιὲς ἐκ κάμνοντος. φαίνεται δ᾽ οὐδ᾽ ἐκεῖνα τὸν αὐτὸν τρόπον ἀλλήλοις εἶναι τροφή, ἀλλὰ τὸ μὲν ὕδωρ τῷ πυρὶ τροφή, τὸ δὲ πῦρ οὐ τρέφει τὸ ὕδωρ. ἐν μὲν οὖν τοῖς ἁπλοῖς σώμασι ταῦτ᾽ εἶναι δοκεῖ μάλιστα τὸ μὲν τροφὴ τὸ δὲ τρεφόμενον.

[416a29] ἀπορίαν δ᾽ ἔχει· φασὶ γὰρ οἱ μὲν τὸ ὅμοιον τῷ ὁμοίῳ τρέφεσθαι, καθάπερ καὶ αὐξάνεσθαι, τοῖς δ᾽ ὥσπερ εἴπομεν τοὔμπαλιν δοκεῖ, τὸ ἐναντίον τῷ ἐναντίῳ, ὡς ἀπαθοῦς ὄντος τοῦ ὁμοίου ὑπὸ τοῦ ὁμοίου, τὴν δὲ τροφὴν δεῖν① μεταβάλλειν καὶ πέττεσθαι· ἡ δὲ μεταβολὴ πᾶσιν εἰς τὸ ἀντικείμενον ἢ τὸ μεταξύ. ἔτι πάσχει τι ἡ τροφὴ ὑπὸ τοῦ τρεφομένου, ἀλλ᾽ οὐ τοῦτο ὑπὸ τῆς τροφῆς, ὥσπερ οὐδ᾽ ὁ τέκτων ὑπὸ

---

① OCT 本没有 δεῖν。

绝对的原因①，灵魂才是那个绝对的原因。因为火的增长是无限制的，只要有可燃物，但是在一切按照自然组合（συνισταμένων）而成的存在物中，规模和生长两方面都有限制和比例（λόγος）；而这些都属于灵魂，不属于火；属于原理（λόγος），不属于质料。

既然营养和生殖是灵魂的同一种能力，那我们就必须首先界定营养；因为正是由于这个功能，营养能力才和其他能力区分开来。营养被认为是［一个］相反者滋养相反者［的过程］，不过并非所有的相反者都被所有的相反者［滋养］，而是这样一些不仅相互生成，而且还有所生长的相反者。因为很多事物都是相互生成的，但它们并不都是［数］量，比如，健康是从疾病中生成的。即使是那些［仅在量上相互生成且有所生长的相反者］，似乎也不是以同一种方式为彼此提供营养，而是：水滋养火，火却不供养水。因此，在简单物（τοῖς ἁπλοῖς σώμασι）那里似乎尤其如此：一方是营养，另一方则受其滋养。

但是这里有一个困难：因为有人说②，相似者为相似者提供营养，就好比相似者令相似者增长；而我们之前也提到过，还有一些人想法正好相反，他们认为是相反者为相反者提供营养，因为相似者不受相似者影响，而营养会带来变化并且被消化；而一切变化都是朝向相反的或是中间的状态发生的。不仅如此，营养会通过某种方式而受到被营养者的影响，但是后者并不受营养的影响，就像木

---

① ἁπλῶς αἰτία，这里译为绝对原因，指一般的、普遍的、不加限定的意义上的原因，与 τὸ συναίτιοντὸ 相对，我将后者译作辅助性的原因。τὸ δὲ συναίτιον μέν πώς ἐστιν, οὐ μὴν ἁπλῶς γε αἴτιον, Durrant 译为 though it is in a sense a contributory cause, it is not a cause absolutely；Hamlyn 译作 it is in a way a contributory cause, but not the cause simply；Shields 则译作 it is a sort of co-cause, and most surely not a cause without qualification。

② 这里指恩培多克勒。

τῆς ὕλης, ἀλλ᾽ ὑπ᾽ ἐκείνου αὕτη· ὁ δὲ τέκτων μεταβάλλει μόνον εἰς ἐνέργειαν ἐξ ἀργίας.

[416b3] πότερον δ᾽ ἐστιν ἡ τροφὴ τὸ τελευταῖον προσγινόμενον ἢ τὸ πρῶτον, ἔχει διαφοράν. εἰ δ᾽ ἄμφω, ἀλλ᾽ ἡ μὲν ἄπεπτος ἡ δὲ πεπεμμένη, ἀμφοτέρως ἂν ἐνδέχοιτο τὴν τροφὴν λέγειν· ᾗ μὲν γὰρ ἄπεπτος, τὸ ἐναντίον τῷ ἐναντίῳ τρέφεται, ᾗ δὲ πεπεμμένη, τὸ ὅμοιον τῷ ὁμοίῳ. ὥστε φανερὸν ὅτι λέγουσί τινα τρόπον ἀμφότεροι καὶ ὀρθῶς καὶ οὐκ ὀρθῶς.

[416b9] ἐπεὶ δ᾽ οὐθὲν τρέφεται μὴ μετέχον ζωῆς, τὸ ἔμψυχον ἂν εἴη σῶμα τὸ τρεφόμενον, ᾗ ἔμψυχον, ὥστε καὶ ἡ τροφὴ πρὸς ἔμψυχόν ἐστι, καὶ οὐ κατὰ συμβεβηκός.

[416b11] ἔστι δ᾽ ἕτερον τροφῇ καὶ αὐξητικῷ εἶναι· ᾗ μὲν γὰρ ποσόν τι τὸ ἔμψυχον, αὐξητικόν, ᾗ δὲ τόδε τι καὶ οὐσία, τροφή (σώζει γὰρ τὴν οὐσίαν, καὶ μέχρι τούτου ἔστιν ἕως ἂν τρέφηται), καὶ γενέσεως ποιητικόν, οὐ τοῦ τρεφομένου, ἀλλ᾽ οἷον τὸ τρεφόμενον· ἤδη γὰρ ἔστιν αὐτοῦ ἡ οὐσία, γεννᾷ δ᾽ οὐθὲν αὐτὸ ἑαυτό, ἀλλὰ σώζει. ὥσθ᾽ ἡ μὲν τοιαύτη τῆς ψυχῆς ἀρχὴ δύναμίς ἐστιν οἵα σώζειν τὸ ἔχον αὐτὴν ᾗ τοιοῦτον, ἡ δὲ τροφὴ παρακευάζει ἐνεργεῖν· διὸ στερηθὲν τροφῆς οὐ δύναται εἶναι.

[416b20] ἐπεὶ δ᾽ ἔστι τρία, τὸ τρεφόμενον καὶ ᾧ τρέφεται καὶ τὸ τρέφον, τὸ μὲν τρέφον ἐστὶν ἡ πρώτη ψυχή, τὸ δὲ τρεφόμενον τὸ ἔχον ταύτην σῶμα, ᾧ δὲ τρέφεται, ἡ τροφή.

匠不会受到木料的影响，但是木料会受到木匠的影响；木匠只是从"不行动"变成了"行动"。

营养是增加物的最终形态还是最初形态，这有很大区别。但如果两者都是［营养物］，一种情况下营养没有消化而另一种情况下消化了，我们也可以用两种方式称其为"营养"；就没被消化的营养而言，相反者由相反者提供营养；就被消化的营养而言，相似者由相似者提供营养。因此很清楚，在某种意义上，每种说法都是既对也不对。

既然没有哪个被供以营养的东西是不分有生命的，那么被供养者就其作为有灵魂的存在而言，也就是有灵魂的身体，因此营养也是相对于"有灵魂的"而言，而且并非出于偶性［而与之相关］。

但是作为营养的存在和作为使其增长的存在，这二者是不同的；因为一方面，就有灵魂的存在具有特定的量而言，［它］是使其增长者，另一方面，就它作为"这一个"（τόδε τι）和实体而言，［它］是营养（因为只要被滋养，［有灵魂的存在］就能保持自身的实体并且一直存在），而它能够生成的不是被滋养者［自身］，而是与被滋养者同类。因为它的实体已经存在，而且事物不会生成自身，而是保存自身。因此，灵魂的这一本原（ἀρχὴ）就是这样一种能力，它能使具有它的事物得以保存，而营养则令具有它的事物得以活动（ἐνεργεῖν）；出于这个原因，如果没有营养，它就无法生存。

因为有三种存在：被供以营养的，被用来提供营养的以及营养者，营养者就是首要的灵魂（ἡ πρώτη ψυχή），被供以营养者就是具有首要灵魂的身体，被用来提供营养的则是营养。

[416b23] ἐπεὶ δὲ ἀπὸ τοῦ τέλους ἅπαντα προσαγορεύειν δίκαιον, τέλος δὲ τὸ γεννῆσαι οἷον αὐτό, εἴη ἂν ἡ πρώτη ψυχὴ γεννητικὴ οἷον αὐτό.①

[416b25] ἔστι δὲ ᾧ τρέφει διττόν, ὥσπερ καὶ ᾧ κυβερνᾷ καὶ ἡ χεὶρ καὶ τὸ πηδάλιον, τὸ μὲν κινοῦν καὶ κινούμενον, τὸ δὲ κινούμενον μόνον. πᾶσαν δ᾽ ἀναγκαῖον τροφὴν δύνασθαι πέττεσθαι, ἐργάζεται δὲ τὴν πέψιν τὸ θερμόν· διὸ πᾶν ἔμψυχον ἔχει θερμότητα. τύπῳ μὲν οὖν ἡ τροφή τί ἐστιν εἴρηται· διασαφητέον δ᾽ ἐστὶν ὕστερον περὶ αὐτῆς ἐν τοῖς οἰκείοις λόγοις.

---

① Ross（1961），Shields 和 Reeve 同意 Torstrik 的换位，即将前面那句 ἐπεὶ δ᾽ ἔστι τρία, τὸ τρεφόμενον καὶ ᾧ τρέφεται καὶ τὸ τρέφον, τὸ μὲν τρέφον ἐστὶν ἡ πρώτη ψυχή, τὸ δὲ τρεφόμενον τὸ ἔχον ταύτην σῶμα, ᾧ δὲ τρέφεται, ἡ τροφή 放在这句末尾的 οἷον αὐτό 之后，参见 Shields, p.76, note 20。

既然将所有存在物按其目的命名是正确的,而目的就是生成某种类似于自身的东西,那么首要的灵魂就能够生成类似于自身的事物。

被用作营养的东西有两重意义,就像用以掌舵的是手和舵,一个推动且自身也在运动,另一个则只是在运动。① 所有的营养必然都能被消化,而正是热促进了消化;因此每一个有灵魂的存在物都具有热。关于营养是什么,我们已经做了简要的说明;不过我们以后还必须在适当的论述中对它加以阐明。

---

① τὸ μὲν κινοῦν καὶ κινούμενον, τὸ δὲ κινούμενον μόνον, Durrant, Hamlyn 以及秦典华都将这里的 κινούμενον 明确译为被动,故有译法 the one moving and being moved, the other being moved only,"所以一个既含有运动,也含有被运动,而另一个则仅仅含有运动之意"等。Shields 则取中动意,译为 "the one both producing movement and itself moving, and the other merely moving",我的理解和处理方式与 Shields 相同。

第五章

[416b32] Διωρισμένων δὲ τούτων λέγωμεν κοινῇ περὶ πάσης αἰσθήσεως. ἡ δ' αἴσθησις ἐν τῷ κινεῖσθαί τε καὶ πάσχειν συμβαίνει, καθάπερ εἴρηται· δοκεῖ γὰρ ἀλλοίωσίς τις εἶναι. φασὶ δέ τινες καὶ τὸ ὅμοιον ὑπὸ τοῦ ὁμοίου πάσχειν. τοῦτο δὲ πῶς δυνατὸν ἢ ἀδύνατον, εἰρήκαμεν ἐν τοῖς καθόλου λόγοις περὶ τοῦ ποιεῖν καὶ πάσχειν.

[417a2] ἔχει δ' ἀπορίαν διὰ τί καὶ τῶν αἰσθήσεων αὐτῶν οὐ γίνεται αἴσθησις, καὶ διὰ τί ἄνευ τῶν ἔξω οὐ ποιοῦσιν αἴσθησιν, ἐνόντος πυρὸς καὶ γῆς καὶ τῶν ἄλλων στοιχείων, ὧν ἐστιν ἡ αἴσθησις καθ' αὑτὰ ἢ τὰ συμβεβηκότα τούτοις. δῆλον οὖν ὅτι τὸ αἰσθητικὸν οὐκ ἔστιν ἐνεργείᾳ, ἀλλὰ δυνάμει μόνον, διὸ οὐκ αἰσθάνεται, καθάπερ τὸ καυστὸν οὐ καίεται αὐτὸ καθ' αὑτὸ ἄνευ τοῦ καυστικοῦ· ἔκαιε γὰρ ἂν ἑαυτό, καὶ οὐθὲν ἐδεῖτο τοῦ ἐντελεχείᾳ πυρὸς ὄντος.

[417a9] ἐπειδὴ δὲ τὸ αἰσθάνεσθαι λέγομεν διχῶς (τό τε γὰρ δυνάμει ἀκοῦον καὶ ὁρῶν ἀκούειν καὶ ὁρᾶν λέγομεν, κἂν τύχῃ καθεῦδον, καὶ

明确上述事实之后，我们就可以讨论全部感觉（πάσης αἰσθήσεως）的共同点。就像我们说过的，感觉源于被推动和受影响。因为它看起来就是某种改变（ἀλλοίωσίς τις）。也有人说，相似者受到相似者影响。这是何以可能或不可能的，我们已经在有关行动（ποιεῖν）① 和受动（πάσχειν）的总体论述中说过了。②

不过这里有一个问题：为什么没有对各个感觉自身（τῶν αἰσθήσεων αὐτῶν）的感觉？也就是说，为什么在没有外部对象的情况下，它们不会引起感觉？尽管它们自身具有火、土以及其他元素，而对于这些元素总有感觉——无论就其自身而言还是就其属性而言。因此很清楚，感觉能力并非现实地（ἐνεργείᾳ）存在，而仅仅潜在地存在；出于这个原因，感觉并不自动发生，就像可燃物在没有引燃物的时候不会自己燃烧；否则它就会引燃自身，也就不需要现实的火［种］了。

既然我们是在两个意义上说"感知活动"（τὸ αἰσθάνεσθαι）（因为我们说作为潜能的听和看是"听"和"看"，哪怕是碰巧处在睡

---

① ποιεῖν，几位英译者都译为 action 或 acting，秦典华译作"主动"。考虑到 ποιεῖν 自身确实有［通过行动或活动］造成或产生影响的意思，我同意秦典华这里的译法，尤其是同意他对 ποιεῖν 和 πάσχειν 所具有的"主动"与"被动"含义的强调。但是我仍然采取保守的字面译法，将 ποιεῖν 在这里译为"行动"。

② 见《论生灭》I.7。

τὸ ἤδη ἐνεργοῦν), διχῶς ἂν λέγοιτο καὶ ἡ αἴσθησις, ἡ μὲν ὡς δυνάμει, ἡ δὲ ὡς ἐνεργείᾳ. ὁμοίως δὲ καὶ τὸ αἰσθητόν, τό τε δυνάμει ὂν καὶ τὸ ἐνεργείᾳ.

[417a14] πρῶτον μὲν οὖν ὡς τοῦ αὐτοῦ ὄντος τοῦ πάσχειν καὶ τοῦ κινεῖσθαι καὶ τοῦ ἐνεργεῖν λέγωμεν· καὶ γὰρ ἔστιν ἡ κίνησις ἐνέργειά τις, ἀτελὴς μέντοι, καθάπερ ἐν ἑτέροις εἴρηται. πάντα δὲ πάσχει καὶ κινεῖται ὑπὸ τοῦ ποιητικοῦ καὶ ἐνεργείᾳ ὄντος. διὸ ἔστι μὲν ὡς ὑπὸ τοῦ ὁμοίου πάσχει, ἔστι δὲ ὡς ὑπὸ τοῦ ἀνομοίου, καθάπερ εἴπομεν· πάσχει μὲν γὰρ τὸ ἀνόμοιον, πεπονθὸς δ᾽ ὅμοιόν ἐστιν.

[417a21] διαιρετέον δὲ καὶ περὶ δυνάμεως καὶ ἐντελεχείας· νῦν γὰρ ἁπλῶς ἐλέγομεν① περὶ αὐτῶν. ἔστι μὲν γὰρ οὕτως ἐπιστῆμόν τι ὡς ἂν εἴποιμεν ἄνθρωπον ἐπιστήμονα ὅτι ὁ ἄνθρωπος τῶν ἐπιστημόνων καὶ ἐχόντων ἐπιστήμην· ἔστι δ᾽ ὡς ἤδη λέγομεν ἐπιστήμονα τὸν ἔχοντα τὴν γραμματικήν· ἑκάτερος δὲ τούτων οὐ τὸν αὐτὸν τρόπον δυνατός ἐστιν, ἀλλ᾽ ὁ μὲν ὅτι τὸ γένος τοιοῦτον καὶ ἡ ὕλη, ὁ δ᾽ ὅτι βουληθεὶς δυνατὸς θεωρεῖν, ἂν μή τι κωλύσῃ τῶν ἔξωθεν· ὁ δ᾽ ἤδη θεωρῶν, ἐντελεχείᾳ ὢν καὶ κυρίως ἐπιστάμενος τόδε τὸ Α. ἀμφότεροι μὲν οὖν οἱ πρῶτοι, κατὰ δύναμιν ἐπιστήμονες <ὄντες, ἐνεργείᾳ γίνονται

---

① ἐλέγομεν, 各抄本读作 λέγομεν, 意味着接下来（直到 417b29-30）也都是对潜能和现实的宽泛讨论。这里按 OCT 读作 νῦν γὰρ ἁπλῶς ἐλέγομεν, 认为是说之前的讨论（417a6-14）是对二者的宽泛讨论。参见 Reeve（p.125, note 215）。

眠状态；另一种则是已经做出的现实活动），那么感觉（ἡ αἴσθησις）也有两层意思：一个是作为潜能，另一个则是作为现实活动。感觉的对象也与此类似，一个是潜在的，另一个则是现实的。

首先我们要说明，受影响（τοῦ πάσχειν）、被推动（τοῦ κινεῖσθαι）和现实活动（τοῦ ἐνεργεῖν）好像是同样的；因为实际上运动（ἡ κίνησις）就是某种活动（ἐνέργειά），尽管是一种不完备的活动，我们在其他地方也说过这一点。而一切事物都是被现实存在的行动者影响和推动的。因此，正如我们所说，［事物］一方面是受到相似物的影响，另一方面则受到不相似的事物的影响；因为正是不相似的事物才受影响，而在受到影响之后就是相似的。

关于潜能和实现，我们必须加以区分，因为到目前为止我们还是在宽泛地讨论它们。一方面，我们是在以下意义上知道（ἐπιστῆμόν）某个东西：我们说一个人"知道"，因为人类属于"知道者"并且属于具有知识［的存在者］；另一方面，我们直接说一个具有语法知识的人"知道"。这两个人并不是在同一个意义上具有"知道"的能力，相反，其中一个是因其属于这样的属（τὸ γένος）和质料（ἡ ὕλη），另一个则是因为他能够沉思（θεωρεῖν）——只要他愿意，只要没有什么外部的东西阻碍他。还有第三个人，他已经在进行沉思，这个人是在实现（ἐντελεχείᾳ）的意义上充分地（κυρίως）知道这个 A（τόδε τὸ A）。因此，前两种人都是在潜能的意义上知道，＜他们［也会］转变成在现实的意义上知道＞，不过其中一个是通过学习而改变，并屡屡从相反的状态发生变化，另一

ἐπιστήμονες,> ἀλλ' ὁ μὲν διὰ μαθήσεως ἀλλοιωθεὶς καὶ πολλάκις ἐξ ἐναντίας μεταβαλὼν ἕξεως, ὁ δ' ἐκ τοῦ ἔχειν τὴν ἀριθμητικὴν ἢ τὴν γραμματικήν, μὴ ἐνεργεῖν δέ, εἰς τὸ ἐνεργεῖν, ἄλλον τρόπον.

[417b2]   οὐκ ἔστι δ' ἁπλοῦν οὐδὲ τὸ πάσχειν, ἀλλὰ τὸ μὲν φθορά τις ὑπὸ τοῦ ἐναντίου, τὸ δὲ σωτηρία μᾶλλον ὑπὸ τοῦ ἐντελεχείᾳ ὄντος τοῦ δυνάμει ὄντος① καὶ ὁμοίου οὕτως ὡς δύναμις ἔχει πρὸς ἐντελέχειαν· θεωροῦν γὰρ γίνεται τὸ ἔχον τὴν ἐπιστήμην, ὅπερ ἢ οὐκ ἔστιν ἀλλοιοῦσθαι (εἰς αὑτὸ γὰρ ἡ ἐπίδοσις καὶ εἰς ἐντελέχειαν) ἢ ἕτερον γένος ἀλλοιώσεως. διὸ οὐ καλῶς ἔχει λέγειν τὸ φρονοῦν, ὅταν φρονῇ, ἀλλοιοῦσθαι, ὥσπερ οὐδὲ τὸν οἰκοδόμον ὅταν οἰκοδομῇ. τὸ μὲν οὖν εἰς ἐντελέχειαν ἄγειν ἐκ δυνάμει ὄντος [κατὰ] τὸ νοοῦν καὶ φρονοῦν οὐ διδασκαλίαν ἀλλ' ἑτέραν ἐπωνυμίαν ἔχειν δίκαιον· τὸ δ' ἐκ δυνάμει ὄντος μανθάνον καὶ λαμβάνον ἐπιστήμην ὑπὸ τοῦ ἐντελεχείᾳ ὄντος καὶ διδασκαλικοῦ ἤτοι οὐδὲ πάσχειν φατέον, [ὥσπερ εἴρηται,] ἢ δύο τρόπους εἶναι ἀλλοιώσεως, τήν τε ἐπὶ τὰς στερητικὰς διαθέσεις μεταβολὴν καὶ τὴν ἐπὶ τὰς ἕξεις καὶ τὴν φύσιν.

[417b16]   τοῦ δ' αἰσθητικοῦ ἡ μὲν πρώτη μεταβολὴ γίνεται ὑπὸ τοῦ γεννῶντος, ὅταν δὲ γεννηθῇ, ἔχει ἤδη, ὥσπερ ἐπιστήμην, καὶ τὸ

---

① τὸ δὲ σωτηρία μᾶλλον ὑπὸ τοῦ ἐντελεχείᾳ ὄντος τοῦ δυνάμει ὄντος, OCT 本作 τὸ δὲ σωτηρία μᾶλλον τοῦ δυνάμει ὄντος ὑπὸ τοῦ ἐντελεχείᾳ ὄντος。

个则是从具有算术或语法知识而不现实地运用,到以另一种方式加以现实地运用。

受影响(τὸ πάσχειν)也不是不加区分的。相反,它一方面是某种由对立面带来的毁灭,另一方面则更多的是由现实的事物(ἐντελεχείᾳ)所带来的对潜能的保存,而这类似于潜能与实现的关系。因为,从具有知识到[运用知识]进行沉思,这要么不是改变(因为这是自身的进步和朝向实现[εἰς ἐντελεχείᾳ]),要么是另一种改变(ἕτερον γένος ἀλλοιώσεως)。所以,说一个思考者在获得理解(φρονῇ)时发生了改变,这是不对的,这就好像说一个建筑工匠在建造[房屋]时发生了改变,这也是不对的。因此,引导一个理解者和思考者从潜在地[理解和思考]变成现实地[理解和思考],不应该称之为教导(διδασκαλίαν),而应该用另一个恰当的名称[来称呼它]。而一个人从潜在地[能够把握知识]开始,通过从已经现实地[把握知识]、能教导的人那里学习和把握知识,就不该被说成是受影响(这一点我们已经说过了[①]);或者说改变有[以下]两种:或者变成缺失的状态,或者变成具有的状态(τὴν ἐπὶ τὰς ἕξεις)和自然。

在可以感觉的[存在者]那里,首先发生的变化来自父母,[这些事物]一旦出生则已经具有感知(τὸ αἰσθάνεσθαι),就像具有知

---

① ὥσπερ εἴρηται, Ross(1961)删去这部分,OCT 本予以保留。

αἰσθάνεσθαι. τὸ κατ' ἐνέργειαν δὲ ὁμοίως λέγεται τῷ θεωρεῖν· διαφέρει δέ, ὅτι τοῦ μὲν τὰ ποιητικὰ τῆς ἐνεργείας ἔξωθεν, τὸ ὁρατὸν καὶ τὸ ἀκουστόν, ὁμοίως δὲ καὶ τὰ λοιπὰ τῶν αἰσθητῶν. αἴτιον δ' ὅτι τῶν καθ' ἕκαστον ἡ κατ' ἐνέργειαν αἴσθησις, ἡ δ' ἐπιστήμη τῶν καθόλου· ταῦτα δ' ἐν αὐτῇ πώς ἐστι τῇ ψυχῇ. διὸ νοῆσαι μὲν ἐπ' αὐτῷ, ὁπόταν βούληται, αἰσθάνεσθαι δ' οὐκ ἐπ' αὐτῷ· ἀναγκαῖον γὰρ ὑπάρχειν τὸ αἰσθητόν. ὁμοίως δὲ τοῦτο① ἔχει κἂν ταῖς ἐπιστήμαις ταῖς τῶν αἰσθητῶν, καὶ διὰ τὴν αὐτὴν αἰτίαν, ὅτι τὰ αἰσθητὰ τῶν καθ' ἕκαστα καὶ τῶν ἔξωθεν.

[417b29] ἀλλὰ περὶ μὲν τούτων διασαφῆσαι καιρὸς γένοιτ' ἂν καὶ εἰσαῦθις· νῦν δὲ διωρίσθω τοσοῦτον, ὅτι οὐχ ἁπλοῦ ὄντος τοῦ δυνάμει λεγομένου, ἀλλὰ τοῦ μὲν ὥσπερ ἂν εἴποιμεν τὸν παῖδα δύνασθαι στρατηγεῖν, τοῦ δὲ ὡς τὸν ἐν ἡλικίᾳ ὄντα, οὕτως ἔχει τὸ αἰσθητικόν. ἐπεὶ δ' ἀνώνυμος αὐτῶν ἡ διαφορά, διώρισται δὲ περὶ αὐτῶν ὅτι ἕτερα καὶ πῶς ἕτερα, χρῆσθαι ἀναγκαῖον τῷ πάσχειν καὶ ἀλλοιοῦσθαι ὡς κυρίοις ὀνόμασιν.

[418a3] τὸ δ' αἰσθητικὸν δυνάμει ἐστὶν οἷον τὸ αἰσθητὸν ἤδη ἐντελεχείᾳ, καθάπερ εἴρηται. πάσχει μὲν οὖν οὐχ ὅμοιον ὄν, πεπονθὸς δ' ὡμοίωται καὶ ἔστιν οἷον ἐκεῖνο.

---

① OCT 本作 τοῦτ'.

识一样。现实的感知（τὸ κατ' ἐνέργειαν）被认为类似于沉思；但是这里有一个区别：[在感觉中]能够产生活动的事物是外在的，也就是视觉对象、听觉对象以及其余诸如此类的感觉对象。其原因在于，现实的感觉活动是针对那些个别事物的（τῶν καθ' ἕκαστον），而知识则是对于普遍事物的（τῶν καθόλου）；不过这些[普遍]事物在某种意义上都存在于灵魂自身当中。这就是为什么，思考取决于一个人自身，只要他想思考，但是感知并非取决于他自身，因为肯定还要有感觉的对象。各种涉及感觉对象的知识也与此类似，而且也出于同样的原因，即感觉的对象都是外部的个别事物。

不过我们以后还会有合适的机会来澄清这些问题，而现在需要做的是弄清楚这一点：说一个事物"作为潜能而存在"并非只有一个含义，相反，就像我们既可以说一个孩子有潜能成为一个将军，也可以说成年人潜在地是一个将军，而我们是在同样的意义上说[事物具有]感觉能力的。不过，由于并没有什么说法来指称这二者之间的区别，那么尽管我们已经很明确它们彼此不同以及如何不同，我们也还得使用"受影响"和"被改变"（τῷ πάσχειν καὶ ἀλλοιοῦσθαι）这样的说法，就当它们是通行的说法。

正如我们已经说过的，具有感觉能力的事物潜在地类似于已经现实地存在的感觉对象。因此，当它受到影响的时候，它并非与对象相似，而是在已然受到影响之后变得与之相似，像后者一样。

第六章

[418a7] Λεκτέον δὲ καθ᾽ ἑκάστην αἴσθησιν περὶ τῶν αἰσθητῶν πρῶτον. λέγεται δὲ τὸ αἰσθητὸν τριχῶς, ὧν δύο μὲν καθ᾽ αὑτά φαμεν αἰσθάνεσθαι, τὸ δὲ ἓν κατὰ συμβεβηκός. τῶν δὲ δυοῖν τὸ μὲν ἴδιόν ἐστιν ἑκάστης αἰσθήσεως, τὸ δὲ κοινὸν πασῶν.

[418a11] λέγω δ᾽ ἴδιον μὲν ὃ μὴ ἐνδέχεται ἑτέρᾳ αἰσθήσει αἰσθάνεσθαι, καὶ περὶ ὃ μὴ ἐνδέχεται ἀπατηθῆναι, οἷον ὄψις χρώματος καὶ ἀκοὴ ψόφου καὶ γεῦσις χυμοῦ, ἡ δ᾽ ἁφὴ πλείους [μὲν] ἔχει διαφοράς, ἀλλ᾽ ἑκάστη γε κρίνει περὶ τούτων, καὶ οὐκ ἀπατᾶται ὅτι χρῶμα οὐδ᾽ ὅτι ψόφος, ἀλλὰ τί τὸ κεχρωσμένον ἢ ποῦ, ἢ τί τὸ ψοφοῦν ἢ ποῦ.

[418a16] τὰ μὲν οὖν τοιαῦτα λέγεται ἴδια ἑκάστης, κοινὰ δὲ κίνησις, ἠρεμία, ἀριθμός, σχῆμα, μέγεθος· τὰ γὰρ τοιαῦτα οὐδεμιᾶς ἐστιν ἴδια, ἀλλὰ κοινὰ πάσαις· καὶ γὰρ ἁφῇ κίνησίς τίς ἐστιν αἰσθητὴ καὶ ὄψει.

[418a20] κατὰ συμβεβηκὸς δὲ λέγεται αἰσθητόν, οἷον εἰ τὸ λευκὸν εἴη Διάρους υἱός· κατὰ συμβεβηκὸς γὰρ τούτου αἰσθάνεται, ὅτι τῷ λευκῷ συμβέβηκε τοῦτο, οὗ αἰσθάνεται· διὸ καὶ οὐδὲν πάσχει ᾗ τοιοῦτον ὑπὸ τοῦ αἰσθητοῦ.

关于各种感觉，我们必须首先说明它们的对象。"感觉对象"是在三个方面被言说的；其中有两种，我们说它们就其自身而被感知，另一种则偶然地被感知。在前两者当中，一个是各个感觉特有的，另一个则是一切感觉共有的。

我将那种不能为别的感觉所感知的对象称为特有的对象，关于这种对象，人们是不可能被欺骗的，例如，视觉对于颜色，听觉对于声音，味觉对于口味，触觉对于各种不同的对象。不过，虽然每种感觉对这些对象都能有所判断，并且在"有色彩"或是"有声音"这样的事实方面不会被欺骗，但是关于有颜色的事物是什么、在哪里，或者发出声音的对象是什么、在哪里，还是可能会弄错。

因此我们说，这样的对象是各个感觉特有的，而共有的对象则包括运动、静止、数、形、大小，因为这样的对象并非为某种感觉所特有，而是为全部感觉所共有。比如说，有些运动就既能为触觉所感知，也能为视觉所感知。

一个事物偶然地被说成是感觉对象，比如说，如果这个白的［存在物］是狄亚莱斯的儿子，因为对他的感知是偶然的，他偶然地是白色的，被感知到的是白色。这样的话，我们不会受到感觉对象的影响，就其作为狄亚莱斯的儿子而言。

[418a24] τῶν δὲ καθ' αὑτὰ αἰσθητῶν τὰ ἴδια κυρίως ἐστὶν αἰσθητά, καὶ πρὸς ἃ ἡ οὐσία πέφυκεν ἑκάστης αἰσθήσεως.

在上述这些因自身而被感觉的对象中，正是这些特定的事物构成了恰当的感觉对象，而且正是对于这些对象，每种感觉的实体（ἡ οὐσία）才自然地与之相关。

第七章

[418a26] Οὗ μὲν οὖν ἐστιν ἡ ὄψις, τοῦτ' ἐστὶν ὁρατόν, ὁρατὸν δ' ἐστὶ χρῶμά τε καὶ ὃ λόγῳ μὲν ἔστιν εἰπεῖν, ἀνώνυμον δὲ τυγχάνει ὄν· δῆλον δὲ ἔσται ὃ λέγομεν προελθοῦσι. τὸ γὰρ ὁρατόν ἐστι χρῶμα, τοῦτο δ' ἐστὶ τὸ ἐπὶ τοῦ καθ' αὑτὸ ὁρατοῦ· καθ' αὑτὸ δὲ οὐ τῷ λόγῳ, ἀλλ' ὅτι ἐν ἑαυτῷ ἔχει τὸ αἴτιον τοῦ εἶναι ὁρατόν. πᾶν δὲ χρῶμα κινητικόν ἐστι τοῦ κατ' ἐνέργειαν διαφανοῦς, καὶ τοῦτ' ἐστὶν αὐτοῦ ἡ φύσις· διόπερ οὐχ ὁρατὸν ἄνευ φωτός, ἀλλὰ πᾶν τὸ ἑκάστου χρῶμα ἐν φωτὶ ὁρᾶται.

[418b3] διὸ περὶ φωτὸς πρῶτον λεκτέον τί ἐστιν. ἔστι δή τι διαφανές. διαφανὲς δὲ λέγω ὅ ἐστι μὲν ὁρατόν, οὐ καθ' αὑτὸ δὲ ὁρατὸν ὡς ἁπλῶς εἰπεῖν, ἀλλὰ δι' ἀλλότριον χρῶμα. τοιοῦτον δέ ἐστιν ἀὴρ καὶ ὕδωρ καὶ πολλὰ τῶν στερεῶν· οὐ γὰρ ᾗ ὕδωρ οὐδ' ᾗ ἀὴρ διαφανές, ἀλλ' ὅτι ἔστι τις φύσις ἐνυπάρχουσα ἡ αὐτὴ ἐν τούτοις ἀμφοτέροις καὶ ἐν τῷ ἀϊδίῳ τῷ ἄνω σώματι. φῶς δέ ἐστιν ἡ τούτου ἐνέργεια, τοῦ διαφανοῦς ᾗ διαφανές. δυνάμει δέ, ἐν ᾧ τοῦτ' ἐστί, καὶ τὸ σκότος. τὸ δὲ φῶς οἷον χρῶμά ἐστι τοῦ διαφανοῦς, ὅταν ᾖ ἐντελεχείᾳ διαφανὲς ὑπὸ πυρὸς ἢ τοιούτου οἷον τὸ ἄνω σῶμα· καὶ γὰρ τούτῳ τι ὑπάρχει ἓν καὶ ταὐτόν.

可以由视力把握的，就是可见的。可见的事物就是颜色以及可以用语词（λόγῳ）来描述，但是碰巧又没有名称的事物。后面我们会清楚地看到这里所说的是什么意思。因为可见物是颜色，是处在自身可见之事物表面的事物——所谓自身可见并非是按照定义（τῷ λόγῳ），而是因为在自身之中有可见的原因。每一种颜色都可以引起现实上透明的事物发生运动，而这就是它的本性。因此，如果没有光，也就没有可见物，而每一个事物的颜色总是在光线下可见。

因此我们必须首先说明光是什么。肯定存在着某种透明的事物。而我所说的"透明"，简单地说，是指那可见却不是严格来说自身可见的事物，而是由于其他事物的颜色而成为可见。这类事物包括气、水和多种固体，它们之所以是透明的，并非由于它们是水或气，而是因为在它们之中存在某种本性，与天上那永恒的物体相同。光是这种本性的现实活动（ἐνέργεια），是透明作为透明（τοῦ διαφανοῦς ἧ διαφανές）[的现实活动]。但是在这个[光]出现的地方，也有东西潜在地存在，那就是黑暗。当光由于火或者某种类似天上物体的东西而在现实上变成透明的时候，它就是某种透明的颜色，因为对于这个[天上的物体]和火，有一个属性是它们共有的。

[418b13]   τί μὲν οὖν τὸ διαφανὲς καὶ τί τὸ φῶς, εἴρηται, ὅτι οὔτε πῦρ οὔθ᾽ ὅλως σῶμα οὐδ᾽ ἀπορροὴ σώματος οὐδενός (εἴη γὰρ ἂν σῶμά τι καὶ οὕτως), ἀλλὰ πυρὸς ἢ τοιούτου τινὸς παρουσία ἐν τῷ διαφανεῖ· οὔτε γὰρ δύο σώματα ἅμα δυνατὸν ἐν τῷ αὐτῷ εἶναι, δοκεῖ τε τὸ φῶς ἐναντίον εἶναι τῷ σκότει· ἔστι δὲ τὸ σκότος στέρησις τῆς τοιαύτης ἕξεως ἐκ διαφανοῦς, ὥστε δῆλον ὅτι καὶ ἡ τούτου παρουσία τὸ φῶς ἐστιν.

[418b20]   καὶ οὐκ ὀρθῶς Ἐμπεδοκλῆς, οὐδ᾽ εἴ τις ἄλλος οὕτως εἴρηκεν, ὡς φερομένου τοῦ φωτὸς καὶ γιγνομένου[①] ποτὲ μεταξὺ τῆς γῆς καὶ τοῦ περιέχοντος, ἡμᾶς δὲ λανθάνοντος· τοῦτο γάρ ἐστι καὶ παρὰ τὴν τοῦ λόγου ἐνάργειαν καὶ παρὰ τὰ φαινόμενα· ἐν μικρῷ μὲν γὰρ διαστήματι λάθοι ἄν, ἀπ᾽ ἀνατολῆς δ᾽ ἐπὶ δυσμὰς τὸ λανθάνειν μέγα λίαν τὸ αἴτημα.

[418b26]   ἔστι δὲ χρώματος μὲν δεκτικὸν τὸ ἄχρουν, ψόφου δὲ τὸ ἄψοφον. ἄχρουν δ᾽ ἐστὶ τὸ διαφανὲς καὶ τὸ ἀόρατον ἢ τὸ μόλις ὁρώμενον, οἷον δοκεῖ τὸ σκοτεινόν. τοιοῦτον δὲ τὸ διαφαωὲς μέν, ἀλλ᾽ οὐχ ὅταν ᾖ ἐντελεχείᾳ διαφανές, ἀλλ᾽ ὅταν δυνάμει· ἡ γὰρ αὐτὴ φύσις ὁτὲ μὲν σκότος ὁτὲ δὲ φῶς ἐστιν.

[419a1]   οὐ πάντα δὲ ὁρατὰ ἐν φωτί ἐστιν, ἀλλὰ μόνον ἑκάστου τὸ οἰκεῖον χρῶμα· ἔνια γὰρ ἐν μὲν τῷ φωτὶ οὐχ ὁρᾶται, ἐν δὲ τῷ σκότει ποιεῖ αἴσθησιν, οἷον τὰ πυρώδη φαινόμενα καὶ λάμποντα (ἀνώνυμα δ᾽ ἐστὶ

---

① OCT 本作 τεινομένου。

至此，我们已经说明了什么是透明以及什么是光，即它不是火，也完全不是物体，也不是从任何物体中流射的任何东西（否则它也就同样是物体了），而是火或者某种类似事物在透明中的呈现。由于两个物体不可能在同一个位置同时存在。光被认为是暗的对立，而暗则意味着缺少这样一种在透明中的、具有的状态（ἕξεως），那么很清楚，这种呈现就是光。

　　恩培多克勒和其他那些主张同样观点的人都说错了：他们说光是游动的，有时候还会到达大地与包围着大地的事物之间的某处，而我们没有注意到。这种观点既不符合论证所澄清的事物，也不符合可见的事实，因为，在一个较短的距离中，它可能会避开我们的注意，但是从东到西的整个距离，都要让我们注意不到，那这个要求就太高了。

　　无色的才接受颜色，无声的才接受声音。而透明的是无色的，它也是不可见的或是几乎不可见的，就像暗的事物一样。透明就是这样［无色］的——并非在现实地（ἐντελεχείᾳ）是透明的时候，而是在潜在地如此的时候。因为这同样的本性，有时候是暗，有时候则是光。

　　并不是所有的事物在光下都是可见的，只有与各个事物相适宜的颜色才可见。因为有些事物在光下不可见，却在暗里可以产生感觉，比如那些看起来像火一样或是发亮的事物（而且它们也没有名

ταῦτα ἑνὶ ὀνόματι), οἷον μύκης, κρέας,[①] κεφαλαὶ ἰχθύων καὶ λεπίδες καὶ ὀφθαλμοί· ἀλλ' οὐδενὸς ὁρᾶται τούτων τὸ οἰκεῖον χρῶμα.

[419a6] δι' ἣν μὲν οὖν αἰτίαν ταῦτα ὁρᾶται, ἄλλος λόγος· νῦν δ' ἐπὲ τοσοῦτον φανερόν ἐστιν, ὅτι τὸ μὲν ἐν φωτὶ ὁρώμενον χρῶμα (διὸ καὶ οὐχ ὁρᾶται ἄνευ φωτός· τοῦτο γὰρ ἦν αὐτῷ τὸ χρώματι εἶναι, τὸ κινητικῷ εἶναι τοῦ κατ' ἐνέργειαν διαφανοῦς), ἡ δ' ἐντελέχεια τοῦ διαφανοῦς φῶς ἐστιν. σημεῖον δὲ τούτου φανερόν· ἐὰν γάρ τις θῇ τὸ ἔχον χρῶμα ἐπ' αὐτὴν τὴν ὄψιν, οὐκ ὄψεται· ἀλλὰ τὸ μὲν χρῶμα κινεῖ τὸ διαφανές, οἷον τὸν ἀέρα, ὑπὸ τούτου δὲ συνεχοῦς ὄντος κινεῖται τὸ αἰσθητήριον.

[419a15] οὐ γὰρ καλῶς τοῦτο λέγει Δημόκριτος, οἰόμενος, εἰ γένοιτο κενὸν τὸ μεταξύ, ὁρᾶσθαι ἂν ἀκριβῶς καὶ εἰ μύρμηξ ἐν τῷ οὐρανῷ εἴη· τοῦτο γὰρ ἀδύνατόν ἐστιν. πάσχοντος γάρ τι τοῦ αἰσθητικοῦ γίνεται τὸ ὁρᾶν· ὑπ' αὐτοῦ μὲν οὖν τοῦ ὁρωμένου χρώματος ἀδύνατον· λείπεται δὴ ὑπὸ τοῦ μεταξύ, ὥστ' ἀναγκαῖόν τι εἶναι μεταξύ· κενοῦ δὲ γενομένου οὐχ ὅτι ἀκριβῶς, ἀλλ' ὅλως οὐθὲν ὀφθήσεται.

[419a22] δι' ἣν μὲν οὖν αἰτίαν τὸ χρῶμα ἀναγκαῖον ἐν φωτὶ ὁρᾶσθαι, εἴρηται. πῦρ δὲ ἐν ἀμφοῖν ὁρᾶται, καὶ ἐν σκότει καὶ ἐν φωτί, καὶ τοῦτο ἐξ ἀνάγκης· τὸ γὰρ διαφανὲς ὑπὸ τούτου γίνεται διαφανές. ὁ δ' αὐτὸς λόγος καὶ περὶ ψόφου καὶ ὀσμῆς ἐστιν· οὐθὲν γὰρ αὐτῶν ἁπτόμενον

---

① 这一处我按 OCT 本读作 κέρας（动物的角）。而 Ross (1961) 本读作 κρέας（肉）。

字），比如菌类、角、鱼头、鱼鳞还有鱼眼。但是这些东西都没有与之相适宜的颜色可以为人所见。

上述事物之所以能够为人所见，其原因还要另作讨论。目前来说，下面这一点是很清楚的：在光下能看见的，是颜色（因此，在没有光的时候，它是不可见的。因为这正是颜色的本质，即能够引发实际上透明的事物运动），而光就是透明的实现（ἐντελέχεια）。这一点有明确的证据：因为如果一个人将有颜色的事物覆在眼上，他就无法看到 [该事物]。但是颜色引发透明物（例如气）运动，而如果透明物是连续的，则感觉器官又会被它推动。

德谟克利特说得不对，他认为，如果介质变成虚空，那么即使一只天空下的蚂蚁也能被看得一清二楚。而这是不可能的。因为"看"（τὸ ὁρᾶν）之所以发生，是因为有感觉能力的事物受到了某个事物的影响。而它不可能受到实际上看见的颜色的影响，那就只有可能受到介质的影响，这样就必定有某个东西居于中间。而如果介质变成虚空的话，那我们就不是看不清楚，而是根本什么都看不到。

我们已经说明了，出于什么原因，颜色必须在光下才能看到。而火既能在暗中被看到，也能在光亮中被看到，这是必然。正是因此，透明物才变得透明。同样的解释也可用于声音与气味。因为当它们触及感觉器官时，并不会产生感觉，而是介质为气味与声音所推动，各个感觉器官再为介质所推动。若一个人将正在发出声音或发出气味的物体置于感觉器官之上，它并不会产生感觉。触觉和味觉其实也与此类似，不过不太看得出来。其中的原因在后面会变得

τοῦ αἰσθητηρίου ποιεῖ τὴν αἴσθησιν, ἀλλ᾽ ὑπὸ μὲν ὀσμῆς καὶ ψόφου τὸ μεταξὺ κινεῖται, ὑπὸ δὲ τούτου τῶν αἰσθητηρίων ἑκάτερον· ὅταν δ᾽ ἐπ᾽ αὐτό τις ἐπιθῇ τὸ αἰσθητήριον τὸ ψοφοῦν ἢ τὸ ὄζον, οὐδεμίαν αἴσθησιν ποιήσει. περὶ δὲ ἁφῆς καὶ γεύσεως ἔχει μὲν ὁμοίως, οὐ φαίνεται δέ· δι᾽ ἣν δ᾽ αἰτίαν, ὕστερον ἔσται δῆλον. τὸ δὲ μεταξὺ ψόφων μὲν ἀήρ, ὀσμῆς δ᾽ ἀνώνυμον· κοινὸν γάρ τι πάθος ἐπ᾽ ἀέρος καὶ ὕδατος ἔστιν, ὥσπερ τὸ διαφανὲς χρώματι, οὕτω τῷ ἔχοντι ὀσμὴν ὃ ἐν ἀμφοτέροις ὑπάρχει τούτοις· φαίνεται γὰρ καὶ τὰ ἔνυδρα τῶν ζῴων ἔχειν αἴσθησιν ὀσμῆς. ἀλλ᾽ ὁ μὲν ἄνθρωπος, καὶ τῶν πεζῶν ὅσα ἀναπνεῖ, ἀδυνατεῖ ὀσμᾶσθαι μὴ ἀναπνέοντα. ἡ δ᾽ αἰτία καὶ περὶ τούτων ὕστερον λεχθήσεται.

清楚。① 声音的介质是气，气味的介质则没有名称。因为气与水有某种共同的性质（πάθος）——就像"透明"之于颜色一样，这个两者共有的性质也为具有气味的事物所有。因为即使是那些生活在水中的动物，看来也具有对气味的感觉。但是人和那些有呼吸的陆生动物如果不呼吸的话，则无法闻到气味。关于以上种种情况的原因，同样有待后续说明。②

---

① 见本书 II.11 422b34-423a1。
② 参见本书 II.9 421b13-422a6。

第八章

[419b4] Νῦν δὲ πρῶτον περὶ ψόφου καὶ ἀκοῆς διορίσωμεν. ἔστι δὲ διττὸς ὁ ψόφος· ὁ μὲν γὰρ ἐνέργειά τις, ὁ δὲ δύναμις· ①τὰ μὲν γὰρ οὔ φαμεν ἔχειν ψόφον, οἷον σπόγγον, ἔρια, τὰ δ' ἔχειν, οἷον χαλκὸν καὶ ὅσα στερεὰ καὶ λεῖα, ὅτι δύναται ψοφῆσαι, τοῦτο δ' ἐστὶν αὐτοῦ μεταξὺ καὶ τῆς ἀκοῆς ἐμποιῆσαι ψόφον ἐνεργείᾳ·

[419b9] γίνεται δ' ὁ κατ' ἐνέργειαν ψόφος ἀεί τινος πρός τι καὶ ἔν τινι· πληγὴ γάρ ἐστιν ἡ ποιοῦσα. διὸ καὶ ἀδύνατον ἑνὸς ὄντος γενέσθαι ψόφον· ἕτερον γὰρ τὸ τύπτον καὶ τὸ τυπτόμενον· ὥστε τὸ ψοφοῦν πρός τι ψοφεῖ· πληγὴ δ' οὐ γίνεται ἄνευ φορᾶς. ὥσπερ δ' εἴπομεν, οὐ τῶν τυχόντων πληγὴ ὁ ψόφος· οὐθένα γὰρ ποιεῖ ψόφον ἔρια ἂν πληγῇ, ἀλλὰ χαλκὸς καὶ ὅσα λεῖα καὶ κοῖλα· ὁ μὲν χαλκὸς ὅτι λεῖος, τὰ δὲ κοῖλα τῇ ἀνακλάσει πολλὰς ποιεῖ πληγὰς μετὰ τὴν πρώτην, ἀδυνατοῦντος ἐξελθεῖν τοῦ κινηθέντος.

---

① OCT 本读作 ὁ μὲν γὰρ ἐνέργειᾳ τις, ὁ δὲ δυνάμει。意思相同，我这里的翻译更接近 OCT 本。

现在我们先来弄清楚有关声音和听觉的事实。声音有两种：一种是某种现实的声音，另一种则是潜在的声音。因为我们说，有些事物并不具有声音，例如海绵或羊毛，而其他事物有声音，例如铜或是那些坚固而平滑的物体，它们能够发出声音——也就是说，它们能够在自身和听觉器官之间制造现实的声音。

实际的声音（ὁ κατ᾽ ἐνέργειαν ψόφος）产生时，总是某个事物［的声音］，或关系到某个事物，或是处于某事物当中。因为正是撞击（πληγὴ）产生了［声音］。所以，如果只有一个事物存在，也就不会产生声音，因为发出撞击和接受撞击的事物是不同的。所以说，发出声音的事物发声时肯定与某个事物相关，而如果没有运动，也就不会发生撞击。但是正如我们说过的，并不是随便什么事物的撞击都会产生声音，羊毛即使撞击也不会发声，而铜则会产生声音，一切平滑和中空的事物都会：铜之所以能发出声音，是因为它平滑；而中空物在第一次撞击之后会由于反弹再发生多次撞击——因为运动中的事物无法避免［这种情况］。

[419b18] ἔτι ἀκούεται ἐν ἀέρι, κἂν ὕδατι, ἀλλ' ἧττον, οὐκ ἔστι δὲ ψόφου κύριος ὁ ἀὴρ οὐδὲ τὸ ὕδωρ, ἀλλὰ δεῖ στερεῶν πληγὴν γενέσθαι πρὸς ἄλληλα καὶ πρὸς τὸν ἀέρα. τοῦτο δὲ γίνεται ὅταν ὑπομένῃ πληγεὶς ὁ ἀὴρ καὶ μὴ διαχυθῇ. διὸ ἐὰν ταχέως καὶ σφοδρῶς πληγῇ, ψοφεῖ· δεῖ γὰρ φθάσαι τὴν κίνησιν τοῦ ῥαπίζοντος τὴν θρύψιν τοῦ ἀέρος, ὥσπερ ἂν εἰ σωρὸν ἢ ὁρμαθὸν ψάμμου τύπτοι τις ①φερόμενον ταχύ.

[419b25] ἠχὼ δὲ γίνεται ὅταν, ἀέρος ἑνὸς γενομένου διὰ τὸ ἀγγεῖον τὸ διορίσαν καὶ κωλῦσαν θρυφθῆναι, πάλιν ὁ ἀὴρ ἀπωσθῇ, ὥσπερ σφαῖρα. ἔοικε δ' ἀεὶ γίνεσθαι ἠχώ, ἀλλ' οὐ σαφής, ἐπεὶ συμβαίνει γε ἐπὶ τοῦ ψόφου καθάπερ καὶ ἐπὶ τοῦ φωτός· καὶ γὰρ τὸ φῶς ἀεὶ ἀνακλᾶται (οὐδὲ γὰρ ἂν ἐγίνετο πάντη φῶς, ἀλλὰ σκότος ἔξω τοῦ ἡλιουμένου), ἀλλ' οὐχ οὕτως ἀνακλᾶται ὥσπερ ἀφ' ὕδατος ἢ χαλκοῦ ἢ καί τινος ἄλλου τῶν λείων, ὥστε σκιὰν ποιεῖν, ᾗ τὸ φῶς ὁρίζομεν.

[419b33] τὸ δὲ κενὸν ὀρθῶς λέγεται κύριον τοῦ ἀκούειν. δοκεῖ γὰρ εἶναι κενὸν ὁ ἀήρ, οὗτος δ' ἐστὶν ὁ ποιῶν ἀκούειν, ὅταν κινηθῇ συνεχὴς καὶ εἷς. ἀλλὰ διὰ τὸ ψαθυρὸς εἶναι οὐ γεγωνεῖ, ἂν μὴ λεῖον ᾖ τὸ πληγέν. τότε δὲ εἷς γίνεται ἅμα διὰ τὸ ἐπίπεδον· ἓν γὰρ τὸ τοῦ λείου ἐπίπεδον.

[420a3] ψοφητικὸν μὲν οὖν τὸ κινητικὸν ἑνὸς ἀέρος συνεχείᾳ μέχρις ἀκοῆς. ἀκοῇ δὲ συμφυής <ἔστιν> ἀήρ· διὰ δὲ τὸ ἐν ἀέρι εἶναι,

---

① OCT 本读作 τι。

此外，在气中也可以听到声音，水中也可以，尽管会更少一些，但这并不是由于气或水决定了［声音］，而是必定有固体彼此撞击并撞击气。而若气在受到撞击后保持不散，就会发生相互撞击。出于这个原因，如果撞击很快而且很强，就会发出声音，因为撞击物的运动必须非常快，令气不散，就好比有人要击打一堆极速运动的沙或是一个极速运动的沙尘旋涡［，也必须非常快］。

当一团气从变成统一体的另一团气（这是由于受到了容器的限制，且不会消散）当中像一个球一样反弹回来的时候，就会产生回音。回声似乎一直在产生，但是并不清晰①，而对于声音来说成立的事，对于光来说也是一样。因为光也总是被反射的（否则就不会到处都有光，而是在阳光照射的区域之外只有黑暗），不过光被反射并不总是像它从水、铜或是其他平滑物体那里反射一样，能够产生影子，而我们根据影子就可以对光加以界分。

人们说"听"是由虚空（τὸ κενòν）决定的，这是对的。因为气似乎是虚空，而当它作为一个连续的统一体而运动的时候，就这样引发了听觉。但是，由于它容易消散，因此也就不会产生声音，除非受撞击的物体是平滑的。②同时，气由于这样的［平滑］表面而成为统一体，因为平滑物体的表面是一个统一体。

因此，能够产生声音的事物就是能够推动一团气（作为一个连续的统一体）运动并接近听觉器官的事物。而听觉器官原本就是与

---

① ἀλλ' οὐ σαφής，意思是说回声无法与之前的声音清晰地区分开来，所以听不清楚。

② 按照 Reeve 的解释，这里之所以要求受撞击的物体是平滑的，是因为这样才能令容易消散的气聚拢形成一个统一体（比如说一团气）。参见 Reeve, p.132, note 251。

κινουμένου τοῦ ἔξω ὁ εἴσω κινεῖται. διόπερ οὐ πάντῃ τὸ ζῷον ἀκούει, οὐδὲ πάντῃ διέρχεται ὁ ἀήρ· οὐ γὰρ πάντῃ ἔχει ἀέρα τὸ κινησόμενον μέρος καὶ ἔμψυχον①. αὐτὸς μὲν δὴ ἄψοφον ὁ ἀὴρ διὰ τὸ εὔθρυπτον· ὅταν δὲ κωλυθῇ θρύπτεσθαι, ἡ τούτου κίνησις ψόφος. ὁ δ' ἐν τοῖς ὠσὶν ἐγκατῳκοδόμηται πρὸς τὸ ἀκίνητος εἶναι, ὅπως ἀκριβῶς αἰσθάνηται πάσας τὰς διαφορὰς τῆς κινήσεως. διὰ ταῦτα δὲ καὶ ἐν ὕδατι ἀκούομεν, ὅτι οὐκ εἰσέρχεται πρὸς αὐτὸν τὸν συμφυῆ ἀέρα· ἀλλ' οὐδ' εἰς τὸ οὖς, διὰ τὰς ἕλικας. ὅταν δὲ τοῦτο συμβῇ, οὐκ ἀκούει· οὐδ' ἂν ἡ μῆνιγξ κάμῃ, ὥσπερ τὸ ἐπὶ τῇ κόρῃ δέρμα [ὅταν κάμῃ]. ἀλλ' οὐ σημεῖον τοῦ ἀκούειν ἢ μὴ τὸ ἠχεῖν τὸ οὖς ὥσπερ τὸ κέρας·② ἀεὶ γὰρ οἰκείαν τινὰ κίνησιν ὁ ἀὴρ κινεῖται ὁ ἐν τοῖς ὠσίν, ἀλλ' ὁ ψόφος ἀλλότριος καὶ οὐκ ἴδιος. καὶ διὰ τοῦτό φασιν ἀκούειν τῷ κενῷ καὶ ἠχοῦντι, ὅτι ἀκούομεν τῷ ἔχοντι ὡρισμένον τὸν ἀέρα.

[420a19] πότερον δὲ ψοφεῖ τὸ τυπτόμενον ἢ τὸ τύπτον; ἢ καὶ ἄμφω, τρόπον δ' ἕτερον; ἔστι γὰρ ὁ ψόφος κίνησις τοῦ δυναμένου κινεῖσθαι τὸν τρόπον τοῦτον ὅνπερ τὰ ἀφαλλόμενα ἀπὸ τῶν λείων, ὅταν τις κρούσῃ.

---

① οὐ γὰρ πάντῃ ἔχει ἀέρα τὸ κινησόμενον μέρος καὶ ἔμψυχον，这里的 ἔμψυχον，OCT 本读作 ἔμψοφον。不同的读法导致了译法的差异，OCT 本的典型译法参见 Hamlyn（for it is not everywhere that the part which will be set in motion and made to sound has air）或 Reeve（p.132, note 253）在注释中提到的 "for it is not everywhere that the part that is being moved and can sound"。

② Ross（1961）读作 ἀλλ' οὐ, OCT 本读作 ἀλλὰ καὶ，我选择 Ross（1961）的读法并采取 Shields 和 Reeve 的处理方式。ἀλλὰ καὶ 的典型译法见 Hamlyn（Further, an indication of whether we hear or not is provided by whether there is always an echoing sound in the ear, as in a horn）。

气共生的，而且因为它在气当中，所以当外部的气运动时，内部的气也一起振动。由于这个原因，动物并不是每个部分都能听到［声音］，气也不会渗透所有事物，因为并不是一切事物都有气，而只有将要运动的、有灵魂的部分［才有气］。气本身是无声的，因为它很容易消散，但是当它受到阻碍、不能消散的时候，其运动就是声音。耳朵里的气在内部已经是被堵起来的，这样它就不会运动，由此也就能够准确地感知运动的各种不同。这也是为什么我们在水中也能听到声音，因为水不会渗透耳内原有的气，甚至也不会渗进耳朵里，因为后者是涡状的。但是如果水真的进到耳朵里去，那么耳朵就听不到了；如果耳膜受损的话，也同样听不到（就像角膜那样）。但是，耳朵里是否总有回声（就像号角一样），并不能说明我们能不能听到［声音］。因为耳朵中的气总是以一种适合于自己的方式运动。而声音来自外部的事物且不是特有的。这就是为什么人们说，我们是通过"虚空"和"回响"来听，因为我们是通过具有气，并将气限制在内部的事物来听的。

产生声音的，是那撞击的事物呢，还是那被撞击的事物呢，抑或是这二者，但是以不同的方式［产生声音］？因为声音就是能够被推动的东西（τοῦ δυναμένου κινεῖσθαι）依照事物在受到撞击时从

οὐ δὴ πᾶν, ὥσπερ εἴρηται, ψοφεῖ τυπτόμενον καὶ τύπτον, οἷον ἐὰν πατάξῃ βελόνη βελόνην, ἀλλὰ δεῖ τὸ τυπτόμενον ὁμαλὸν εἶναι, ὥστε τὸν ἀέρα ἀθροῦν ἀφάλλεσθαι καὶ σείεσθαι.

[420a26] αἱ δὲ διαφοραὶ τῶν ψοφούντων ἐν τῷ κατ' ἐνέργειαν ψόφῳ δηλοῦνται· ὥσπερ γὰρ ἄνευ φωτὸς οὐχ ὁρᾶται τὰ χρώματα, οὕτως οὐδ' ἄνευ ψόφου τὸ ὀξὺ καὶ τὸ βαρύ. ταῦτα δὲ λέγεται κατὰ μεταφορὰν ἀπὸ τῶν ἁπτῶν· τὸ μὲν γὰρ ὀξὺ κινεῖ τὴν αἴσθησιν ἐν ὀλίγῳ χρόνῳ ἐπὶ πολύ, τὸ δὲ βαρὺ ἐν πολλῷ ἐπ' ὀλίγον. οὐ δὴ ταχὺ τὸ ὀξύ, τὸ δὲ βαρὺ βραδύ, ἀλλὰ γίνεται τοῦ μὲν διὰ τὸ τάχος ἡ κίνησις τοιαύτη, τοῦ δὲ διὰ βραδυτῆτα, καὶ ἔοικεν ἀνάλογον ἔχειν τῷ περὶ τὴν ἁφὴν ὀξεῖ καὶ ἀμβλεῖ· τὸ μὲν γὰρ ὀξὺ οἷον κεντεῖ, τὸ δ' ἀμβλὺ οἷον ὠθεῖ, διὰ τὸ κινεῖν τὸ μὲν ἐν ὀλίγῳ τὸ δὲ ἐν πολλῷ, ὥστε συμβαίνει τὸ μὲν ταχὺ τὸ δὲ βραδὺ εἶναι.

[420b5] περὶ μὲν οὖν ψόφου ταύτῃ διωρίσθω. ἡ δὲ φωνὴ ψόφος τίς ἐστιν ἐμψύχου· τῶν γὰρ ἀψύχων οὐθὲν φωνεῖ, ἀλλὰ καθ' ὁμοιότητα λέγεται φωνεῖν, οἷον αὐλὸς καὶ λύρα καὶ ὅσα ἄλλα τῶν ἀψύχων ἀπότασιν ἔχει καὶ μέλος καὶ διάλεκτον. ἔοικε γάρ, ὅτι καὶ ἡ φωνὴ ταῦτ' ἔχει. πολλὰ δὲ τῶν ζῴων οὐκ ἔχουσι φωνήν, οἷον τά τε ἄναιμα καὶ τῶν

光滑表面回弹的方式所做的运动。因此，就像我们说过的，并非一切事物在受撞击或者撞击某物时都会发出声音，比如说，针尖撞击针尖［就不会发出声音］。相反，被撞击的事物必须具有平滑的表面，这样气才能作为一个整体而发生回弹和振动。

各种发声物之间的差别在现实的声音中有所显示。因为就像没有光我们就看不到颜色一样，没有声音我们也感知不到［音调的］尖（τὸ ὀξὺ）或平（τὸ βαρύ）。① 之所以这么说，是从触觉对象那里转化来的，因为所谓尖音，就是在很短的时间内最多次地让感觉运动，而平音则是在较长时间内较少次地让感觉运动。但这并不是说尖音运动快而平音运动慢，而是说在一种情况下，运动由于其速度快而产生这种［尖音］，在另一种情况下则是因为速度慢才会这样［产生平音］。这似乎类似于触觉上的利与钝，因为利的就仿佛在刺，而钝的就仿佛在推，因为前者在很短时间内发生运动，而后者则要很长时间，所以就会出现前者快而后者慢。

关于声音，我们的界定就说到这里。语音（ἡ φωνὴ）② 是一种特定的声音，它是由有灵魂的事物发出的，因为没有灵魂的事物就不会有语音，不过［有的事物］也会在相似的意义上（καθ᾽ ὁμοιότητα）被说成是具有某种"语音"，比如说笛子、弦琴以及其他那些没有灵魂，但是具有音高、声韵和发音变化的东西。它们看

---

① Hamlyn（以及 Durrant）在这里译作 so sharp and flat in pitch are not perceived without sound，我同意这种译法。

② ἡ φωνή 虽然有时候也可以指动物的叫喊，甚至无生命事物发出的某些声音，但它最主要的还是指人类在对话和交流时使用语言（以及类似语言的表达）所发出的声音。故此译为"语音"，与一般而言的"声音"相区别。需要说明的是，亚里士多德有时也会将 φωνή 和人类的语言活动加以区分，认为前者只是表示感受（快乐或痛苦），而后者则对价值进行区分与判断（例如好与坏、对与错等等）。参见 Reeve, p.134, note 262。

ἐναίμων ἰχθύες (καὶ τοῦτ' εὐλόγως, εἴπερ ἀέρος κίνησίς τίς ἐστιν ὁ ψόφος), ἀλλ' οἱ λεγόμενοι φωνεῖν, οἷον <οἱ> ἐν τῷ Ἀχελῴῳ, ψοφοῦσι τοῖς βραγχίοις ἤ τινι ἑτέρῳ τοιούτῳ, φωνὴ δ' ἐστὶ ζῴου ψόφος οὐ τῷ τυχόντι μορίῳ.

[420b14] ἀλλ' ἐπεὶ πᾶν ψοφεῖ τύπτοντός τινος καί τι καὶ ἔν τινι, τοῦτο δ' ἐστὶν ἀήρ, εὐλόγως ἂν φωνοίη ταῦτα μόνα ὅσα δέχεται τὸν ἀέρα. τῷ γὰρ ἤδη ἀναπνεομένῳ καταχρῆται ἡ φύσις ἐπὶ δύο ἔργα — καθάπερ τῇ γλώττῃ ἐπί τε τὴν γεῦσιν καὶ τὴν διάλεκτον, ὧν ἡ μὲν γεῦσις ἀναγκαῖον (διὸ καὶ πλείοσιν ὑπάρχει), ἡ δ' ἑρμηνεία ἕνεκα τοῦ εὖ, οὕτω καὶ τῷ πνεύματι πρός τε τὴν θερμότητα τὴν ἐντὸς ὡς ἀναγκαῖον <ὄν> (τὸ δ' αἴτιον ἐν ἑτέροις εἰρήσεται) καὶ πρὸς τὴν φωνὴν ὅπως ὑπάρχῃ τὸ εὖ.

[420b22] ὄργανον δὲ τῇ ἀναπνοῇ ὁ φάρυγξ· οὗ δ' ἕνεκα τὸ μόριόν ἐστι τοῦτο, πνεύμων· τούτῳ γὰρ τῷ μορίῳ πλέον ἔχει τὸ θερμὸν τὰ πεζὰ τῶν ἄλλων. δεῖται δὲ τῆς ἀναπνοῆς καὶ ὁ περὶ τὴν καρδίαν τόπος πρῶτος. διὸ ἀναγκαῖον εἴσω ἀναπνεόμενον εἰσιέναι τὸν ἀέρα.

[420b27] ὥστε ἡ πληγὴ τοῦ ἀναπνεομένου ἀέρος ὑπὸ τῆς ἐν τούτοις τοῖς μορίοις ψυχῆς πρὸς τὴν καλουμένην ἀρτηρίαν φωνή ἐστιν (οὐ γὰρ πᾶς ζῴου ψόφος φωνή, καθάπερ εἴπομεν — ἔστι γὰρ καὶ τῇ γλώττῃ ψοφεῖν καὶ ὡς οἱ βήττοντες — ἀλλὰ δεῖ ἔμψυχόν[①] τε εἶναι τὸ τύπτον καὶ μετὰ

---

① ἔμψυχόν, OCT 本读作 ἔμψοφόν。我按 Ross (1961) 的读法，译作"具有灵魂"。

起来［与语音］相似，因为语音也具有这些［特点］。不过，很多动物也没有语音，例如那些没有血液的动物，以及某些有血液的动物——比如鱼类。（而且这一点也很合理，因为声音就是气的某种运动。）但是有些鱼据说是有语音的，比如阿凯鲁斯河里（ἐν τῷ Ἀχελῴῳ）的鱼①，它们用腮或某个类似的部分来发声。不过，虽然语音确实是由动物发出的，但并不是由［动物身体的］随便某个部分发出的。

不过，既然所有发声的事物之所以发出声音，是因为某事物在另一事物当中撞击第三个事物，而这里所说的"另一事物"就是气，那么，我们就可以合理地认为，只有那些能吸收气的生物才能具有语音。因为自然（ἡ φύσις）用呼吸的气来完成两个功能，正如它用舌头来完成尝味和发音这两个功能一样——其中品尝是必不可少的功能（因此大多数生物都有这个功能），而表达则是为了"好"（ἕνεκα τοῦ εὖ），所以自然也会既用呼吸来维持身体内部的热——这是基本的功能（具体原因我们另外再谈），同时也用它来产生语音，由此而能拥有"好"（τὸ εὖ）。

呼吸的器官是咽喉，而且这部分的存在是为了肺。因为正是通过这部分器官［即肺］，有足动物才能保有比其他生物更多的热。首先需要呼吸的是心脏周围的部分。因此气必须通过呼吸而进入体内。

因此，在上述器官中的灵魂作用下，被吸入的气在所谓气管内产生的撞击就形成了语音。正如我们已经说过的，并非动物发出的所有声音都是语音（因为也有可能只是用舌头发出声音，或是像在咳嗽时发出的声音），而那引起撞击的事物必定具有灵魂，且必定

---

① 参见《动物志》IV，535b14 及以下；以及 Reeve p. 133, note 260；秦典华译本，第 52 页注释。

φαντασίας τινός· σημαντικὸς γὰρ δή τις ψόφος ἐστὶν ἡ φωνή)· καὶ οὐ τοῦ ἀναπνεομένου ἀέρος ὥσπερ ἡ βήξ, ἀλλὰ τούτῳ τύπτει τὸν ἐν τῇ ἀρτηρίᾳ πρὸς αὐτήν. σημεῖον δὲ τὸ μὴ δύνασθαι φωνεῖν ἀναπνέοντα μηδ᾽ ἐκπνέοντα, ἀλλὰ κατέχοντα· κινεῖ γὰρ τούτῳ ὁ κατέχων. φανερὸν δὲ καὶ διότι οἱ ἰχθύες ἄφωνοι· οὐ γὰρ ἔχουσι φάρυγγα. τοῦτο δὲ τὸ μόριον οὐκ ἔχουσιν ὅτι οὐ δέχονται τὸν ἀέρα οὐδ᾽ ἀναπνέουσιν. δι᾽ ἣν μὲν οὖν αἰτίαν, ἕτερός ἐστι λόγος.

具有某种想象：因为语音是某种特定的声音，它具有意义，而不仅仅是吸入的气，比如说咳嗽；相反，[动物]用吸入气管的气去撞击气管。有迹象可以说明这一点：我们在呼气和吸气时都无法发出语音，而[只有]在屏住呼吸时才可以。因为屏住呼吸的人用吸入的气造成运动。所以就很清楚了：鱼之所以没有语音，是因为它们没有咽喉。而它们没有这部分器官是因为它们不接收或吸入空气。至于为何如此，则需要另外讨论了。

第九章

[421a7] Περὶ δὲ ὀσμῆς καὶ ὀσφραντοῦ ἧττον εὐδιόριστόν ἐστι τῶν εἰρημένων· οὐ γὰρ δῆλον ποῖόν τί ἐστιν ἡ ὀσμή, οὕτως ὡς ὁ ψόφος ἢ τὸ χρῶμα. αἴτιον δ' ὅτι τὴν αἴσθησιν ταύτην οὐκ ἔχομεν ἀκριβῆ, ἀλλὰ χείρω πολλῶν ζῴων· φαύλως γὰρ ἄνθρωπος ὀσμᾶται, καὶ οὐθενὸς αἰσθάνεται τῶν ὀσφραντῶν ἄνευ τοῦ λυπηροῦ ἢ τοῦ ἡδέος, ὡς οὐκ ὄντος ἀκριβοῦς τοῦ αἰσθητηρίου. εὔλογον δ' οὕτω καὶ τὰ σκληρόφθαλμα τῶν χρωμάτων αἰσθάνεσθαι, καὶ μὴ διαδήλους αὐτοῖς εἶναι τὰς διαφορὰς τῶν χρωμάτων πλὴν τῷ φοβερῷ καὶ ἀφόβῳ· οὕτω δὲ καὶ περὶ τὰς ὀσμὰς τὸ τῶν ἀνθρώπων γένος.

[421a16] ἔοικε μὲν γὰρ ἀνάλογον ἔχειν πρὸς τὴν γεῦσιν, καὶ ὁμοίως τὰ εἴδη τῶν χυμῶν τοῖς τῆς ὀσμῆς, ἀλλ' ἀκριβεστέραν ἔχομεν τὴν γεῦσιν διὰ τὸ εἶναι αὐτὴν ἁφήν τινα, ταύτην δ' ἔχειν τὴν αἴσθησιν τὸν ἄνθρωπον ἀκριβεστάτην· ἐν μὲν γὰρ ταῖς ἄλλαις λείπεται πολλῶν τῶν ζῴων, κατὰ δὲ τὴν ἁφὴν πολλῷ τῶν ἄλλων διαφερόντως ἀκριβοῖ· διὸ καὶ φρονιμώτατόν ἐστι τῶν ζῴων. σημεῖον δὲ τὸ καὶ ἐν τῷ γένει τῶν ἀνθρώπων παρὰ τὸ αἰσθητήριον τοῦτο εἶναι εὐφυεῖς καὶ ἀφυεῖς, παρ' ἄλλο δὲ μηδέν· οἱ μὲν γὰρ σκληρόσαρκοι ἀφυεῖς τὴν διάνοιαν, οἱ δὲ μαλακόσαρκοι εὐφυεῖς.

与之前讨论的［感觉及其对象］相比，确定嗅觉及其对象则没这么容易，因为气味是什么类别的事物不像声音和颜色那么清楚。原因在于我们拥有的这种感觉并不准确，甚至不如很多动物。因为人的嗅觉很弱，如果这些嗅觉对象不令人觉得难受或是愉快，人就感知不到它们，因为人的嗅觉感官是不准确的。我们有理由假定，那些没有眼睑的动物（τὰ σκληρόφθαλμα）在感知颜色的时候也是这样，而且颜色的各种不同在它们看来是没区别的，除非这些颜色［让它们感到］恐惧或不恐惧。人类对于气味也是一样。

　　嗅觉看起来和味觉相类似，而味道的种类也和气味的种类相似，但是我们有更准确的味觉，因为它是某种触觉，而人身上最准确的正是这种感觉。在其他方面，人不及大多数动物，但是在触觉方面，则比其他动物都准确得多。出于这个原因，人也是一切动物中最聪明的（φρονιμώτατον）。有一个迹象也可以表明这一点，即在人类这里，拥有或缺乏某种自然禀赋就取决于触觉器官，而不取决于别的［感觉器官］。因为对于人来说，肉比较坚硬的，头脑（τὴν διάνοιαν）就比较差，而那些身体比较柔软的，头脑则比较好。

[421a26] ἔστι δ', ὥσπερ χυμὸς ὁ μὲν γλυκὺς ὁ δὲ πικρός, οὕτω καὶ ὀσμαί, ἀλλὰ τὰ μὲν ἔχουσι τὴν ἀνάλογον ὀσμὴν καὶ χυμόν, λέγω δὲ οἷον γλυκεῖαν ὀσμὴν καὶ γλυκὺν χυμόν, τὰ δὲ τοὐναντίον. ὁμοίως δὲ καὶ δριμεῖα καὶ αὐστηρὰ καὶ ὀξεῖα καὶ λιπαρά ἐστιν ὀσμή. ἀλλ' ὥσπερ εἴπομεν, διὰ τὸ μὴ σφόδρα διαδήλους εἶναι τὰς ὀσμὰς ὥσπερ τοὺς χυμούς, [ἀπὸ τούτων]① εἴληφε τὰ ὀνόματα καθ' ὁμοιότητα τῶν πραγμάτων, ἡ μὲν γλυκεῖα κρόκου καὶ μέλιτος, ἡ δὲ δριμεῖα θύμου καὶ τῶν τοιούτων· τὸν αὐτὸν δὲ τρόπον καὶ ἐπὶ τῶν ἄλλων.

[421b3] ἔστι δ' ὥσπερ ἡ ἀκοὴ καὶ ἑκάστη τῶν αἰσθήσεων, ἡ μὲν τοῦ ἀκουστοῦ καὶ ἀνηκούστου, ἡ δὲ τοῦ ὁρατοῦ καὶ ἀοράτου, καὶ ἡ ὄσφρησις τοῦ ὀσφραντοῦ καὶ ἀνοσφράντου. ἀνόσφραντον δὲ τὸ μὲν παρὰ τὸ ὅλως ἀδύνατον <εἶναι> ἔχειν ὀσμήν②, τὸ δὲ μικρὰν ἔχον καὶ φαύλην. ὁμοίως δὲ καὶ τὸ ἄγευστον λέγεται.

[421b9] ἔστι δὲ καὶ ἡ ὄσφρησις διὰ τοῦ μεταξύ, οἷον ἀέρος ἢ ὕδατος· καὶ γὰρ τὰ ἔνυδρα δοκοῦσιν ὀσμῆς αἰσθάνεσθαι, ὁμοίως καὶ τὰ ἔναιμα καὶ τὰ ἄναιμα, ὥσπερ καὶ τὰ ἐν τῷ ἀέρι· καὶ γὰρ τούτων ἔνια πόρρωθεν ἀπαντᾷ πρὸς τὴν τροφὴν ὕποσμα γινόμενα.

[421b13] διὸ καὶ ἄπορον φαίνεται εἰ πάντα μὲν ὁμοίως ὀσμᾶται, ὁ δ' ἄνθρωπος ἀναπνέων μέν, μὴ ἀναπνέων δὲ ἀλλ' ἐκπνέων ἢ κατέχων

---

① OCT 本删去了这里的 ἀπὸ τούτων，我予以保留。

② παρὰ τὸ ὅλως ἀδύνατον <εἶναι> ἔχειν ὀσμήν，是 Ross（1961）的读法；OCT 本读作 παρὰ τὸ ἀδύνατον <εἶναι> μηδ' ὅλως ἔχειν ὀσμήν，Hamlyn 以及多数抄本则读作 παρὰ τὸ ὅλως ἀδύνατον ἔχειν ὀσμήν。这里我按 Ross（1961）和 Hamlyn。

正如味道有甜也有苦，气味也是一样。不过，有些事物的气味和味道是一致的（比如说，我指的是甜的气味和甜的口味），而有些事物则具有彼此相反的气味和味道。同样，一种气味可以是辣的、苦的、酸的或油腻的。不过就像我们说过的，由于各种气味之间的差别不像味道的差别那么大，因此气味就会根据事物的相似性而［从味道那里］获得名字：甜（的气味）属于藏红花和蜂蜜，而辣的气味则属于百里香等香草，其他情况也是一样。

嗅觉也和听觉以及其他各感觉有类似之处，因为听觉是对于那些可听的和不可听的事物，视觉则是对于那些可见的和不可见的，嗅觉因此就是对于那些有气味的和无气味的事物。无气味的事物有些是由于完全不能有任何气味，有些则是由于只有一点点或微弱的气味。无味道的东西也是如此。

嗅觉也是通过某种介质而产生的，比如气或水。因为无论水生动物有没有血液，它们似乎都能感知气味，就像那些生活在空气中的动物一样。而且其中有些［水生动物］移动很远的距离而去寻获食物，这是受到气味的引导。

这样就出现了一个难题：如果所有的动物都是以同样的方式去闻［东西］（ὀσμᾶται,），而人却只有在吸气的时候才能闻，但是不

τὸ πνεῦμα οὐκ ὀσμᾶται, οὔτε πόρρωθεν οὔτ' ἐγγύθεν, οὐδ' ἂν ἐπὶ τοῦ μυκτῆρος ἐντὸς τεθῇ· καὶ τὸ μὲν ἐπ' αὐτῷ τιθέμενον τῷ αἰσθητηρίῳ ἀναίσθητον εἶναι κοινὸν πάντων, ἀλλὰ τὸ ἄνευ τοῦ ἀναπνεῖν μὴ αἰσθάνεσθαι ἴδιον ἐπὶ τῶν ἀνθρώπων· δῆλον δὲ πειρωμένοις· ὥστε τὰ ἄναιμα, ἐπειδὴ οὐκ ἀναπνέουσιν, ἑτέραν ἄν τιν' αἴσθησιν ἔχοι παρὰ τὰς λεγομένας. ἀλλ' ἀδύνατον, εἴπερ τῆς ὀσμῆς αἰσθάνεται· ἡ γὰρ τοῦ ὀσφραντοῦ αἴσθησις καὶ δυσώδους καὶ εὐώδους ὄσφρησίς ἐστιν. ἔτι δὲ καὶ φθειρόμενα φαίνεται ὑπὸ τῶν ἰσχυρῶν ὀσμῶν ὑφ' ὧνπερ ἄνθρωπος, οἷον ἀσφάλτου καὶ θείου καὶ τῶν τοιούτων. ὀσφραίνεσθαι μὲν οὖν ἀναγκαῖον, ἀλλ' οὐκ ἀναπνέοντα.

[421b26] ἔοικε δὲ τοῖς ἀνθρώποις διαφέρειν τὸ αἰσθητήριον τοῦτο πρὸς τὸ τῶν ἄλλων ζῴων, ὥσπερ τὰ ὄμματα πρὸς τὰ τῶν σκληροφθάλμων — τὰ μὲν γὰρ ἔχει φράγμα καὶ ὥσπερ ἔλυτρον τὰ βλέφαρα, ἃ μὴ κινήσας μηδ' ἀνασπάσας οὐχ ὁρᾷ· τὰ δὲ σκληρόφθαλμα οὐδὲν ἔχει τοιοῦτον, ἀλλ' εὐθέως ὁρᾷ τὰ γινόμενα ἐν τῷ διαφανεῖ — οὕτως οὖν καὶ τὸ ὀσφραντικὸν αἰσθητήριον τοῖς μὲν ἀκαλυφὲς εἶναι, ὥσπερ τὸ ὄμμα, τοῖς δὲ τὸν ἀέρα δεχομένοις ἔχειν ἐπικάλυμμα, ὃ ἀναπνεόντων ἀποκαλύπτεται, διευρυνομένων τῶν φλεβίων καὶ τῶν πόρων. καὶ διὰ τοῦτο τὰ ἀναπνέοντα οὐκ ὀσμᾶται ἐν τῷ ὑγρῷ· ἀναγκαῖον γὰρ ὀσφρανθῆναι ἀναπνεύσαντα, τοῦτο δὲ ποιεῖν ἐν τῷ ὑγρῷ ἀδύνατον. ἔστι δ' ἡ ὀσμὴ τοῦ ξηροῦ (ὥσπερ ὁ χυμὸς τοῦ ὑγροῦ), τὸ δὲ ὀσφραντικὸν αἰσθητήριον δυνάμει τοιοῦτον.

吸气而是在呼气或屏住呼吸的时候，无论［对象物］离得远还是离得近，哪怕就在他鼻孔下面，他也闻不到［气味］。而且，放置在感官上的事物无法被［该感官］感知，这一点对所有动物来说都是一样的，但是不吸气就无法感知［气味］，这种情况只有人才有。这通过试验就很清楚。因此，既然没有血液的动物并不吸气，那么它们就应该有另一种感觉，不同于我们说过的那些感觉。但是如果它们真能感知气味的话，这又是不可能的。因为嗅觉就是对有气味的事物的感知，无论这气味是腐臭还是芳香。此外，它们也和人一样会被强烈的气味毁坏，例如沥青或是硫磺，以及类似的事物。所以它们肯定会闻，但是不吸气。

不过，人的这种感官看起来与其他动物都不同，正如人眼与那些没有眼睑的动物［的眼睛］不同——因为人眼有眼睫毛作为保护，就像护盖一样，而［人］如果不移动也不打开［这些遮盖］，就无法看见事物。但是没有眼睑的动物没有这种［遮盖］，而是直接去看那些在透明［的介质］中呈现［的事物］。所以，同样地，某些动物的嗅觉器官也是无遮盖的，就像眼睛一样，但是那些吸入空气的动物则是有遮盖的，它们吸气的时候，由于血管和身体中其他孔道的扩张，这个遮盖就会打开。正是由于这个原因，吸气的动物在水中不能闻到气味，因为要闻到气味就必须吸气，而在水中则无法做到这一点。气味属于干的事物，就像味道属于湿的事物，而嗅觉器官潜在地属于这一类。

第十章

[422a8] Τὸ δὲ γευστόν ἐστιν ἁπτόν τι· καὶ τοῦτ' αἴτιον τοῦ μὴ εἶναι αἰσθητὸν διὰ τοῦ μεταξὺ ἀλλοτρίου ὄντος σώματος· οὐδὲ γὰρ τῇ ἁφῇ. καὶ τὸ σῶμα δὲ ἐν ᾧ ὁ χυμός, τὸ γευστόν, ἐν ὑγρῷ ὡς ὕλη· τοῦτο δ' ἁπτόν τι. διὸ κἂν εἰ ἐν ὕδατι ἦμεν, ᾐσθανόμεθ' ἂν ἐμβληθέντος τοῦ γλυκέος, οὐκ ἦν δ' ἂν ἡ αἴσθησις ἡμῖν διὰ τοῦ μεταξύ, ἀλλὰ τῷ μιχθῆναι τῷ ὑγρῷ, καθάπερ ἐπὶ τοῦ ποτοῦ. τὸ δὲ χρῶμα οὐχ οὕτως ὁρᾶται τῷ μίγνυσθαι, οὐδὲ ταῖς ἀπορροίαις. ὡς μὲν οὖν τὸ μεταξὺ οὐθέν ἐστιν· ὡς δὲ χρῶμα τὸ ὁρατόν, οὕτω τὸ γευστὸν ὁ χυμός. οὐθὲν δὲ ποιεῖ χυμοῦ αἴσθησιν ἄνευ ὑγρότητος, ἀλλ' ἔχει ἐνεργείᾳ ἢ δυνάμει ὑγρότητα, οἷον τὸ ἁλμυρόν· εὔτηκτόν τε γὰρ αὐτὸ καὶ συντηκτικὸν γλώττης.

[422a20] ὥσπερ δὲ καὶ ἡ ὄψις ἐστὶ τοῦ τε ὁρατοῦ καὶ τοῦ ἀοράτου (τὸ γὰρ σκότος ἀόρατον, κρίνει δὲ καὶ τοῦτο ἡ ὄψις), ἔτι τε τοῦ λίαν λαμπροῦ (καὶ γὰρ τοῦτο ἀόρατον, ἄλλον δὲ τρόπον τοῦ σκότους), ὁμοίως δὲ καὶ ἡ ἀκοὴ ψόφου τε καὶ σιγῆς, ὧν τὸ μὲν ἀκουστὸν τὸ δ' οὐκ ἀκουστόν, καὶ μεγάλου ψόφου καθάπερ ἡ ὄψις τοῦ λαμπροῦ (ὥσπερ γὰρ ὁ μικρὸς ψόφος ἀνήκουστος, τρόπον τινὰ καὶ ὁ μέγας τε καὶ ὁ βίαιος), ἀόρατον δὲ τὸ μὲν

味觉的对象是一种可触摸的事物，这也是为什么以其他身体为介质时，它就无法被感知，因为对于触觉来说［在这种情况下］也无法［被感知］。再者，味道所在的身体，也就是味觉的对象，则是在"湿"中，即在质料中，而这也是一个可触摸的事物。因此，即使我们在水中，如果有甜的东西被投进［水里］，我们也会感觉到［它］。但我们的这种感觉并非通过介质而产生，而是由于它与"湿"的混合，就好像饮料一样。相反，颜色不是以这种方式被看见的，不是由于混合或流射（ταῖς ἀπορροίαι）。因此，这里没有作为介质的东西，但是正如颜色是可见的，味道也是可以被味觉感知的。尽管没有"湿"，也就无法产生对味道的感觉，但是它的"湿"可以是现实的或潜在的，比如说盐。因为它易溶解并且在舌头上很容易化掉。

　　正如视觉是对于可见物和不可见物的（因为"暗"是不可见的，但视觉也能区分暗），而且进一步说，也是对于极度明亮［的事物］的（因为这也是不可见的，但是以一种不同于暗的方式），同样，听觉也是对于声音和寂静的，前者可听，后者不可听。而且听觉也是对于那些特别响的声音，正如视觉是对于明亮［的东西］（因为正如微弱的声音是听不到的一样，在某种意义上特别响或者特别强的声音同样也听不到）。一个事物可以被说成是完全不可见的（就

ὅλως λέγεται, ὥσπερ καὶ ἐπ' ἄλλων τὸ ἀδύνατον, τὸ δ' ἐὰν πεφυκὸς μὴ ἔχῃ ἢ φαύλως, ὥσπερ τὸ ἄπουν καὶ τὸ ἀπύρηνον — οὕτω δὴ καὶ ἡ γεῦσις τοῦ γευστοῦ τε καὶ ἀγεύστου, τοῦτο δὲ τὸ μικρὸν ἢ φαῦλον ἔχον χυμὸν ἢ φθαρτικὸν τῆς γεύσεως. δοκεῖ δ' εἶναι ἀρχὴ τὸ ποτὸν καὶ ἄποτον (γεῦσις γάρ τις ἀμφοτέρου· ἀλλὰ τοῦ μὲν φαύλη καὶ φθαρτική [τῆς γεύσεως], τοῦ δὲ κατὰ φύσιν)· ἔστι δὲ κοινὸν ἁφῆς καὶ γεύσεως τὸ ποτόν.

[422a34] ἐπεὶ δ' ὑγρὸν τὸ γευστόν, ἀνάγκη καὶ τὸ αἰσθητήριον αὐτοῦ μήτε ὑγρὸν εἶναι ἐντελεχείᾳ μήτε ἀδύνατον ὑγραίνεσθαι· πάσχει γάρ τι ἡ γεῦσις ὑπὸ τοῦ γευστοῦ, ᾗ γευστόν. ἀναγκαῖον ἄρα ὑγρανθῆναι τὸ δυνάμενον μὲν ὑγραίνεσθαι σωζόμενον, μὴ ὑγρὸν δέ, τὸ γευστικὸν αἰσθητήριον. σημεῖον δὲ τὸ μήτε κατάξηρον οὖσαν τὴν γλῶτταν αἰσθάνεσθαι μήτε λίαν ὑγράν· ταύτῃ γὰρ ἁφὴ γίνεται τοῦ πρώτου ὑγροῦ, ὥσπερ ὅταν προγευματίσας τις ἰσχυροῦ χυμοῦ γεύηται ἑτέρου, καὶ οἷον τοῖς κάμνουσι πικρὰ πάντα φαίνεται διὰ τὸ τῇ γλώττῃ πλήρει τοιαύτης ὑγρότητος αἰσθάνεσθαι.

[422b10] τὰ δ' εἴδη τῶν χυμῶν, ὥσπερ καὶ ἐπὶ τῶν χρωμάτων, ἁπλᾶ μὲν τἀναντία, τὸ γλυκὺ καὶ τὸ πικρόν, ἐχόμενα δὲ τοῦ μὲν τὸ λιπαρόν, τοῦ δὲ τὸ ἁλμυρόν· μεταξὺ δὲ τούτων τό τε δριμὺ καὶ τὸ αὐστηρὸν καὶ στρυφνὸν καὶ ὀξύ· σχεδὸν γὰρ αὗται δοκοῦσιν εἶναι διαφοραὶ χυμῶν. ὥστε τὸ γευστικόν ἐστι τὸ δυνάμει τοιοῦτον, γευστὸν δὲ τὸ ποιητικὸν ἐντελεχείᾳ αὐτοῦ.

像在其他情况下的"不可能"一样),而另一个事物若是本性上可见却不可见或十分黯淡〔,也会被说成是不可见的〕,这就好像没有脚或没有核。在同样的意义上,味觉也是对于那些有味道和无味道的事物,后者几乎没有或者只有很微弱的味道,或是具有会毁坏味觉的味道。不过,首要的似乎是"可以喝"和"不可以喝"(因为对于这二者都有某种味觉,但〔它们〕一个是坏的,会毁坏味觉①,另一个则是合乎自然的)。而"可以喝的东西"也是触觉和味觉共通的感觉对象。

不过,既然味觉可以感知的事物是湿的,那么味觉器官也就必定并非现实地是湿的,也并非不能被弄湿。因为味觉是某种被味觉对象(就其作为味觉对象而言)影响的事物。因此,一方面,味觉器官必定能够变湿并在变湿的时候得以保存,但另一方面,它本身并不是湿的。下面这个事实可以表明这一点:舌头在特别干的时候无法感知,在特别湿的时候也不行。因为在后一种情况下,产生的接触是和先存在的"湿"〔的接触〕,就好像有人在尝某物之前先尝了另一个味道重的东西一样,又好像对于生病的人来说,所有的东西似乎都是苦的,因为他们用来感知的舌头完全被这样的"湿润"浸透了。

正如颜色一样,味道的各个种类在单一的情况下是相反者,也就是甜和苦。紧接着甜的是腻,紧接着苦的是咸;介乎这之间的则是辣、苦涩、酸涩以及酸。这些似乎就是味道的各种不同。因此,那个能够品尝的事物潜在地是如此,而那个令它现实上如此的东西,就是味觉的感觉对象。

---

① 这里 OCT 本删去了 τῆς γεύσεως,我按 Hamlyn 和 Reeve 的读法予以保留,意为"对味觉具有毁坏性",并译为"会毁坏味觉"。

第十一章

[422b17] Περὶ δὲ τοῦ ἁπτοῦ καὶ περὶ ἁφῆς ὁ αὐτὸς λόγος· εἰ γὰρ ἡ ἁφὴ μὴ μία ἐστὶν αἴσθησις ἀλλὰ πλείους, ἀναγκαῖον καὶ τὰ ἁπτὰ αἰσθητὰ πλείω εἶναι. ἔχει δ᾽ ἀπορίαν πότερον πλείους εἰσὶν ἢ μία, καὶ τί τὸ αἰσθητήριον τὸ τοῦ ἁπτικοῦ, πότερον ἡ σὰρξ καὶ ἐν τοῖς ἄλλοις τὸ ἀνάλογον, ἢ οὔ, ἀλλὰ τοῦτο μέν ἐστι τὸ μεταξύ, τὸ δὲ πρῶτον αἰσθητήριον ἄλλο τί ἐστιν ἐντός. πᾶσα γὰρ αἴσθησις μιᾶς ἐναντιώσεως εἶναι δοκεῖ, οἷον ὄψις λευκοῦ καὶ μέλανος, καὶ ἀκοὴ ὀξέος καὶ βαρέος, καὶ γεῦσις πικροῦ καὶ γλυκέος· ἐν δὲ τῷ ἁπτῷ πολλαὶ ἔνεισιν ἐναντιώσεις, θερμὸν ψυχρόν, ξηρὸν ὑγρόν, σκληρὸν μαλακόν, καὶ τῶν ἄλλων ὅσα τοιαῦτα. ἔχει δέ τινα λύσιν πρός γε ταύτην τὴν ἀπορίαν, ὅτι καὶ ἐπὶ τῶν ἄλλων αἰσθήσεων εἰσὶν ἐναντιώσεις πλείους, οἷον ἐν φωνῇ οὐ μόνον ὀξύτης καὶ βαρύτης, ἀλλὰ καὶ μέγεθος καὶ μικρότης, καὶ λειότης καὶ τραχύτης φωνῆς, καὶ τοιαῦθ᾽ ἕτερα. εἰσὶ δὲ καὶ περὶ χρῶμα διαφοραὶ τοιαῦται ἕτεραι. ἀλλὰ τί τὸ ἓν τὸ ὑποκείμενον, ὥσπερ ἀκοῇ ψόφος, οὕτω τῇ ἁφῇ, οὐκ ἔστιν ἔνδηλον.

关于可触摸的事物和触觉，相同的论述也成立。因为如果触觉不是一种感觉，而是多种感觉，那么能够为触觉所感知的事物也就必然有多种。但是这样就有一个困难：它［即触觉］究竟是多还是一，以及［另一个困难即］触觉的感觉器官是什么——是肉以及其他生物身上的类似部分，还是说并非肉，而是肉身为介质，首要的感觉器官则是其他某种内在的东西？因为每一种感觉看来都涉及一对相反物，比如视觉涉及白与黑，听觉涉及尖音和平音，而味觉涉及苦与甜。但是在可触摸的事物当中，存在着多对相反物：热与冷，干与湿，坚硬与柔软，诸如此类。但是不管怎样，对这个问题总有某种解决方案，也就是，对于其他感觉来说，其实也存在着多对相反物，比如在语音当中，不光有尖和平，也有大和小，柔和与粗犷，以及类似的其他［相反物］。对于颜色来说也有类似的其他区分。但是对于触觉来说，哪一个东西是它的基底（τὸ ὑποκείμενον），就像声音对于听觉那样，这却是不清楚的。

[422b34]   πότερον δ' ἐστὶ τὸ αἰσθητήριον ἐντός, ἢ οὔ, ἀλλ' εὐθέως ἡ σάρξ, οὐδὲν δοκεῖ σημεῖον εἶναι τὸ γίνεσθαι τὴν αἴσθησιν ἅμα θιγγανομένων. καὶ γὰρ νῦν εἴ τίς <τι> περὶ τὴν σάρκα περιτείνειεν οἷον ὑμένα ποιήσας, ὁμοίως τὴν αἴσθησιν εὐθέως ἁψάμενος ἐνσημανεῖ· καίτοι δῆλον ὡς οὐκ ἔστιν ἐν τούτῳ τὸ αἰσθητήριον (εἰ δὲ καὶ συμφυὲς γένοιτο, θᾶττον ἔτι διικνοῖτ' ἂν ἡ αἴσθησις)· διὸ τὸ τοιοῦτον μόριον τοῦ σώματος ἔοικεν οὕτως ἔχειν ὥσπερ ἂν εἰ κύκλῳ ἡμῖν περιεπεφύκει ὁ ἀήρ· ἐδοκοῦμεν γὰρ ἂν ἑνί τινι αἰσθάνεσθαι καὶ ψόφου καὶ χρώματος καὶ ὀσμῆς, καὶ μία τις αἴσθησις εἶναι ὄψις ἀκοὴ ὄσφρησις. νῦν δὲ διὰ τὸ διωρίσθαι δι' οὗ γίνονται αἱ κινήσεις, φανερὰ τὰ εἰρημένα αἰσθητήρια ἕτερα ὄντα. ἐπὶ δὲ τῆς ἁφῆς τοῦτο νῦν ἄδηλον· ἐξ ἀέρος μὲν γὰρ ἢ ὕδατος ἀδύνατον συστῆναι τὸ ἔμψυχον σῶμα· δεῖ γάρ τι στερεὸν εἶναι· λείπεται δὴ μικτὸν ἐκ γῆς καὶ τούτων εἶναι, οἷον βούλεται εἶναι ἡ σὰρξ καὶ τὸ ἀνάλογον· ὥστε ἀναγκαῖον τὸ σῶμα εἶναι τὸ μεταξὺ τοῦ ἁπτικοῦ προσπεφυκός, δι' οὗ γίνονται αἱ αἰσθήσεις πλείους οὖσαι. δηλοῖ δ' ὅτι πλείους ἡ ἐπὶ τῆς γλώττης ἁφή· ἁπάντων γὰρ τῶν ἁπτῶν αἰσθάνεται κατὰ τὸ αὐτὸ μόριον καὶ χυμοῦ. εἰ μὲν οὖν καὶ ἡ ἄλλη σὰρξ ᾐσθάνετο τοῦ χυμοῦ, ἐδόκει ἂν ἡ αὐτὴ καὶ μία εἶναι αἴσθησις ἡ γεῦσις καὶ ἡ ἁφή· νῦν δὲ δύο διὰ τὸ μὴ ἀντιστρέφειν.

［触觉］感官是不是内在的？还是说它并非内在，而直接就是肉？"感觉与接触同时发生"［这个事实］似乎不能对此做出说明。因为实际上，就算有人造了某种膜，然后将它延伸到包裹住整个肉，它也会在接触发生的同时，立即以同样的方式传达感觉。不过很清楚，感觉器官不在这种膜里面，而即使它自然地［和肉］长在一起，感觉也会更快地通过它。因此，身体的这个部分就好像是有这样的［特性］，就如同气若是真的自然地环绕在我们周身那样［会有的特性］。而那样我们就会认为，我们是通过某个单一的事物而感知到声音、颜色和气味，而视觉、听觉和嗅觉也就是某种单一的感觉。但是实际上，由于运动发生的原因是与我们相分离的，因此前面说到的这些感觉器官也显然不同。但是在触觉这里，就事实而言，这是不清楚的。因为具有灵魂的身体无法由气或水构成，因为它必定是某种固体。那么剩下的可能就是，它是由上述事物［即水和气］与土一起混合而成，正如肉和与之类似的事物容易这样［混合］。因此，身体必定是附着在一起的触觉的介质，通过它，多种感觉得以产生。它们是多种多样的，这一点从舌头的触觉来看就很清楚，因为舌头是用同一个部分来感觉所有可触摸的事物，就如［它感觉］味道。所以，如果其他地方的肉也感觉味道的话，那么味觉和触觉看起来就会是一个且同一个感觉。但是事实上，它们是两个感觉，因为它们不是彼此互换的。

[423a22]   ἀπορήσειε δ' ἄν τις, εἰ πᾶν σῶμα βάθος ἔχει, τοῦτο δ' ἐστὶ τὸ τρίτον μέγεθος, ὧν δ' ἐστὶ δύο σωμάτων μεταξὺ σῶμά τι, οὐκ ἐνδέχεται ταῦτα ἀλλήλων ἅπτεσθαι, τὸ δ' ὑγρὸν οὐκ ἔστιν ἄνευ σώματος, οὐδὲ τὸ διερόν, ἀλλ' ἀναγκαῖον ὕδωρ εἶναι ἢ ἔχειν ὕδωρ, τὰ δὲ ἁπτόμενα ἀλλήλων ἐν τῷ ὕδατι, μὴ ξηρῶν τῶν ἄκρων ὄντων, ἀναγκαῖον ὕδωρ ἔχειν μεταξύ, οὗ ἀνάπλεα τὰ ἔσχατα, εἰ δὲ τοῦτ' ἀληθές, ἀδύνατον ἅψασθαι ἄλλο ἄλλου ἐν ὕδατι, τὸν αὐτὸν δὲ τρόπον καὶ ἐν τῷ ἀέρι (ὁμοίως γὰρ ἔχει ὁ ἀὴρ πρὸς τὰ ἐν αὐτῷ καὶ τὸ ὕδωρ πρὸς τὰ ἐν τῷ ὕδατι, λανθάνει δὲ μᾶλλον ἡμᾶς, ὥσπερ καὶ τὰ ἐν τῷ ὕδατι ζῷα εἰ διερὸν διεροῦ ἅπτεται) — πότερον οὖν πάντων ὁμοίως ἐστὶν ἡ αἴσθησις, ἢ ἄλλων ἄλλως, καθάπερ νῦν δοκεῖ ἡ μὲν γεῦσις καὶ ἡ ἁφὴ τῷ ἅπτεσθαι, αἱ δ' ἄλλαι ἄποθεν.

[423b4]   τὸ δ' οὐκ ἔστιν, ἀλλὰ καὶ τὸ σκληρὸν καὶ τὸ μαλακὸν δι' ἑτέρων αἰσθανόμεθα, ὥσπερ καὶ τὸ ψοφητικὸν καὶ τὸ ὁρατὸν καὶ τὸ ὀσφραντόν· ἀλλὰ τὰ μὲν πόρρωθεν, τὰ δ' ἐγγύθεν, διὸ λανθάνει· ἐπεὶ αἰσθανόμεθά γε πάντων διὰ τοῦ μέσου, ἀλλ' ἐπὶ τούτων λανθάνει. καίτοι καθάπερ εἴπομεν καὶ πρότερον, κἂν εἰ δι' ὑμένος αἰσθανοίμεθα τῶν ἁπτῶν ἁπάντων λανθάνοντος ὅτι διείργει, ὁμοίως ἂν ἔχοιμεν ὥσπερ καὶ νῦν ἐν τῷ ὕδατι καὶ ἐν τῷ ἀέρι· δοκοῦμεν γὰρ νῦν αὐτῶν ἅπτεσθαι καὶ οὐδὲν εἶναι διὰ μέσου.

有人可能会提出一个问题。每一个物体都有纵深，这就是第三维度，而如果在两个物体之间还存在着另一个物体，那前两者就不可能互相触碰。湿的东西不能没有身体，潮的东西也不能，相反，它们必须作为水存在或是包含水。而在水中互相触碰的事物，既然它们的边沿都不是干的，那么在它们彼此之间就存在水，由此它们的边沿也全都是［水］。但如果是这样，那么一个事物就不可能在水中触碰另一个，在气中也是一样（因为气是在气之中与事物相连，就像水是在水中与事物相连，尽管我们更不容易注意到前者，正如生活在水中的动物无法注意到，是不是一个潮的事物接触了另一个潮的事物）。那么，对于一切事物的感觉是否也是以同样的方式发生，还是说对于不同的事物会以不同的方式发生［感觉］？——正如我们现在认为，味觉与触觉是通过接触而发生的，而其他感觉则是在一定距离之外发生的。

但是事实并非如此，相反，我们也是通过其他事物来感知硬的事物和软的事物，就像我们感知那些能发声的、可见的以及有气味的事物。但是后面这些是在一定距离之外被感知的，而前者［即触觉］则就在近前［被感知］，也正是因为这个原因，我们注意不到这个事实，因为我们肯定是通过某种中间物（διὰ τοῦ μέσου）来感知所有事物的，但是在上述情况下，我们无法注意到这一点。不过，就像我们之前也说过的，即使我们是通过某种膜来感知所有触觉对象，而且注意不到它分离了［我们和对象物］，我们也会处于相同的情形下，如同我们现在是在水中或是在气中一样。因为我们现在假定自己是在接触事物本身，而且完全不通过任何中间物。

[423b12] ἀλλὰ διαφέρει τὸ ἁπτὸν τῶν ὁρατῶν καὶ τῶν ψοφητικῶν, ὅτι ἐκείνων μὲν αἰσθανόμεθα τῷ τὸ μεταξὺ ποιεῖν τι ἡμᾶς, τῶν δὲ ἁπτῶν οὐχ ὑπὸ τοῦ μεταξὺ ἀλλ' ἅμα τῷ μεταξύ, ὥσπερ ὁ δι' ἀσπίδος πληγείς· οὐ γὰρ ἡ ἀσπὶς πληγεῖσα ἐπάταξεν, ἀλλ' ἅμ' ἄμφω συνέβη πληγῆναι.

[423b17] ὅλως δ' ἔοικεν ἡ σὰρξ καὶ ἡ γλῶττα, ὡς ὁ ἀὴρ καὶ τὸ ὕδωρ πρὸς τὴν ὄψιν καὶ τὴν ἀκοὴν καὶ τὴν ὄσφρησιν ἔχουσιν, οὕτως ἔχειν πρὸς τὸ αἰσθητήριον ὥσπερ ἐκείνων ἕκαστον. αὐτοῦ δὲ τοῦ αἰσθητηρίου ἁπτομένου οὔτ' ἐκεῖ οὔτ' ἐνταῦθα γένοιτ' ἂν αἴσθησις, οἷον εἴ τις σῶμά τι λευκὸν ἐπὶ τοῦ ὄμματος θείη τὸ ἔσχατον. ᾗ καὶ δῆλον ὅτι ἐντὸς τὸ τοῦ ἁπτοῦ αἰσθητικόν. οὕτω γὰρ ἂν συμβαίνοι ὅπερ καὶ ἐπὶ τῶν ἄλλων· ἐπιτιθεμένων γὰρ ἐπὶ τὸ αἰσθητήριον οὐκ αἰσθάνεται, ἐπὶ δὲ τὴν σάρκα ἐπιτιθεμένων αἰσθάνεται· ὥστε τὸ μεταξὺ τοῦ ἁπτικοῦ ἡ σάρξ.

[423b27] ἁπταὶ μὲν οὖν εἰσιν αἱ διαφοραὶ τοῦ σώματος ᾗ σῶμα· λέγω δὲ διαφορὰς αἳ τὰ στοιχεῖα διορίζουσι, θερμὸν ψυχρόν, ξηρὸν ὑγρόν, περὶ ὧν εἰρήκαμεν πρότερον ἐν τοῖς περὶ τῶν στοιχείων. τὸ δὲ αἰσθητήριον αὐτῶν τὸ ἁπτικόν, καὶ ἐν ᾧ ἡ καλουμένη ἁφὴ ὑπάρχει αἴσθησις πρώτῳ, τὸ δυνάμει τοιοῦτόν ἐστι μόριον· τὸ γὰρ αἰσθάνεσθαι πάσχειν τί ἐστιν· ὥστε τὸ ποιοῦν, οἷον αὐτὸ ἐνεργείᾳ, τοιοῦτον ἐκεῖνο ποιεῖ, δυνάμει ὄν.

但是触觉对象与视觉及听觉对象之间有一个不同之处，即我们感知到后者是因为有介质以某种方式作用于我们自身，而感知触觉对象则并不是受介质影响，而是与介质同时，就像一个人通过盾牌受击打。因为并不是盾牌先受到击打，再击打［举盾牌的］人，而是二者同时受到击打。

一般来说，就像空气和水相关于视觉、听觉与嗅觉一样，肉和舌头似乎也［以同样方式］相关于各自的感觉器官。当感觉器官自身被触碰时，则在上述任何一种情况下，感觉都不会发生，比如说，如果有人将一个白色物体放在眼睛表面的话［，就不会产生视觉］。由此，显然，能够感觉触觉对象的能力也是内在的。因为在这里的情况和在其他感觉那里一样：我们不能感知那些放置于感觉器官之上的东西，但是能够感知放置于肉之上的东西。因此，肉就是触觉的介质。

物体作为物体的独特性质在于可以被触摸。我所说的"独特性质"，就是那些规定了各元素的性质：热与冷、干和湿，我们之前在有关元素的讨论中说到过。它们［即四种性质］的感觉器官（即触觉［的感觉器官］，也就是被称为"触觉"的感觉首要的所在之处）也就潜在地是它们的［身体］部分。因为感知就是以某种方式受影响，因此，正是造成影响的事物令潜在地如此的事物变成现实上如此。

[424a2] διὸ τοῦ ὁμοίως θερμοῦ καὶ ψυχροῦ, ἢ σκληροῦ καὶ μαλακοῦ, οὐκ αἰσθανόμεθα, ἀλλὰ τῶν ὑπερβολῶν, ὡς τῆς αἰσθήσεως οἷον μεσότητός τινος οὔσης τῆς ἐν τοῖς αἰσθητοῖς ἐναντιώσεως. καὶ διὰ τοῦτο κρίνει τὰ αἰσθητά. τὸ γὰρ μέσον κριτικόν· γίνεται γὰρ πρὸς ἑκάτερον αὐτῶν θάτερον τῶν ἄκρων· καὶ δεῖ ὥσπερ τὸ μέλλον αἰσθήσεσθαι λευκοῦ καὶ μέλανος μηδέτερον αὐτῶν εἶναι ἐνεργείᾳ, δυνάμει δ' ἄμφω (οὕτω δὲ καὶ ἐπὶ τῶν ἄλλων), καὶ ἐπὶ τῆς ἁφῆς μήτε θερμὸν μήτε ψυχρόν.

[424a10] ἔτι δ' ὥσπερ ὁρατοῦ καὶ ἀοράτου ἦν πως ἡ ὄψις, ὁμοίως δὲ καὶ αἱ λοιπαὶ τῶν ἀντικειμένων, οὕτω καὶ ἡ ἁφὴ τοῦ ἁπτοῦ καὶ ἀνάπτου· ἄναπτον δ' ἐστὶ τό τε μικρὰν ἔχον πάμπαν διαφορὰν τῶν ἁπτῶν, οἷον πέπονθεν ὁ ἀήρ, καὶ τῶν ἁπτῶν αἱ ὑπερβολαί, ὥσπερ τὰ φθαρτικά. καθ' ἑκάστην μὲν οὖν τῶν αἰσθήσεων εἴρηται τύπῳ.

出于这个原因，我们并不感知任何［与身体部分］一样热或冷、硬或软的东西，而是更加过度的事物，因为感觉是某种类型的中间物（μεσότητός τινος），居于感觉对象中所包含的两个对立面之间。而这就是它能够辨别感觉对象的原因。中间物能够辨别，因为它相对于每一个极端变成另一个极端。而且，正如能感觉白和黑的事物必然并非现实地属于其中任何一个——尽管［它］潜在地是两者（其他感觉也与此类似），同样，在触觉这里，那个能够感觉此类事物的，也必定既不是热的，也不是冷的。

再者，正如视觉在某种意义上既关于可见物又关于不可见的事物，也正如其他感觉同样关于相反者；同样地，触觉也既关于可触摸的事物，又关于不可触摸的事物。而不可触摸的事物则是那个在非常微小的程度上具有可触摸事物的独特属性的东西（比如说气），以及那些可触摸事物的过度（比如那些毁坏［触觉］的事物）。至此，我们已经大致说明了每一种感觉的相关情况。

第十二章

[424a17] Καθόλου δὲ περὶ πάσης αἰσθήσεως δεῖ λαβεῖν ὅτι ἡ μὲν αἴσθησίς ἐστι τὸ δεκτικὸν τῶν αἰσθητῶν εἰδῶν ἄνευ τῆς ὕλης, οἷον ὁ κηρὸς τοῦ δακτυλίου ἄνευ τοῦ σιδήρου καὶ τοῦ χρυσοῦ δέχεται τὸ σημεῖον, λαμβάνει δὲ τὸ χρυσοῦν ἢ τὸ χαλκοῦν σημεῖον, ἀλλ' οὐχ ᾗ χρυσὸς ἢ χαλκός· ὁμοίως δὲ καὶ ἡ αἴσθησις ἑκάστου ὑπὸ τοῦ ἔχοντος χρῶμα ἢ χυμὸν ἢ ψόφον πάσχει, ἀλλ' οὐχ ᾗ ἕκαστον ἐκείνων λέγεται, ἀλλ' ᾗ τοιονδί, καὶ κατὰ τὸν λόγον. αἰσθητήριον δὲ πρῶτον ἐν ᾧ ἡ τοιαύτη δύναμις. ἔστι μὲν οὖν ταὐτόν, τὸ δ' εἶναι ἕτερον· μέγεθος μὲν γὰρ ἄν τι εἴη τὸ αἰσθανόμενον, οὐ μὴν τό γε αἰσθητικῷ εἶναι οὐδ' ἡ αἴσθησις μέγεθός ἐστιν, ἀλλὰ λόγος τις καὶ δύναμις ἐκείνου.

[424a28] φανερὸν δ' ἐκ τούτων καὶ διὰ τί ποτε τῶν αἰσθητῶν αἱ ὑπερβολαὶ φθείρουσι τὰ αἰσθητήρια (ἐὰν γὰρ ᾖ ἰσχυροτέρα τοῦ αἰσθητηρίου ἡ κίνησις, λύεται ὁ λόγος — τοῦτο δ' ἦν ἡ αἴσθησις — ὥσπερ καὶ ἡ συμφωνία καὶ ὁ τόνος κρουομένων σφόδρα τῶν χορδῶν), καὶ διὰ τί ποτε τὰ φυτὰ οὐκ αἰσθάνεται, ἔχοντά τι μόριον ψυχικὸν καὶ πάσχοντά τι ὑπὸ τῶν ἁπτῶν (καὶ γὰρ ψύχεται καὶ θερμαίνεται)· αἴτιον γὰρ τὸ

一般来说，对于一切感觉而言，我们必须将感觉看成是不带质料而接受可感形式（τῶν αἰσθητῶν εἰδῶν），就像蜡块接受圆环的印记，而不接受铁或是金。而且它有了金的或铜的印记，却并非作为金或铜［而有此印记］。每一种感觉也是一样，它们受到那些具有颜色、味道或是声音的事物的影响，但并不是就它们每一个被说成是这个事物而言，而是就其作为如此这般的事物而言，并且依照其比例（κατὰ τὸν λόγον）。首要的感觉器官也就是这样一种能力所在的地方。因此，它［与能力］是相同的，尽管其所是不同。因为能够感知的事物必定是某个［空间上的］量，而能够感觉的事物的所是以及相应的感觉则必定不是量，而是某种比例（λόγος τις），以及该事物的某种能力。

通过以上讨论，我们也就很清楚地看到，为什么感觉对象的过度会毁坏感觉器官（因为如果感觉器官的运动过于剧烈的话，它的比例［ὁ λόγος］——而这就是感觉——就会遭到毁坏，就像琴弦被弹奏得太过剧烈时，其和音与音调也会遭到毁坏）。同样清楚的是，为什么尽管植物具有某一部分灵魂并且受到了触觉对象的某种影响（因为它们被冷却和加热），但是它们不会感知。原因在于，

μὴ ἔχειν μεσότητα, μηδὲ τοιαύτην ἀρχὴν οἵαν τὰ εἴδη δέχεσθαι τῶν αἰσθητῶν, ἀλλὰ πάσχειν μετὰ τῆς ὕλης.

[424b3] ἀπορήσειε δ' ἄν τις εἰ πάθοι ἄν τι ὑπ' ὀσμῆς τὸ ἀδύνατον ὀσφρανθῆναι, ἢ ὑπὸ χρώματος τὸ μὴ δυνάμενον ἰδεῖν· ὁμοίως δὲ καὶ ἐπὶ τῶν ἄλλων. εἰ δὲ τὸ ὀσφραντὸν ὀσμή, εἴ τι ποιεῖ, τὴν ὄσφρησιν ἡ ὀσμὴ ποιεῖ· ὥστε τῶν ἀδυνάτων ὀσφρανθῆναι οὐθὲν οἷόν τε πάσχειν ὑπ' ὀσμῆς (ὁ δ' αὐτὸς λόγος καὶ ἐπὶ τῶν ἄλλων)· οὐδὲ τῶν δυνατῶν, ἀλλ' <ἢ> ᾗ αἰσθητικὸν ἕκαστον. ἅμα δὲ δῆλον καὶ οὕτως· οὔτε γὰρ φῶς καὶ σκότος οὔτε ψόφος οὔτε ὀσμὴ οὐδὲν ποιεῖ τὰ σώματα, ἀλλ' ἐν οἷς ἐστίν, οἷον ἀὴρ ὁ μετὰ βροντῆς διίστησι τὸ ξύλον. ἀλλὰ τὰ ἁπτὰ καὶ οἱ χυμοὶ ποιοῦσιν· εἰ γὰρ μή, ὑπὸ τίνος ἂν πάσχοι τὰ ἄψυχα καὶ ἀλλοιοῖτο; ἆρ' οὖν κἀκεῖνα ποιήσει; ἢ οὐ πᾶν σῶμα παθητικὸν ὑπ' ὀσμῆς καὶ ψόφου, καὶ τὰ πάσχοντα ἀόριστα, καὶ οὐ μένει, οἷον ἀὴρ (ὄζει γὰρ ὥσπερ παθών τι); τί οὖν ἐστι τὸ ὀσμᾶσθαι παρὰ τὸ πάσχειν τι; ἢ τὸ μὲν ὀσμᾶσθαι αἰσθάνεσθαι, ὁ δ' ἀὴρ παθὼν ταχέως αἰσθητὸς γίνεται;

它们不具有某种中间物，也没有这样一种原理以接收感觉对象的形式，相反，它们是伴随着质料受到影响的。

有人可能会提出问题说，那个不能闻的东西能不能以某种方式被气味影响，或者不能看的东西能不能被颜色影响，诸如此类。如果嗅觉对象是气味，那么，如果要产生什么的话，气味必定产生"嗅"这个行动。因此任何不能"嗅"的事物都无法被气味影响（同样的道理也适用于其他感觉），能够感觉的事物也无法[受到影响]，除非它在每种情况下都能够感觉。同样，从以下情形来看也很清楚：光与暗、声音或气味都不能对身体产生影响，只有那些包含它们的事物才能[产生影响]。比如说，气伴随着劈开木头的雷电。但是可触摸的事物和味道确实会影响物体，否则的话，无灵魂的事物又被什么影响和改变呢？那么，其他那些对象物会不会影响它们呢？还是说，并不是每一个物体都受气味和声音的影响，而那些受影响的物体是不定的也不是持存的，就像气一样（因为气可以"嗅"，就好像它也受影响一样）？那么除了受影响之外，"嗅"还指什么呢？还是说，"嗅"也是感知，而气在受到影响时会迅速变成某种感觉的对象？

第三卷

VOLUME THREE

第一章

[424b22] Ὅτι δ' οὐκ ἔστιν αἴσθησις ἑτέρα παρὰ τὰς πέντε (λέγω δὲ ταύτας ὄψιν, ἀκοήν, ὄσφρησιν, γεῦσιν, ἁφήν), ἐκ τῶνδε πιστεύσειεν ἄν τις. εἰ γὰρ παντὸς οὗ ἐστὶν αἴσθησις ἁφὴ καὶ νῦν αἴσθησιν ἔχομεν (πάντα γὰρ τὰ τοῦ ἁπτοῦ ᾗ ἁπτὸν πάθη τῇ ἁφῇ ἡμῖν αἰσθητά ἐστιν), ἀνάγκη τ', εἴπερ ἐκλείπει τις αἴσθησις, καὶ αἰσθητήριόν τι ἡμῖν ἐκλείπειν, καὶ ὅσων μὲν αὐτῶν ἁπτόμενοι αἰσθανόμεθα, τῇ ἁφῇ αἰσθητά ἐστιν, ἣν τυγχάνομεν ἔχοντες, ὅσα δὲ διὰ τῶν μεταξὺ καὶ μὴ αὐτῶν ἁπτόμενοι, τοῖς ἁπλοῖς, λέγω δ' οἷον ἀέρι καὶ ὕδατι, ἔχει δ' οὕτως ὥστ' εἰ μὲν δι' ἑνὸς πλείω αἰσθητὰ ἕτερα ὄντα ἀλλήλων τῷ γένει, ἀνάγκη τὸν ἔχοντα τὸ τοιοῦτον αἰσθητήριον ἀμφοῖν αἰσθητικὸν εἶναι (οἷον εἰ ἐξ ἀέρος ἐστὶ τὸ αἰσθητήριον, καὶ ἔστιν ὁ ἀὴρ καὶ ψόφου καὶ χρόας), εἰ δὲ πλείω τοῦ αὐτοῦ, οἷον χρόας καὶ ἀὴρ καὶ ὕδωρ (ἄμφω γὰρ διαφανῆ), καὶ ὁ τὸ ἕτερον αὐτῶν ἔχων μόνον αἰσθήσεται τοῦ δι' ἀμφοῖν, τῶν δὲ ἁπλῶν ἐκ δύο τούτων αἰσθητήρια μόνον ἐστίν, ἐξ ἀέρος καὶ ὕδατος (ἡ μὲν γὰρ κόρη ὕδατος, ἡ δ' ἀκοὴ ἀέρος, ἡ δ' ὄσφρησις θατέρου τούτων), τὸ δὲ πῦρ ἢ οὐθενὸς ἢ κοινὸν πάντων (οὐθὲν γὰρ ἄνευ θερμότητος

有人可能会基于下述理由认为，在五种感觉之外再没有其他感觉（我指的是：视觉、听觉、嗅觉、味觉和触觉）。因为，如果对于我们实际上具有感觉的所有事物，我们的感觉都是凭借触觉（因为对于我们来说，所有对可触摸的事物——就其作为可触摸的事物而言——的感受都是通过触觉而感知的）；而如果缺少某种感觉，那么我们肯定也缺少某种感觉器官。而且，如果我们通过触摸所感知的那些事物本身通过触觉而是可感的，而它确实是我们具有的感觉，而我们通过介质而非通过直接触摸所感知的那些事物，则是通过简单物（τοῖς ἁπλοῖς）（我指的是气和水这样的事物）而可感的。而如果是这样的话，那么，一方面，如果不止一个在属上不同的感觉对象可以通过一个简单物而被感知，那么具有这种感觉器官的存在者就肯定能够感知这二者（比如说，如果感觉器官是由气构成的，而气是声音和颜色的［介质］）；另一方面，如果对于同一个感觉对象有不止一个［简单物］，比如对于颜色有气和水（因为二者都是透明的），那么即使只有其中一个［简单物］也能感知那个可以通过二者感知的事物。现在，感觉器官仅由其中两种［简单物］构成，即气和水（因为瞳孔由水构成，而听觉器官由气构成，嗅觉器官则是由这两个元素当中的某一个构成），而火要么不属于任何感觉器官，要么属于全部感觉器官（因为如果没有热，就无法感

αἰσθητικόν), γῆ δὲ ἢ οὐθενός, ἢ ἐν τῇ ἁφῇ μάλιστα μέμικται ἰδίως, διὸ λείποιτ᾽ ἂν μηθὲν εἶναι αἰσθητήριον ἔξω ὕδατος καὶ ἀέρος, ταῦτα δὲ καὶ νῦν ἔχουσιν ἔνια ζῷα — πᾶσαι ἄρα αἱ αἰσθήσεις ἔχονται ὑπὸ τῶν μὴ ἀτελῶν μηδὲ πεπηρωμένων (φαίνεται γὰρ καὶ ἡ ἀσπάλαξ ὑπὸ τὸ δέρμα ἔχουσα ὀφθαλμούς)· ὥστ᾽ εἰ μή τι ἕτερον ἔστι σῶμα, καὶ πάθος ὃ μηθενός ἐστι τῶν ἐνταῦθα σωμάτων, οὐδεμία ἂν ἐκλείποι αἴσθησις.

[425a14] ἀλλὰ μὴν οὐδὲ τῶν κοινῶν οἷόν τ᾽ εἶναι αἰσθητήριόν τι ἴδιον, ὧν ἑκάστῃ αἰσθήσει αἰσθανόμεθα κατὰ συμβεβηκός, οἷον κινήσεως, στάσεως, σχήματος, μεγέθους, ἀριθμοῦ, ἑνός·① ταῦτα γὰρ πάντα [κινήσει] αἰσθανόμεθα, οἷον μέγεθος κινήσει (ὥστε καὶ σχῆμα· μέγεθος γάρ τι τὸ σχῆμα), τὸ δ᾽ ἠρεμοῦν τῷ μὴ κινεῖσθαι, ὁ δ᾽ ἀριθμὸς τῇ ἀποφάσει τοῦ συνεχοῦς, καὶ τοῖς ἰδίοις (ἑκάστη γὰρ ἓν αἰσθάνεται αἴσθησις)·

[425a20] ὥστε δῆλον ὅτι ἀδύνατον ὁτουοῦν ἰδίαν αἴσθησιν εἶναι τούτων, οἷον κινήσεως· οὕτω γὰρ ἔσται ὥσπερ νῦν τῇ ὄψει τὸ γλυκὺ αἰσθανόμεθα· τοῦτο δ᾽ ὅτι ἀμφοῖν ἔχοντες τυγχάνομεν αἴσθησιν, ᾗ ὅταν συμπέσωσιν ἅμα γνωρίζομεν. εἰ δὲ μή, οὐδαμῶς ἂν ἀλλ᾽ ἢ κατὰ συμβεβηκὸς ᾐσθανόμεθα (οἷον τὸν Κλέωνος υἱὸν οὐχ ὅτι Κλέωνος υἱός, ἀλλ᾽ ὅτι λευκός, τούτῳ δὲ συμβέβηκεν υἱῷ Κλέωνος εἶναι)· τῶν δὲ κοινῶν ἤδη ἔχομεν αἴσθησιν κοινήν, οὐ κατὰ συμβεβηκός· οὐκ ἄρ᾽ ἐστὶν ἰδία· οὐδαμῶς γὰρ ἂν ᾐσθανόμεθα ἀλλ᾽ ἢ οὕτως ὥσπερ εἴρηται

---

① Ross（1961）删去了 ἑνός，我按 OCT 本保留。

知），而土要么不属于任何感觉器官，要么作为特定的构成元素而主要与触觉相关。这样的话，就没有哪个感觉器官不是由水和气构成的，而某些动物实际上就具有这些［感觉器官］。所以，具有所有这些感觉的动物就不会是不完整的或有残缺的（因为很显然，即使是鼹鼠，在皮毛下面也有眼睛）。因此，如果没有其他的物体，如果没有其他某种属性是当前存在的物体所不具备的，那么就没有遗漏任何感觉。

此外，对于共通的感觉对象（τῶν κοινῶν）而言，不存在某种特有的感觉器官，而是我们偶然地通过各感觉来感知它们，比如运动、静止、形状、大小、数和一（ἑνός）。因为我们通过运动感知所有这些事物，比如说，通过运动感知大小（由此也感知形状，因为形状也是某种"大小"）；而我们通过不运动来感知静止，通过非连续来感知数，以及通过特有的感觉对象（τοῖς ἰδίοις）（因为每种感觉都感知一种事物）。

因此这就很清楚了：不可能有某种特有的感觉适用于这些事物［当中的每一个］，比如运动。因为如果这样的话，就好像我们现在是用视觉来感知甜了：而之所以会如此，是因为我们恰好具有适于这二者的感觉，通过它，当这二者一起出现时，我们就会同时认出它们。否则的话，我们就只能是在偶然的意义上感知到它们了（比如说，我们之所以感知到克勒翁的儿子，并不是因为他是克勒翁的儿子，而是因为他是白色的，而这个白色的［存在］碰巧是克勒翁的儿子）。但是对于共通的感觉对象，我们已经有共通的感觉，而不是偶然地［对其有所感知］。因此也就没有对于［它们］的特有感觉①，

---

① οὐκ ἄρ' ἐστὶν ἰδία，这里指的是对于那些共通的感觉对象（比如运动）没有特有的感觉。

[τὸν Κλέωνος υἱὸν ἡμᾶς ὁρᾶν]①.

[425a30] τὰ δ' ἀλλήλων ἴδια κατὰ συμβεβηκὸς αἰσθάνονται αἱ αἰσθήσεις, οὐχ ᾗ αὐταί, ἀλλ' ᾗ μία, ὅταν ἅμα γένηται ἡ αἴσθησις ἐπὶ τοῦ αὐτοῦ, οἷον χολῆς ὅτι πικρὰ καὶ ξανθή (οὐ γὰρ δὴ ἑτέρας γε τὸ εἰπεῖν ὅτι ἄμφω ἕν)· διὸ καὶ ἀπατᾶται, καὶ ἐὰν ᾖ ξανθόν, χολὴν οἴεται εἶναι.

[425b4] ζητήσειε δ' ἄν τις τίνος ἕνεκα πλείους ἔχομεν αἰσθήσεις, ἀλλ' οὐ μίαν μόνην. ἢ ὅπως ἧττον λανθάνῃ τὰ ἀκολουθοῦντα καὶ κοινά, οἷον κίνησις καὶ μέγεθος καὶ ἀριθμός; εἰ γὰρ ἦν ἡ ὄψις μόνη, καὶ αὕτη λευκοῦ, ἐλάνθανεν ἂν μᾶλλον κἂν ἐδόκει ταὐτὸν εἶναι πάντα διὰ τὸ ἀκολουθεῖν ἀλλήλοις ἅμα χρῶμα καὶ μέγεθος. νῦν δ' ἐπεὶ καὶ ἐν ἑτέρῳ αἰσθητῷ τὰ κοινὰ ὑπάρχει, δῆλον ποιεῖ ὅτι ἄλλο τι ἕκαστον αὐτῶν.

---

① τὸν Κλέωνος υἱὸν ἡμᾶς ὁρᾶν, OCT 本将这部分放在括号内以示删去，但是 Shields 和 Reeve 予以保留。

否则的话我们就只能用刚才所说的我们看克勒翁的儿子的那种方式去感知它们了。

各种感觉都是偶然地感知彼此的特有感知对象，但这并非由于它们作为各种感觉，而是由于它们是一个整体（μία）——只要感觉是关于同一个对象，且同时产生，比如就胆汁而言，"它是苦的和黄色的"［同时出现］（因为其他的［感觉］不会说这二者是一［ἕν］）。因此有人就可能受到蒙蔽——如果有一个事物是黄色的，他就会以为它是胆汁。

有人可能会问，我们是为了何种缘故而具有多种感觉，而不是只有一种感觉。还是为了伴随出现的、共通的感觉对象不被忽视——比如说运动、大小和数？因为如果只有视觉的话，如果它是关于白的，那就更有可能忽略它们[①]，而且所有的事物看起来可能就是一样的，因为它们的颜色和大小同时相伴出现。但是现在，共通的可感物也出现在其他感觉的对象中，那这就令下面这一点变得很清楚：这些对象中的每一个都彼此不同。

---

① 即共通的感觉对象。

第二章

[425b12] ἐπεὶ δ᾽ αἰσθανόμεθα ὅτι ὁρῶμεν καὶ ἀκούομεν, ἀνάγκη ἢ τῇ ὄψει αἰσθάνεσθαι ὅτι ὁρᾷ, ἢ ἑτέρᾳ. ἀλλ᾽ ἡ αὐτὴ ἔσται τῆς ὄψεως καὶ τοῦ ὑποκειμένου χρώματος, ὥστε ἢ δύο τοῦ αὐτοῦ ἔσονται ἢ αὐτὴ αὑτῆς. ἔτι δ᾽ εἰ καὶ ἑτέρα εἴη ἡ τῆς ὄψεως αἴσθησις, ἢ εἰς ἄπειρον εἶσιν ἢ αὐτή τις ἔσται αὑτῆς· ὥστ᾽ ἐπὶ τῆς πρώτης τοῦτο ποιητέον. ἔχει δ᾽ ἀπορίαν· εἰ γὰρ τὸ τῇ ὄψει αἰσθάνεσθαί ἐστιν ὁρᾶν, ὁρᾶται δὲ χρῶμα ἢ τὸ ἔχον, εἰ ὄψεταί τις τὸ ὁρῶν, καὶ χρῶμα ἕξει τὸ ὁρῶν πρῶτον.

[425b20] φανερὸν τοίνυν ὅτι οὐχ ἓν τὸ τῇ ὄψει αἰσθάνεσθαι· καὶ γὰρ ὅταν μὴ ὁρῶμεν, τῇ ὄψει κρίνομεν καὶ τὸ σκότος καὶ τὸ φῶς, ἀλλ᾽ οὐχ ὡσαύτως. ἔτι δὲ καὶ τὸ ὁρῶν ἔστιν ὡς κεχρωμάτισται· τὸ γὰρ αἰσθητήριον δεκτικὸν τοῦ αἰσθητοῦ ἄνευ τῆς ὕλης ἕκαστον· διὸ καὶ ἀπελθόντων τῶν αἰσθητῶν ἔνεισιν αἰσθήσεις καὶ φαντασίαι ἐν τοῖς αἰσθητηρίοις.

既然我们感知到我们在看和听，那么一个人必然就是通过视觉或其他感觉感知到他在看。不过这样的话，适于视觉和作为视觉基底的颜色（τοῦ ὑποκειμένου χρώματος），就是同一种感觉了。这样一来，要么就是对于同一个事物有两种感觉，要么就是有一种关于自身的感觉。再者，如果对视觉的感觉确实［与视觉］不同，那就要么会陷入无穷，要么就会有关于感觉自身的感觉。这样的话，我们就得在最初的［感觉］中确保这个。但是这里就有一个困难：因为如果通过视觉来进行感知就是看，而如果所看到的是颜色或者具有颜色的事物，那么，如果一个人会看到在看的事物［即视觉］，那么最初那个在看的事物就具有颜色。①

那么就很清楚了：通过视觉所感知的不是一个［单一的］事物（ἕν）。因为就算我们没有看［到事物］，我们也是通过视觉来分辨暗与光——不过不是用同样的方式。再者，即使是看的事物，也是以某种方式被赋有颜色的：因为每个感觉器官接受感觉对象时都不带有质料。也正因此，即使感觉对象已经消失，感觉和显像（φαντασίαι）依然在感觉器官中存在。

---

① 这里与 Ross（1961）及各抄本一致，读作 εἰ ὄψεταί τις τὸ ὁρῶν, καὶ χρῶμα ἕξει τὸ ὁρῶν πρῶτον。OCT 本读作 εἰ ὄψεταί τις τὸ ὁρᾶν, καὶ χρῶμα ἕξει τὸ ὁρᾶν πρῶτον，翻译过来是：如果一个人会看到"看"［这个行动］，那么最初的那个"看"［的行动］就具有颜色。

[425b26] ἡ δὲ τοῦ αἰσθητοῦ ἐνέργεια καὶ τῆς αἰσθήσεως ἡ αὐτὴ μέν ἐστι καὶ μία, τὸ δ' εἶναι οὐ τὸ αὐτὸ αὐταῖς· λέγω δ' οἷον ὁ ψόφος ὁ κατ' ἐνέργειαν καὶ ἡ ἀκοὴ ἡ κατ' ἐνέργειαν· ἔστι γὰρ ἀκοὴν ἔχοντα μὴ ἀκούειν, καὶ τὸ ἔχον ψόφον οὐκ ἀεὶ ψοφεῖ, ὅταν δ' ἐνεργῇ τὸ δυνάμενον ἀκούειν καὶ ψοφῇ τὸ δυνάμενον ψοφεῖν, τότε ἡ κατ' ἐνέργειαν ἀκοὴ ἅμα γίνεται καὶ ὁ κατ' ἐνέργειαν ψόφος, ὧν εἴπειεν ἄν τις τὸ μὲν εἶναι ἄκουσιν τὸ δὲ ψόφησιν.

[426a2] εἰ δή ἐστιν ἡ κίνησις (καὶ ἡ ποίησις καὶ τὸ πάθος) ἐν τῷ κινουμένῳ, ἀνάγκη καὶ τὸν ψόφον καὶ τὴν ἀκοὴν τὴν κατ' ἐνέργειαν ἐν τῷ κατὰ δύναμιν εἶναι· ἡ γὰρ τοῦ ποιητικοῦ καὶ κινητικοῦ ἐνέργεια ἐν τῷ πάσχοντι ἐγγίνεται· διὸ οὐκ ἀνάγκη τὸ κινοῦν κινεῖσθαι. ἡ μὲν οὖν τοῦ ψοφητικοῦ ἐνέργειά ἐστι ψόφος ἢ ψόφησις, ἡ δὲ τοῦ ἀκουστικοῦ ἀκοὴ ἢ ἄκουσις· διττὸν γὰρ ἡ ἀκοή, καὶ διττὸν ὁ ψόφος.

[426a8] ὁ δ' αὐτὸς λόγος καὶ ἐπὶ τῶν ἄλλων αἰσθήσεων καὶ αἰσθητῶν. ὥσπερ γὰρ καὶ ἡ ποίησις καὶ ἡ πάθησις ἐν τῷ πάσχοντι ἀλλ' οὐκ ἐν τῷ ποιοῦντι, οὕτω καὶ ἡ τοῦ αἰσθητοῦ ἐνέργεια καὶ ἡ τοῦ αἰσθητικοῦ ἐν τῷ αἰσθητικῷ. ἀλλ' ἐπ' ἐνίων μὲν ὠνόμασται, οἷον ἡ ψόφησις καὶ ἡ ἄκουσις, ἐπ' ἐνίων δ' ἀνώνυμον θάτερον· ὅρασις γὰρ λέγεται ἡ τῆς ὄψεως ἐνέργεια, ἡ δὲ τοῦ χρώματος ἀνώνυμος, καὶ γεῦσις ἡ τοῦ γευστικοῦ, ἡ δὲ τοῦ χυμοῦ ἀνώνυμος.

感觉对象和感觉的现实活动是一个且是同一个，不过它们的"所是"（τὸ εἶναι）并不是同一个。我举个例子，比如说作为现实的声音（ὁ ψόφος ὁ κατ' ἐνέργειαν）和作为现实活动的听（ἡ ἀκοὴ ἡ κατ' ἐνέργειαν）。因为有听觉的可能没有在听，而有声音的也并不总在发出声音。不过，只要能够听的现实地在听，能发出声音的现实地在发出声音，那么作为现实活动的"听"和作为现实的声音就会同时产生。对此，人们就可以说：一个是在听，而另一个是在发出声音。

　　如果运动（也就是推动和受动）存在于被推动的事物之中，那么声音以及作为现实活动而存在的"听"就必然存在于作为潜能而存在的["听"的事物]那里。因为能产生者和能推动者的现实活动出现在受动者那里，因此推动事物运动的事物并不必然是在运动。因此，能够发出声音的事物的现实活动就是声音或发声，而能够听的事物的现实活动就是"听"（ἀκοὴ）或"在听"（ἄκουσις）。因为"听"具有两重意义，声音也具有两重意义①。

　　同样的论证也适用于其他感觉和感觉对象。因为正如行动和受动都发生在被影响的事物那里，而不在引发行动的事物那里，因此感觉对象和感觉能力（τοῦ αἰσθητικοῦ）的现实活动也都发生在能够感知的部分当中。不过，在某些情况下，它们各有名称，比如发声（ἡ ψόφησις）或听（ἡ ἄκουσις），而在其他情况下，有些则没有名称。因为视觉的现实活动被称为"看"（ὅρασις），而颜色的[现实活动]则没有名称；味觉的现实活动被称为"尝"（γεῦσις），但是味道的[现实活动]则没有名称。

---

① 即声音以现实的方式存在和以潜在的方式存在。

[426a15] ἐπεὶ δὲ μία μέν ἐστιν ἐνέργεια ἡ τοῦ αἰσθητοῦ καὶ τοῦ αἰσθητικοῦ, τὸ δ᾽ εἶναι ἕτερον, ἀνάγκη ἅμα φθείρεσθαι καὶ σώζεσθαι τὴν οὕτω λεγομένην ἀκοὴν καὶ ψόφον, καὶ χυμὸν δὴ καὶ γεῦσιν, καὶ τὰ ἄλλα ὁμοίως· τὰ δὲ κατὰ δύναμιν λεγόμενα οὐκ ἀνάγκη· ἀλλ᾽ οἱ πρότερον φυσιολόγοι τοῦτο οὐ καλῶς ἔλεγον, οὐθὲν οἰόμενοι οὔτε λευκὸν οὔτε μέλαν εἶναι ἄνευ ὄψεως, οὐδὲ χυμὸν ἄνευ γεύσεως. τῇ μὲν γὰρ ἔλεγον ὀρθῶς, τῇ δ᾽ οὐκ ὀρθῶς· διχῶς γὰρ λεγομένης τῆς αἰσθήσεως καὶ τοῦ αἰσθητοῦ, τῶν μὲν κατὰ δύναμιν τῶν δὲ κατ᾽ ἐνέργειαν, ἐπὶ τούτων μὲν συμβαίνει τὸ λεχθέν, ἐπὶ δὲ τῶν ἑτέρων οὐ συμβαίνει. ἀλλ᾽ ἐκεῖνοι ἁπλῶς ἔλεγον περὶ τῶν λεγομένων οὐχ ἁπλῶς.

[426a27] εἰ δ᾽ ἡ φωνὴ συμφωνία τίς ἐστιν, ἡ δὲ φωνὴ καὶ ἡ ἀκοὴ ἔστιν ὡς ἕν ἐστι [καὶ ἔστιν ὡς οὐχ ἓν τὸ αὐτό], λόγος δ᾽ ἡ συμφωνία, ἀνάγκη καὶ τὴν ἀκοὴν λόγον τινὰ εἶναι. καὶ διὰ τοῦτο καὶ φθείρει ἕκαστον ὑπερβάλλον, καὶ τὸ ὀξὺ καὶ τὸ βαρύ, τὴν ἀκοήν· ὁμοίως δὲ καὶ ἐν χυμοῖς τὴν γεῦσιν, καὶ ἐν χρώμασι τὴν ὄψιν τὸ σφόδρα λαμπρὸν ἢ ζοφερόν, καὶ ἐν ὀσφρήσει ἡ ἰσχυρὰ ὀσμή, καὶ γλυκεῖα καὶ πικρά, ὡς λόγου τινὸς ὄντος τῆς αἰσθήσεως. διὸ καὶ ἡδέα μέν, ὅταν εἰλικρινῆ καὶ ἄμικτα ὄντα ἄγηται εἰς τὸν λόγον, οἷον τὸ ὀξὺ ἢ γλυκὺ ἢ ἁλμυρόν, ἡδέα γὰρ τότε· ὅλως δὲ μᾶλλον τὸ μικτόν, συμφωνία, ἢ τὸ ὀξὺ ἢ βαρύ,

既然感觉对象和感觉部分的现实活动是同一个，而它们的所是并不是同一个，那么在这个意义上，被称为听声和发声的二者就必然同时毁灭和同时保存，味和尝也是一样，其他的也与此类似。但是在作为潜能的意义上而有此称谓的事物则并非如此。但是，此前那些自然哲学家对于这一点并没有给出好的说明，他们认为，没有视觉，也就没有白或黑，没有味觉，也就没有味道。所以说，他们一方面是对的，另一方面又是错的。因为我们是在两个意义上来说感觉和感觉对象的：一个是在潜能的意义上，另一个是在现实活动的意义上，自然哲学家的说法把握到了后者，但是没把握到前者。而他们是在不加限制地讨论那些并非没有限制的事物。

如果语音（ἡ φωνὴ）是某种和谐音（συμφωνία），而语音和"听"在某种意义上是一[①]，而如果和谐音是一种比例（λόγος），那么"听"也就必定是某种比例。出于这个原因，每一种过度（无论是尖音还是平音）就会毁掉"听"。同样，过度的味道会毁掉味觉，过度的颜色（太亮或是太暗）会毁掉视觉，过强的气味（无论是甜还是苦）会毁掉嗅觉——因为感觉就是这样一种比例。因此，当事物是纯粹的、非混合的，被置入某种比例当中时，比如说像酸、甜或咸，它们就是令人愉快的，因为这时它们就令人感到愉快。而一般来说，混合的事物，比如和谐音，则比尖音或平音更令人愉快。而对触觉来

---

① καὶ ἔστιν ὡς οὐχ ἓν τὸ αὐτό，而在另一种意义上不是一。OCT 本删去了这句话，但是 Reeve 选择保留。

ἁφῇ δὲ τὸ θερμαντὸν ἢ ψυκτόν·① ἡ δ' αἴσθησις ὁ λόγος· ὑπερβάλλοντα δὲ λύει ἢ φθείρει.

[426b8] ἑκάστη μὲν οὖν αἴσθησις τοῦ ὑποκειμένου αἰσθητοῦ ἐστίν, ὑπάρχουσα ἐν τῷ αἰσθητηρίῳ ᾗ αἰσθητήριον, καὶ κρίνει τὰς τοῦ ὑποκειμένου αἰσθητοῦ διαφοράς, οἷον λευκὸν μὲν καὶ μέλαν ὄψις, γλυκὺ δὲ καὶ πικρὸν γεῦσις· ὁμοίως δ' ἔχει τοῦτο καὶ ἐπὶ τῶν ἄλλων. ἐπεὶ δὲ καὶ τὸ λευκὸν καὶ τὸ γλυκὺ καὶ ἕκαστον τῶν αἰσθητῶν πρὸς ἕκαστον κρίνομεν, τινι② καὶ αἰσθανόμεθα ὅτι διαφέρει. ἀνάγκη δὴ αἰσθήσει· αἰσθητὰ γάρ ἐστιν. ᾗ καὶ δῆλον ὅτι ἡ σὰρξ οὐκ ἔστι τὸ ἔσχατον αἰσθητήριον· ἀνάγκη γὰρ ἂν ἦν ἁπτόμενον αὐτὸ κρίνειν τὸ κρῖνον. οὔτε δὴ κεχωρισμένοις ἐνδέχεται κρίνειν ὅτι ἕτερον τὸ γλυκὺ τοῦ λευκοῦ, ἀλλὰ δεῖ ἑνί τινι ἄμφω δῆλα εἶναι — οὕτω μὲν γὰρ κἂν εἰ τοῦ μὲν ἐγὼ τοῦ δὲ σὺ αἴσθοιο, δῆλον ἂν εἴη ὅτι ἕτερα ἀλλήλων, δεῖ δὲ τὸ ἓν λέγειν ὅτι ἕτερον· ἕτερον γὰρ τὸ γλυκὺ τοῦ λευκοῦ· λέγει ἄρα τὸ αὐτό· ὥστε ὡς λέγει, οὕτω καὶ νοεῖ καὶ αἰσθάνεται — ὅτι μὲν οὖν οὐχ οἷόν τε κεχωρισμένοις κρίνειν τὰ κεχωρισμένα, δῆλον·

---

① ἁφῇ δὲ τὸ θερμαντὸν ἢ ψυκτόν, OCT 本将这句删去，我依然保留。关于如何理解这句话，Reeve 认为应该添加一个 further，即 and for touch what can be [further] heated or cooled，意思是触觉上感到愉悦的状态应该是可以变得更热或更冷的，即介于过冷和过热之间的状态（参见 Reeve, p.144, note 303）。我同意 Reeve 的处理。

② 这里按某些抄本读作 τινι，OCT 本读作 τινὶ。参见 Reeve, p.145, note 304 以及 Shields, note 40。

说，能够变［得更］热和变［得更］冷的［状态则更令人愉快］。感觉就是某种比例，过度会损害或毁掉它。

因此，每一种感觉都涉及感觉的基底（τοῦ ὑποκειμένου αἰσθητοῦ），前者作为某种感觉器官而出现在感觉器官中，并分辨感觉基底的各种差异，比如说，视觉区分白和黑，味觉区分甜和苦，其他感觉则与此类似。既然我们是通过和其他［感觉对象的差别］来区分白、甜以及其他各个感知对象，那么我们又是通过什么而感知到它们彼此不同呢？肯定是通过感觉，因为这些都是感知的对象。由此就很清楚了：肉（ἡ σὰρξ）并不是最终的感觉器官，因为如果是这样的话，那么只要被触碰，进行区分的事物（τὸ κρῖνον）就肯定能够做出区分了。而且我们也不可能通过分离的事物来辨别，甜与白是不同的；不过，它们对于某个单一的事物来说肯定都是清楚的，否则的话，如果我用这种方式感知到一个事物，而你以另一种方式感知到另一个事物，那么显然它们就是彼此不同的；相反，应当是一个单一的事物说它们彼此不同，因为甜与白不同。所以，这同一个事物就［这么］说。而既然一个事物这么说，那它肯定就既有思考（νοεῖ）又有感知。这样一来就很清楚了：我们不可能通过分离的事物来区分分离的事物。

[426b23] ὅτι δ' οὐδ' ἐν κεχωρισμένῳ χρόνῳ, ἐντεῦθεν. ὥσπερ γὰρ τὸ αὐτὸ λέγει ὅτι ἕτερον τὸ ἀγαθὸν καὶ τὸ κακόν, οὕτω καὶ ὅτε θάτερον λέγει ὅτι ἕτερον καὶ θάτερον (οὐ κατὰ συμβεβηκὸς τὸ ὅτε, λέγω δ', οἷον νῦν λέγω ὅτι ἕτερον, οὐ μέντοι ὅτι νῦν ἕτερον, ἀλλ' οὕτω λέγει, καὶ νῦν καὶ ὅτι νῦν)· ἅμα ἄρα. ὥστε ἀχώριστον καὶ ἐν ἀχωρίστῳ χρόνῳ.

[426b29] ἀλλὰ μὴν ἀδύνατον ἅμα τὰς ἐναντίας κινήσεις κινεῖσθαι τὸ αὐτὸ ᾗ ἀδιαίρετον, καὶ ἐν ἀδιαιρέτῳ χρόνῳ. εἰ γὰρ γλυκύ, ὡδὶ κινεῖ τὴν αἴσθησιν ἢ τὴν νόησιν, τὸ δὲ πικρὸν ἐναντίως, καὶ τὸ λευκὸν ἑτέρως. ἆρ' οὖν ἅμα μὲν ἀριθμῷ ἀδιαίρετον καὶ ἀχώριστιον τὸ κρῖνον, τῷ εἶναι δὲ κεχωρισμένον; ἔστι δὴ [πως] ὡς τὸ διαιρετὸν τῶν διῃρημένων αἰσθάνεται, ἔστι δ' ὡς ᾗ ἀδιαίρετον· τῷ εἶναι μὲν γὰρ διαιρετόν, τόπῳ δὲ καὶ ἀριθμῷ ἀδιαίρετον. ἢ οὐχ οἷόν τε; δυνάμει μὲν γὰρ τὸ αὐτὸ καὶ ἀδιαίρετον τἀναντία, τῷ δ' εἶναι οὔ, ἀλλὰ τῷ ἐνεργεῖσθαι διαιρετόν, καὶ οὐχ οἷόν τε ἅμα λευκὸν καὶ μέλαν εἶναι, ὥστ' οὐδὲ τὰ εἴδη πάσχειν αὐτῶν, εἰ τοιοῦτον ἡ αἴσθησις καὶ ἡ νόησις.

根据以下说法，可见我们也不可能在分离的时间［区分分离的事物］。因为就像同一个事物说好与坏不同，当它说这个与那个不同的时候，它也说那个与这个不同，这里的"时候"（τὸ ὅτε）就不是偶然的。（而我的意思是，我现在说它们不同，不是说它们现在不同，而它则是现在说［它们］现在不同。）所以这些都是同时的。因此，它是不可分的，处于某种不可分的时间之中。

但是同一个事物也不可能在同一时间进行相反运动，它作为不可分的［事物］，处于不可分的时间之中。如果一个事物是甜的，它用一种方式推动感觉或思想，而苦的事物以相反的方式推动，白的事物又以不同的方式推动。那么，难道做出区分的事物既在数［量］上不可分，又不能分离，而其所是（τῷ εἶναι）却是可以分离的？一方面，的确是可分的事物感知那被区分的事物，但另一方面，它是作为不可分的事物［这样做］——因为它的所是是可分的，但是就空间位置和数而言，它是不可分的。或者说这是不可能的？因为同一个不可分的事物也可能在潜能的意义上是相反的，尽管它的所是并非如此，但是当它得到实现时（τῷ ἐνεργεῖσθαι）则已经经过划分。而且，它不可能同时既是黑的又是白的，这样它也就不可能同时受到这些形式（τὰ εἴδη）的影响——如果感觉和思想是这样的事物。

[427a9] ἀλλ' ὥσπερ ἣν καλοῦσί τινες στιγμήν, ᾗ μία καὶ δύο, ταύτῃ <καὶ ἀδιαίρετος> καὶ διαιρετή. ᾗ μὲν οὖν ἀδιαίρετον, ἓν τὸ κρῖνόν ἐστι καὶ ἅμα, ᾗ δὲ διαιρετὸν ὑπάρχει, δὶς τῷ αὐτῷ χρῆται σημείῳ ἅμα· ᾗ μὲν οὖν δὶς χρῆται τῷ πέρατι, δύο κρίνει καὶ κεχωρισμένα①, ἔστιν ὡς κεχωρισμένως· ᾗ δὲ ἑνί, ἓν καὶ ἅμα. περὶ μὲν οὖν τῆς ἀρχῆς ᾗ φαμὲν τὸ ζῷον αἰσθητικὸν εἶναι, διωρίσθω τὸν τρόπον τοῦτον.

---

① 这句 OCT 本读作 δύο κρίνει καὶ [κεχωρισμένα] ἔστιν ὡς κεχωρισμένως, 我这里依 Hamlyn 和 Reeve 的读法，保留 κεχωρισμένα。参见 Reeve, p.147, note 314。

相反，这就像有些人称呼"点"的做法：就它是一和二而言，它＜既是不可分的又＞是可分的。因此，就它是不可分的而言，做出区分的事物是一，且在同一个时间做出区分；但是就其具有可分性（διαιρετὸν）而言，它在同一时刻两次使用同一个标记（τῷ αὐτῷ σημείῳ）①。当它两次运用限度（τῷ πέρατι）②，在这个意义上它就区分了两个已经分离的事物，而且是以一种分离的方式。而它以这种方式将［限度］作为一［次］来使用时，它就在同一个时间区分了一个事物。至此，有关我们所说的动物能够感觉的本原，我们已经做了如上说明。

---

① τῷ αὐτῷ σημείῳ, Shields 译为 token，Reeve 译作 seal，即印在感觉或感知能力之上的形式。参见 Reeve, p.147, note 313。

② τῷ πέρατι, Reeve 认为这里是指两次运用标记的记录。参见 Reeve, p.147, note 314。

第三章

[427a17] Ἐπεὶ δὲ δύο διαφοραῖς ὁρίζονται μάλιστα τὴν ψυχήν, κινήσει τε τῇ κατὰ τόπον καὶ τῷ νοεῖν καὶ φρονεῖν καὶ αἰσθάνεσθαι, δοκεῖ δὲ καὶ τὸ νοεῖν καὶ τὸ φρονεῖν ὥσπερ αἰσθάνεσθαί τι εἶναι (ἐν ἀμφοτέροις γὰρ τούτοις κρίνει τι ἡ ψυχὴ καὶ γνωρίζει τῶν ὄντων), καὶ οἵ γε ἀρχαῖοι τὸ φρονεῖν καὶ τὸ αἰσθάνεσθαι ταὐτὸν εἶναί φασιν — ὥσπερ καὶ Ἐμπεδοκλῆς εἴρηκε "πρὸς παρεὸν γὰρ μῆτις ἀέξεται ἀνθρώποισιν" καὶ ἐν ἄλλοις "ὅθεν σφίσιν αἰεὶ καὶ τὸ φρονεῖν ἀλλοῖα παρίσταται", τὸ δ᾿ αὐτὸ τούτοις βούλεται καὶ τὸ Ὁμήρου "τοῖος γὰρ νόος ἐστίν", πάντες γὰρ οὗτοι τὸ νοεῖν σωματικὸν ὥσπερ τὸ αἰσθάνεσθαι ὑπολαμβάνουσιν, καὶ αἰσθάνεσθαί τε καὶ φρονεῖν τῷ ὁμοίῳ τὸ ὅμοιον, ὥσπερ καὶ ἐν τοῖς κατ᾿ ἀρχὰς λόγοις διωρίσαμεν (καίτοι ἔδει ἅμα καὶ περὶ τοῦ ἠπατῆσθαι αὐτοὺς λέγειν, οἰκειότερον γὰρ τοῖς ζῴοις, καὶ πλείω χρόνον ἐν τούτῳ διατελεῖ ἡ ψυχή· διὸ ἀνάγκη ἤτοι, ὥσπερ ἔνιοι λέγουσι, πάντα τὰ φαινόμενα εἶναι ἀληθῆ, ἢ τὴν τοῦ ἀνομοίου θίξιν ἀπάτην εἶναι, τοῦτο γὰρ ἐναντίον τῷ τὸ ὅμοιον τῷ ὁμοίῳ γνωρίζειν· δοκεῖ δὲ καὶ ἡ ἀπάτη καὶ ἡ ἐπιστήμη τῶν ἐναντίων ἡ αὐτὴ εἶναι) — ὅτι μὲν οὖν οὐ ταὐτόν

有两个突出的差异，人们多用它们来定义灵魂：一个是空间位置的运动，一个是理解（νοεῖν）、思虑（φρονεῖν）和感知（αἰσθάνεσθαι）。理解和思虑看起来就像某种［形式的］感知（因为在这两种活动中，灵魂都对某个存在物进行辨别和认识）。实际上，古人说思虑和感知就是同一种［活动］。例如，恩培多克勒说过，"智慧（μῆτις）随着人们面前出现的事物而提高"，在其他地方，他还说过，"于是人们连续不断地思虑出现在他们眼前的事物"。荷马的说法"心灵就是这样"也是同样的意思。因为所有这些人都把理解看作是有形体的［活动］，就像感知一样，而感知和思虑被认为是［采取］同类认识同类［的原理］，这一点我们在讨论一开始就说明了。① （但是他们同时应该也提到出错［的情形］，因为这更符合动物［的情形］，而且灵魂在这种情况下要耗费更多的时间。因此，正如有些人所说②，要么一切表象［πάντα τὰ φαινόμενα］都必然是真的，要么必然由于接触不同事物而犯错，因为这是与"同类认识同类"相反的。）不过，对于相反者的错误和知识似乎是相同的。感知和思虑不同，这一点是清楚的，因为一切动物都有感知，但是能思虑的动物则非常少。而理解不是［像感知这样］：在

---

① 参见本书 I.2 404b8-405b10，405b13-19。

② 例如德谟克利特。

ἐστι τὸ αἰσθάνεσθαι καὶ τὸ φρονεῖν, φανερόν· τοῦ μὲν γὰρ πᾶσι μέτεστι, τοῦ δὲ ὀλίγοις τῶν ζῴων. ἀλλ᾽ οὐδὲ τὸ νοεῖν, ἐν ᾧ ἐστι τὸ ὀρθῶς καὶ τὸ μὴ ὀρθῶς, τὸ μὲν ὀρθῶς φρόνησις καὶ ἐπιστήμη καὶ δόξα ἀληθής, τὸ δὲ μὴ ὀρθῶς τἀναντία τούτων — οὐδὲ τοῦτό ἐστι ταὐτὸ τῷ αἰσθάνεσθαι· ἡ μὲν γὰρ αἴσθησις τῶν ἰδίων ἀεὶ ἀληθής, καὶ πᾶσιν ὑπάρχει τοῖς ζῴοις, διανοεῖσθαι δ᾽ ἐνδέχεται καὶ ψευδῶς, καὶ οὐδενὶ ὑπάρχει ᾧ μὴ καὶ λόγος· φαντασία γὰρ ἕτερον καὶ αἰσθήσεως καὶ διανοίας, αὕτη τε οὐ γίγνεται ἄνευ αἰσθήσεως, καὶ ἄνευ ταύτης οὐκ ἔστιν ὑπόληψις.

[427b16] ὅτι δ᾽ οὐκ ἔστιν ἡ αὐτὴ [νόησις] καὶ ὑπόληψις, φανερόν. τοῦτο μὲν γὰρ τὸ πάθος ἐφ᾽ ἡμῖν ἐστιν, ὅταν βουλώμεθα (πρὸ ὀμμάτων γὰρ ἔστι τι ποιήσασθαι, ὥσπερ οἱ ἐν τοῖς μνημονικοῖς τιθέμενοι καὶ εἰδωλοποιοῦντες), δοξάζειν δ᾽ οὐκ ἐφ᾽ ἡμῖν· ἀνάγκη γὰρ ἢ ψεύδεσθαι ἢ ἀληθεύειν. ἔτι δὲ ὅταν μὲν δοξάσωμεν δεινόν τι ἢ φοβερόν, εὐθὺς συμπάσχομεν, ὁμοίως δὲ κἂν θαρραλέον· κατὰ δὲ τὴν φαντασίαν ὡσαύτως ἔχομεν ὥσπερ ἂν εἰ θεώμενοι ἐν γραφῇ τὰ δεινὰ ἢ θαρραλέα. εἰσὶ δὲ καὶ αὐτῆς τῆς ὑπολήψεως διαφοραί, ἐπιστήμη καὶ δόξα καὶ φρόνησις καὶ τἀναντία τούτων, περὶ ὧν τῆς διαφορᾶς ἕτερος ἔστω λόγος.

[427b27] περὶ δὲ τοῦ νοεῖν, ἐπεὶ ἕτερον τοῦ αἰσθάνεσθαι, τούτου δὲ τὸ μὲν φαντασία δοκεῖ εἶναι τὸ δὲ ὑπόληψις, περὶ φαντασίας διορίσαντας οὕτω περὶ θατέρου λεκτέον. εἰ δή ἐστιν ἡ φαντασία καθ᾽ ἣν λέγομεν

理解中有正确也有不正确，正确的就是智慧（φρόνησις）、知识和真信念，不正确的则是它们的反面——这与感知也不相同。因为对特有的感觉对象（τῶν ἰδίων）的感觉总是真的，而且所有动物都有［这种感觉］，但思考（διανοεῖσθαι）依然可能有错，而且，在没有理性的［动物］那里，也没有［思考］；因为想象（φαντασία）既不同于感觉也不同于思想（διανοίας）：没有感觉，想象就不会出现；而没有想象，也就不会有断定（ὑπόληψις）。

但想象与断定不同，这一点也是清楚的。因为这种受影响的状态是取决于我们的，只要我们愿意（因为［想象］有可能在我们眼前产生某个东西，就像那些将事物置入助记系统①［τοῖς μνημονικοῖς］中并造成影像的人所做的）；但是"相信"（δοξάζειν）并不取决于我们，因为它必定要么是假的，要么是真的。而且，当我们相信某事很可怕或骇人时，我们立即就受到了相应的影响，而如果［我们相信］某事令人振奋，［也会］类似地［受其影响］；但是，就想象而言，我们的情况就像那些在一幅画中看到可怕的或振奋的事物的人一样。

断定本身还包括了很多不同［的类别］：知识、信念、智慧以及与它们相反的状态，不过它们之间的差别，就需要另作讨论了。

关于理解，既然它不同于感知，而且似乎一方面包括想象，另一方面也包括断定，因此，在继续讨论另一个［即"理解"］之前，我们必须对想象提出一些界定（διορίσαντας）。所以，如果想象就

---

① τοῖς μνημονικοῖς，指"记忆术"。

φάντασμά τι ἡμῖν γίγνεσθαι καὶ μὴ εἴ τι κατὰ μεταφορὰν λέγομεν, <ἆρα> μία τις ἔστι τούτων δύναμις ἢ ἕξις καθ' ἃς κρίνομεν καὶ ἀληθεύομεν ἢ ψευδόμεθα; τοιαῦται δ' εἰσὶν αἴσθησις, δόξα, ἐπιστήμη, νοῦς.

[428a5] ὅτι μὲν οὖν οὐκ ἔστιν αἴσθησις, δῆλον ἐκ τῶνδε. αἴσθησις μὲν γὰρ ἤτοι δύναμις ἢ ἐνέργεια, οἷον ὄψις καὶ ὅρασις, φαίνεται δέ τι καὶ μηδετέρου ὑπάρχοντος τούτων, οἷον τὰ ἐν τοῖς ὕπνοις. εἶτα αἴσθησις μὲν ἀεὶ πάρεστι, φαντασία δ' οὔ. εἰ δὲ τῇ ἐνεργείᾳ τὸ αὐτό, πᾶσιν ἂν ἐνδέχοιτο τοῖς θηρίοις φαντασίαν ὑπάρχειν· δοκεῖ δ' οὔ, οἷον μύρμηκι ἢ μελίττῃ, σκώληκι δ' οὔ. εἶτα αἱ μὲν ἀληθεῖς ἀεί, αἱ δὲ φαντασίαι γίνονται αἱ πλείους ψευδεῖς. ἔπειτα οὐδὲ λέγομεν, ὅταν ἐνεργῶμεν ἀκριβῶς περὶ τὸ αἰσθητόν, ὅτι φαίνεται τοῦτο ἡμῖν ἄνθρωπος, ἀλλὰ μᾶλλον ὅταν μὴ ἐναργῶς αἰσθανώμεθα πότερον① ἀληθὴς ἢ ψευδής. καὶ ὅπερ δὴ ἐλέγομεν πρότερον, φαίνεται καὶ μύουσιν ὁράματα.

[428a16] ἀλλὰ μὴν οὐδὲ τῶν ἀεὶ ἀληθευουσῶν οὐδεμία ἔσται, οἷον ἐπιστήμη ἢ νοῦς· ἔστι γὰρ φαντασία καὶ ψευδής. λείπεται ἄρα ἰδεῖν εἰ

---

① 这里按 Hamlyn、各抄本以及 Reeve 读作 τότε ἀληθὴς ἢ ψευδής。

是这样一种东西——由于它的缘故，我们说某个显像（φάντασμά）在我们这里出现，而且如果我们不是作为比喻来说的，那么这当中是否有某种能力或状态^①，通过它，我们能够分辨，能够认识真理或谬误？感觉、信念、知识和理解都属于这类［能力或状态］。

因此，从以下论述中可以看到，想象不是感觉。感觉或是一种能力或现实活动，就好比视力和观看，但是这二者没有出现的时候，有些东西也可以向我们显现，例如梦中的事物。其次，感觉总是出现，而想象并非如此。^②但是，如果它们在现实活动中是同一个，那么一切野兽都有可能具有想象，不过情况看来不是这样。比如说，蚂蚁或蜜蜂有［想象］，而蛴螬却没有［想象］。^③再次，感觉总是真的，而想象大多数时候都是假的。再者，我们不会说，当我们对于感觉对象精确地运用［感觉能力］时，这个［对象］在我们面前显得像是一个人；相反，当我们没有确切地感知［它］时，我们的感觉才会或者真或者假。而且，就像我们之前说过的，即使我们闭上眼，也还是会有可见的事物［在眼前］显现。

而且，想象也不属于那些总是正确的东西，例如知识或理智（νοῦς）；因为想象也可以是假的。因此，我们还需要看看它是不是

---

① καθ' ἅς，这里从 OCT 本的读法，理解为有多种能力或状态，这里指当中的某一种，字面译法为"这些能力或状态当中有某一种，我们凭借这些能力或状态能够分辨，能够认识真理或谬误"。各抄本作 καθ' ἥν，Reeve (p.150, note 328) 认为这是指各种显像当中的某种能力或状态。

② 意思是说所有的动物都具有感觉，但不是所有的动物都有想象。

③ 这里按 Ross (1961) 的读法：οἶον μύρμηκι ἢ μελίττῃ, σκώληκι δ' οὔ，即蚂蚁和蜜蜂有想象，而蛴螬没有想象。OCT 本读作 οἶον μύρμηκι ἢ μελίττῃ, καὶ σκώληκι，即蚂蚁、蜜蜂和蛴螬都没有想象。在文本的选择上，我同意 Reeve 的理由：亚里士多德认为蜜蜂和蚂蚁可以具有 phronēsis（当然也就具有想象），而蛴螬作为一种不完备的动物形态，被认为没有想象能力或活动。相关解释及文本参见 Reeve, p.151, note 331。

δόξα· γίνεται γὰρ δόξα καὶ ἀληθὴς καὶ ψευδής. ἀλλὰ δόξῃ μὲν ἕπεται πίστις (οὐκ ἐνδέχεται γὰρ δοξάζοντα οἷς δοκεῖ μὴ πιστεύειν), τῶν δὲ θηρίων οὐθενὶ ὑπάρχει πίστις, φαντασία δὲ πολλοῖς. [ἔτι πάσῃ μὲν δόξῃ ἀκολουθεῖ πίστις, πίστει δὲ τὸ πεπεῖσθαι, πειθοῖ δὲ λόγος· τῶν δὲ θηρίων ἐνίοις φαντασία μὲν ὑπάρχει, λόγος δ' οὔ.]①

[428a24]   φανερὸν τοίνυν ὅτι οὐδὲ δόξα μετ' αἰσθήσεως, οὐδὲ δι' αἰσθήσεως, οὐδὲ συμπλοκὴ δόξης καὶ αἰσθήσεως, φαντασία ἂν εἴη, διά τε ταῦτα καὶ διότι② οὐκ ἄλλου τινὸς ἔσται ἡ δόξα, ἀλλ' ἐκείνου, εἴπερ ἔστιν, οὗ καὶ ἡ αἴσθησις· λέγω δ', ἐκ τῆς τοῦ λευκοῦ δόξης καὶ αἰσθήσεως ἡ συμπλοκὴ φαντασία ἔσται· οὐ γὰρ δὴ ἐκ τῆς δόξης μὲν τῆς τοῦ ἀγαθοῦ, αἰσθήσεως δὲ τῆς τοῦ λευκοῦ. τὸ οὖν φαίνεσθαι ἔσται τὸ δοξάζειν ὅπερ αἰσθάνεται, μὴ κατὰ συμβεβηκός. Φαίνεται δέ γε καὶ ψευδῆ, περὶ ὧν ἅμα ὑπόληψιν ἀληθῆ ἔχει, οἷον φαίνεται μὲν ὁ ἥλιος ποδιαῖος, πιστεύεται δ' εἶναι μείζων τῆς οἰκουμένης· συμβαίνει οὖν ἤτοι ἀποβεβληκέναι τὴν ἑαυτοῦ ἀληθῆ δόξαν, ἣν εἶχε, σωζομένου τοῦ πράγματος, μὴ ἐπιλαθόμενον μηδὲ μεταπεισθέντα, ἢ εἰ ἔτι ἔχει, ἀνάγκη τὴν αὐτὴν ἀληθῆ εἶναι καὶ ψευδῆ. ἀλλὰ ψευδὴς ἐγένετο ὅτε λάθοι μεταπεσὸν τὸ πρᾶγμα. οὔτ' ἄρα ἕν τι τούτων ἐστὶν οὔτ' ἐκ τούτων ἡ φαντασία.

---

① OCT 本和 Ross (1961) 都将这句话删去，认为是对 a19-22 的重复，但是大多数译本都加以保留。

② 这里跟从 Hamlyn, Reeve 和各抄本，将 OCT 本的 διότι 读作 δῆλον ὅτι。

信念；因为信念可以是真的或假的。但是确信（πίστις）是伴随信念而产生的（因为我们不可能相信那些对之有信念，但没有确信的事物）；尽管野兽都不具有确信，但很多野兽有想象。进一步说，每一个信念都蕴含确信，确信意味着被说服，而说服蕴含理性；而虽然某些野兽具有想象，但任何野兽都不具有理性。

因此很清楚，想象既不是与感觉相伴随的信念，也并非通过感觉而获得［的信念］，也不是信念和感觉的结合（συμπλοκή）——因为［前面所说的］这些原因，也因为信念显然不是关于其他［事物］，而只关于感觉的对象，如果它存在的话。我的意思是说，想象来自于"白"的信念和对于"白"的感觉的结合，因为它肯定不是来自对于"善"的信念与对于"白"的感觉［的结合］。这样的话，在想象中显现的（τὸ φαίνεσθαι）就是并非偶然地相信所感知的［东西］。但事物确实可以错误地［向我们］显现，即使是对那些我们同时具有一个正确假设的事物；比如太阳显得只有一步宽，而我们确信它比我们所居住的这个世界更大。这样看来，或者我们放弃了曾具有的那个真信念，即使事情保持原样，而我们也没有忘记或是被说服改变［观点］；或者，如果我们还有［信念］，那这同一个［信念］必然既是真的又是假的。但是，只有当事物在我们没注意的时候发生变化，［信念］才会变成假的。所以，想象既不是这些当中的某一个，也不是其中几个的结合。

[428b10] ἀλλ᾽ ἐπειδὴ ἔστι κινηθέντος τουδὶ κινεῖσθαι ἕτερον ὑπὸ τούτου, ἡ δὲ φαντασία κίνησίς τις δοκεῖ εἶναι καὶ οὐκ ἄνευ αἰσθήσεως γίνεσθαι ἀλλ᾽ αἰσθανομένοις καὶ ὧν αἴσθησις ἔστιν, ἔστιν δὲ γίνεσθαι κίνησιν ὑπὸ τῆς ἐνεργείας τῆς αἰσθήσεως, καὶ ταύτην ὁμοίαν ἀνάγκη εἶναι τῇ αἰσθήσει, εἴη ἂν αὕτη ἡ κίνησις οὔτε ἄνευ αἰσθήσεως ἐνδεχομένη οὔτε μὴ αἰσθανομένοις ὑπάρχειν, καὶ πολλὰ κατ᾽ αὐτὴν καὶ ποιεῖν καὶ πάσχειν τὸ ἔχον, καὶ εἶναι καὶ ἀληθῆ καὶ ψευδῆ.

[428b17] τοῦτο δὲ συμβαίνει διὰ τάδε· ἡ αἴσθησις τῶν μὲν ἰδίων ἀληθής ἐστιν ἢ ὅτι ὀλίγιστον ἔχουσα τὸ ψεῦδος. δεύτερον δὲ τοῦ συμβεβηκέναι ταῦτα <ἃ συμβέβηκε τοῖς αἰσθητοῖς>· καὶ ἐνταῦθα ἤδη ἐνδέχεται διαψεύδεσθαι· ὅτι μὲν γὰρ λευκόν, οὐ ψεύδεται, εἰ δὲ τοῦτο τὸ λευκὸν ἢ ἄλλο τι, ψεύδεται. τρίτον δὲ τῶν κοινῶν καὶ ἑπομένων τοῖς συμβεβηκόσιν οἷς ὑπάρχει τὰ ἴδια (λέγω δ᾽ οἷον κίνησις καὶ μέγεθος) [ἃ συμβέβηκε τοῖς αἰσθητοῖς]· περὶ ἃ μάλιστα ἤδη ἔστιν ἀπατηθῆναι κατὰ τὴν αἴσθησιν.

[428b25] ἡ δὲ κίνησις ἡ ὑπὸ τῆς ἐνεργείας τῆς αἰσθήσεως γινομένη διοίσει, ἡ ἀπὸ τούτων τῶν τριῶν αἰσθήσεων, καὶ ἡ μὲν πρώτη παρούσης τῆς αἰσθήσεως ἀληθής, αἱ δ᾽ ἕτεραι καὶ παρούσης καὶ ἀπούσης εἶεν ἂν ψευδεῖς, καὶ μάλιστα ὅταν πόρρω τὸ αἰσθητὸν ᾖ.

不过，既然一个东西在运动而另一个东西可以被它推动，既然想象被认为是一种运动且没有感觉就不会发生，而是只会发生在有感觉的事物那里且关于那些作为感觉对象的事物，并且，既然运动有可能通过感觉的现实活动而发生，而运动必然类似于感觉，那么这个运动既不能离开感觉而发生，也不可能属于没有感觉的事物；而且，具有［想象］的事物依据它［即想象］而做或遭受很多事情，而它［即想象］既有可能是真的，也有可能是假的。

这是出于以下原因：［首先，］一方面，对特有对象的感觉是真的，或者只有在最小的程度上是假的。其次，另一方面，对于这些偶性［也有感觉］，＜也就是感觉对象的偶性＞，在这里可能会发生错误：因为对于"是白色的"这个事实，［感觉］是不会出错的；但是对于"这个事物还是那个事物是白色的"，那就可能会出错。第三，对于共通的感觉对象［也有感觉］，也就是那些伴随着偶性的事物，后者也有特有的感觉对象（我说的是，比如说，运动和广延）。而对于它们，就感觉来说是最有可能出错的。

不过，由于感觉的现实活动而产生的运动，也就是来自于这三种感觉［的运动］，会有所不同：只要有感觉出现，第一种就是真的，而另外两种则不管有没有［感觉］出现，都有可能是假的，当感知对象距离遥远时尤其如此。

[428b30] εἰ οὖν μηθὲν ἄλλο ἔχει τὰ εἰρημένα ἢ φαντασία (τοῦτο δ' ἐστὶ τὸ λεχθέν), ἡ φαντασία ἂν εἴη κίνησις ὑπὸ τῆς αἰσθήσεως τῆς κατ' ἐνέργειαν γιγνομένη. ἐπεὶ δ' ἡ ὄψις μάλιστα αἴσθησίς ἐστι, καὶ τὸ ὄνομα ἀπὸ τοῦ φάους εἴληφεν, ὅτι ἄνευ φωτὸς οὐκ ἔστιν ἰδεῖν. καὶ διὰ τὸ ἐμμένειν καὶ ὁμοίας εἶναι ταῖς αἰσθήσεσι, πολλὰ κατ' αὐτὰς πράττει τὰ ζῷα, τὰ μὲν διὰ τὸ μὴ ἔχειν νοῦν, οἷον τὰ θηρία, τὰ δὲ διὰ τὸ ἐπικαλύπτεσθαι τὸν νοῦν ἐνίοτε πάθει ἢ νόσῳ ἢ ὕπνῳ, οἷον οἱ ἄνθρωποι. περὶ μὲν οὖν φαντασίας, τί ἐστι καὶ διὰ τί ἐστιν, εἰρήσθω ἐπὶ τοσοῦτον.

因此，如果除了想象之外，没有其他东西具有我们前面讲过的［特征］，那么想象就是一种由感觉的现实活动而导致的运动。既然视力就是最主要的感觉，那么"想象"（φαντασία）这个名称就是从"光"（τοῦ φάους）得来的，因为若没有光就不可能看见。而且，由于［想象］是持续存在的并且与感觉相似，于是动物就根据它们而做出很多行动，其中一些［这样做］是因为没有理性，比如野兽；而另一些这样做，则是由于理性有时候被情感、疾病或睡眠所遮蔽，比如人类。至此，关于想象，关于它是什么和为什么如此，我们就说这么多。

第四章

[429a10] Περὶ δὲ τοῦ μορίου τοῦ τῆς ψυχῆς ᾧ γινώσκει τε ἡ ψυχὴ καὶ φρονεῖ, εἴτε χωριστοῦ ὄντος εἴτε μὴ χωριστοῦ κατὰ μέγεθος ἀλλὰ κατὰ λόγον, σκεπτέον τίν' ἔχει διαφοράν, καὶ πῶς ποτὲ γίνεται τὸ νοεῖν. εἰ δή ἐστι τὸ νοεῖν ὥσπερ τὸ αἰσθάνεσθαι, ἢ πάσχειν τι ἂν εἴη ὑπὸ τοῦ νοητοῦ ἤ τι τοιοῦτον ἕτερον. ἀπαθὲς ἄρα δεῖ εἶναι, δεκτικὸν δὲ τοῦ εἴδους καὶ δυνάμει τοιοῦτον ἀλλὰ μὴ τοῦτο, καὶ ὁμοίως ἔχειν, ὥσπερ τὸ αἰσθητικὸν πρὸς τὰ αἰσθητά, οὕτω τὸν νοῦν πρὸς τὰ νοητά.

[429a18] ἀνάγκη ἄρα, ἐπεὶ πάντα νοεῖ, ἀμιγῆ εἶναι, ὥσπερ φησὶν Ἀναξαγόρας, ἵνα κρατῇ, τοῦτο δ' ἐστὶν ἵνα γνωρίζῃ (παρεμφαινόμενον γὰρ κωλύει τὸ ἀλλότριον καὶ ἀντιφράττει)· ὥστε μηδ' αὐτοῦ εἶναι φύσιν μηδεμίαν ἀλλ' ἢ ταύτην, ὅτι δυνατός. ὁ ἄρα καλούμενος τῆς ψυχῆς νοῦς (λέγω δὲ νοῦν ᾧ διανοεῖται καὶ ὑπολαμβάνει ἡ ψυχή) οὐθέν ἐστιν ἐνεργείᾳ τῶν ὄντων πρὶν νοεῖν· διὸ οὐδὲ μεμῖχθαι εὔλογον αὐτὸν τῷ σώματι· ποιός τις γὰρ ἂν γίγνοιτο, ἢ ψυχρὸς ἢ θερμός, κἂν ὄργανόν τι εἴη, ὥσπερ τῷ αἰσθητικῷ· νῦν δ' οὐθέν ἐστιν. καὶ εὖ δὴ οἱ λέγοντες τὴν ψυχὴν εἶναι τόπον εἰδῶν, πλὴν ὅτι οὔτε ὅλη ἀλλ' ἡ νοητική, οὔτε ἐντελεχείᾳ ἀλλὰ δυνάμει τὰ εἴδη.

关于灵魂中用以认识和思虑（φρονεῖ）的部分——它是不是可分的，还是在量上不可分，而只在定义上可分，我们必须考虑它［即理性部分］的差别，以及理解（νοεῖν）是如何产生的。如果理解就像感知（τὸ αἰσθάνεσθαι）一样，那它要么是受理智对象的某种影响［而产生］，要么是其他某个同类的事物。因此，它肯定不受影响，却又能接受形式（τοῦ εἴδους），它潜在地是这类事物，但并不是这个事物。而且，正如感觉能力肯定与感觉对象相关，理解也肯定与理解的对象（τὰ νοητά）相关。

因此，既然它理解一切事物，它必然就是非混合的，正如阿纳克萨戈拉所说，为了主导［一切］，而这就是说，为了认识［一切］（因为任何其他物质介入都会妨碍或阻塞它）。因此它的本性就只能是这个，即作为潜能的存在。因此，灵魂的这个被称为"理性"的部分（我说的"理性"，是指灵魂借以思考和把握事物的部分），在理解之前，它还不是作为现实的存在。因此，它不和身体混合，这是合理的：否则它会变成某种性质，或是冷，或是热，或者会有某种器官，就像感觉能力［具有感觉器官］一样。而现在［它］并没有这些。

于是，那些人说灵魂是形式的（εἰδῶν）处所，这说得很对，不过不是整个灵魂，而是理性灵魂（ἡ νοητική），而这些形式也并非现实，而是潜在地存在。

[429a29]   ὅτι δ' οὐχ ὁμοία ἡ ἀπάθεια τοῦ αἰσθητικοῦ καὶ τοῦ νοητικοῦ, φανερὸν ἐπὶ τῶν αἰσθητηρίων καὶ τῆς αἰσθήσεως. ἡ μὲν γὰρ αἴσθησις οὐ δύναται αἰσθάνεσθαι ἐκ τοῦ σφόδρα αἰσθητοῦ, οἷον ψόφου ἐκ τῶν μεγάλων ψόφων, οὐδ' ἐκ τῶν ἰσχυρῶν χρωμάτων καὶ ὀσμῶν οὔτε ὁρᾶν οὔτε ὀσμᾶσθαι· ἀλλ' ὁ νοῦς ὅταν τι νοήσῃ σφόδρα νοητόν, οὐχ ἧττον νοεῖ τὰ ὑποδεέστερα, ἀλλὰ καὶ μᾶλλον· τὸ μὲν γὰρ αἰσθητικὸν οὐκ ἄνευ σώματος, ὁ δὲ χωριστός.

[429b6]   ὅταν δ' οὕτως ἕκαστα γένηται ὡς ὁ ἐπιστήμων λέγεται ὁ κατ' ἐνέργειαν (τοῦτο δὲ συμβαίνει ὅταν δύνηται ἐνεργεῖν δι' αὑτοῦ), ἔστι μὲν καὶ τότε δυνάμει πως, οὐ μὴν ὁμοίως καὶ πρὶν μαθεῖν ἢ εὑρεῖν· καὶ αὐτὸς δι' αὑτοῦ τότε δύναται νοεῖν.

[429b10]   ἐπεὶ δ' ἄλλο ἐστὶ τὸ μέγεθος καὶ τὸ μεγέθει εἶναι, καὶ ὕδωρ καὶ ὕδατι εἶναι (οὕτω δὲ καὶ ἐφ' ἑτέρων πολλῶν, ἀλλ' οὐκ ἐπὶ πάντων· ἐπ' ἐνίων γὰρ ταὐτόν ἐστι), τὸ σαρκὶ εἶναι καὶ σάρκα ἢ ἄλλῳ ἢ ἄλλως ἔχοντε κρίνει· ἡ γὰρ σὰρξ οὐκ ἄνευ τῆς ὕλης, ἀλλ' ὥσπερ τὸ σιμόν, τόδε ἐν τῷδε. τῷ μὲν οὖν αἰσθητικῷ τὸ θερμὸν καὶ τὸ ψυχρὸν κρίνει, καὶ ὧν λόγος τις ἡ σάρξ· ἄλλῳ δέ, ἤτοι χωριστῷ ἢ ὡς ἡ κεκλασμένη ἔχει πρὸς αὐτὴν ὅταν ἐκταθῇ, τὸ σαρκὶ εἶναι κρίνει.

[429b18]   πάλιν δ' ἐπὶ τῶν ἐν ἀφαιρέσει ὄντων τὸ εὐθὺ ὡς τὸ σιμόν· μετὰ συνεχοῦς γάρ· τὸ δὲ τί ἦν εἶναι, εἰ ἔστιν ἕτερον τὸ εὐθεῖ εἶναι καὶ τό

感觉的部分与理性（τοῦ νοητικοῦ）的部分都不受影响（ἡ ἀπάθεια），但是［它们不受影响的方式］并不相同，这在感觉器官和感觉方面表现得很清楚。因为感觉遇到强烈的感觉对象之后就无法感知，比如说，［无法］在［听到］特别响的声音之后听到声音，也无法在［看到］特别浓烈的颜色或味道之后看到［颜色］或闻到［气味］。但是当理性（ὁ νοῦς）理解某个程度较强的理智对象时，它［之后］对于那些较弱的［对象］，不会理解得更少，而是更多。因为感觉能力并不是脱离身体的，而理性则是可分离的。

当它［理性］以下面这种方式成为各个事物，就像我们说有知识的人（ὁ ἐπιστήμων）是在现实意义上［具有知识］（当他通过自身而能够进行现实活动，就会出现这种情况），即使［在那时］它在某种意义上也是作为潜能而存在，尽管不是像它在学习或发现之前那样存在——那样它就能通过自身而进行理解。

既然"量"（τὸ μέγεθος）与"量的所是"（τὸ μεγέθει εἶναι）不同，那么"水"也和"水的所是"不同（其他很多事物也是如此，但并非所有事物都是这样，因为在某些情况下，二者是相同的），于是我们就可以通过不同的事物，或者通过事物的不同状态来区分"肉的所是"（τὸ σαρκὶ εἶναι）和"肉"（σάρκα）。因为肉并不是不带质料的，而是像"塌鼻"（τὸ σιμόν），它是"这个"在"这个"当中（τόδε ἐν τῷδε）。因此，我们可以通过感觉能力来区分热和冷，以及那些某种比例是肉的事物。但是我们通过其他事物来区分"肉的所是"，或者通过某种分离的事物，或者通过某种类似于"曲线被拉直之后与原先之间的关系"之类的事物。

再者，对于那些抽象地存在的事物，直线就像"塌鼻"一样，都是连续的。不过，如果"直线的所是"和"直线"不同，那么

εὐθύ, ἄλλο· ἔστω γὰρ δυάς. ἑτέρῳ ἄρα ἢ ἑτέρως ἔχοντι κρίνει. ὅλως ἄρα ὡς χωριστὰ τὰ πράγματα τῆς ὕλης, οὕτω καὶ τὰ περὶ τὸν νοῦν.

[429b22] ἀπορήσειε δ' ἄν τις, εἰ ὁ νοῦς ἁπλοῦν ἐστὶ καὶ ἀπαθὲς καὶ μηθενὶ μηθὲν ἔχει κοινόν, ὥσπερ φησὶν Ἀναξαγόρας, πῶς νοήσει, εἰ τὸ νοεῖν πάσχειν τί ἐστιν (ᾗ γάρ τι κοινὸν ἀμφοῖν ὑπάρχει, τὸ μὲν ποιεῖν δοκεῖ τὸ δὲ πάσχειν), ἔτι δ' εἰ νοητὸς καὶ αὐτός; ἢ γὰρ τοῖς ἄλλοις νοῦς ὑπάρξει, εἰ μὴ κατ' ἄλλο αὐτὸς νοητός, ἓν δέ τι τὸ νοητὸν εἴδει, ἢ μεμιγμένον τι ἕξει, ὃ ποιεῖ νοητὸν αὐτὸν ὥσπερ τἆλλα.

[429b29] ἢ τὸ μὲν πάσχειν κατὰ κοινόν τι διῄρηται πρότερον, ὅτι δυνάμει πώς ἐστι τὰ νοητὰ ὁ νοῦς, ἀλλ' ἐντελεχείᾳ οὐδέν, πρὶν ἂν νοῇ· δυνάμει δ' οὕτως ὥσπερ ἐν γραμματείῳ ᾧ μηθὲν ἐνυπάρχει ἐντελεχείᾳ γεγραμμένον· ὅπερ συμβαίνει ἐπὶ τοῦ νοῦ.

[430a2] καὶ αὐτὸς δὲ νοητός ἐστιν ὥσπερ τὰ νοητά. ἐπὶ μὲν γὰρ τῶν ἄνευ ὕλης τὸ αὐτό ἐστι τὸ νοοῦν καὶ τὸ νοούμενον· ἡ γὰρ ἐπιστήμη ἡ θεωρητικὴ καὶ τὸ οὕτως ἐπιστητὸν τὸ αὐτό ἐστιν (τοῦ δὲ μὴ ἀεὶ

其本质也不同；因为［我们不妨假定］它们是二。那么我们或者是通过不同的事物区分它，或者是通过事物的不同状态区分它。因此，总之，正如［这些］事物是和质料相分离的，那么按照同样的方式，与理性相关的事物（τὰ περὶ τὸν νοῦν）①也是［和质料相分离的］。

但是或许会有人提出一个难题：如果理性（ὁ νοῦς）是简单物且不受外物影响，而且和其他事物之间没有任何共同之处——就像阿纳克萨戈拉所说的，那么，如果理解活动（τὸ νοεῖν）就是某种受影响的过程，那它将如何进行理解呢（因为，这正是就两个事物有某种共同点而言，其中一方看起来是影响者，另一方则是被影响者）？进一步说，它本身是不是理解的对象（νοητὸς）？因为，要么其他事物也具有理解——如果它并非由于其他事物，而是自身就是理解的对象，而且理解的对象是某种形式上（εἴδει）为一（ἓν）的事物；要么它具有某种混合的事物，而该事物令其像其他事物一样成为理解的对象。

另一种情况则是像我们之前说过的，是受到某种共同物的影响，即理性以某种方式潜在地是理解的对象，但是在它进行理解活动之前，并非现实地如此；而是潜在地，像是在一块尚未现实地印上字迹的蜡板上书写。获得理解正是类似于这种情况。

而这［理性］也是理解的对象，就像其他的理解对象一样。因为对于那些没有质料的事物，理解和被理解的事物是同一个，因为理论知识（ἡ ἐπιστήμη ἡ θεωρητική）与以这种方式所获知的东西（τὸ ἐπιστητὸν）就是同一个（不过我们必须探究，为什么它

---

① 即理智思考的对象。

νοεῖν τὸ αἴτιον ἐπισκεπτέον)· ἐν δὲ τοῖς ἔχουσιν ὕλην δυνάμει ἕκαστον ἔστι τῶν νοητῶν. ὥστ' ἐκείνοις μὲν οὐχ ὑπάρξει νοῦς (ἄνευ γὰρ ὕλης δύναμις ὁ νοῦς τῶν τοιούτων), ἐκείνῳ δὲ τὸ νοητὸν ὑπάρξει.

并不总是在进行理解活动）。而那些有质料的事物，每一个都在潜能的意义上是理解的对象。因此，这些事物并不具有理性（因为没有质料时，理性才成为这类事物的潜能），不过，理解的对象也属于［理性］。

第五章

[430a10] Ἐπεὶ δ' [ὥσπερ] ἐν ἁπάσῃ τῇ φύσει ἐστὶ [τι] τὸ μὲν ὕλη ἑκάστῳ γένει (τοῦτο δὲ ὃ πάντα δυνάμει ἐκεῖνα), ἕτερον δὲ τὸ αἴτιον καὶ ποιητικόν, τῷ ποιεῖν πάντα, οἷον ἡ τέχνη πρὸς τὴν ὕλην πέπονθεν, ἀνάγκη καὶ ἐν τῇ ψυχῇ ὑπάρχειν ταύτας τὰς διαφοράς· καὶ ἔστιν ὁ μὲν τοιοῦτος νοῦς τῷ πάντα γίνεσθαι, ὁ δὲ τῷ πάντα ποιεῖν, ὡς ἕξις τις, οἷον τὸ φῶς· τρόπον γάρ τινα καὶ τὸ φῶς ποιεῖ τὰ δυνάμει ὄντα χρώματα ἐνεργείᾳ χρώματα.

[430a17] καὶ οὗτος ὁ νοῦς χωριστὸς καὶ ἀπαθὴς καὶ ἀμιγής, τῇ οὐσίᾳ ὢν ἐνέργεια· ἀεὶ γὰρ τιμιώτερον τὸ ποιοῦν τοῦ πάσχοντος καὶ ἡ ἀρχὴ τῆς ὕλης. [τὸ δ' αὐτό ἐστιν ἡ κατ' ἐνέργειαν ἐπιστήμη τῷ πράγματι· ἡ δὲ κατὰ δύναμιν χρόνῳ προτέρα ἐν τῷ ἑνί, ὅλως δὲ οὐδὲ χρόνῳ, ἀλλ' οὐχ

既然在全部自然（ἀπάσῃ τῇ φύσει）中有［某个事物是］各类事物的质料（而这就是那个潜在地是这一切的东西），既然还有其他某个事物是它们的原因和制作者（ποιητικόν）——由于它制作了一切（而这就像技艺相关于质料一样），那么在灵魂中，也就必然会存在这些区别。而且，有这样一种理性（ὁ τοιοῦτος νοῦς），它变成万物；还有另外一种理性，它作为某种状态而产生了万物，就像光一样，因为光也以某种方式令潜在的颜色变成现实的颜色。

　　而这个理性是分离的，不受影响也不混合，其本质是现实活动（ἐνέργεια）。因为产生［影响］的事物总是比受到影响的事物更尊贵，正如本原比质料更尊贵。［现实的知识和它的对象一样，不过在具体的个体中，作为潜能（存在的知识）是时间上在先的，不过总体上它又并非时间上在先。它也并非有时进行理解，有时不理解。］①

---

① τὸ δ' αὐτό ἐστιν ἡ κατ' ἐνέργειαν ἐπιστήμη τῷ πράγματι· ἡ δὲ κατὰ δύναμιν χρόνῳ προτέρα ἐν τῷ ἑνί, ὅλως δὲ οὐδὲ χρόνῳ, ἀλλ' οὐχ ὁτὲ μὲν νοεῖ ὁτὲ δ' οὐ νοεῖ."现实的知识和它的对象一样，不过在一门具体的知识中，作为潜能［存在的知识］是时间上在先的，不过总体上它又并非时间上在先。它也并非有时进行理解，有时不理解。" Ross（1961）删去了这段话，因为他认为除了 ἀλλ' οὐχ ὁτὲ μὲν νοεῖ ὁτὲ δ' οὐ νοεῖ 这句之外，其他几句都在 III.7（431a1-3）重复出现，可能由编辑者所加。这几句话在这里打乱了论证的思路，在 431a1-3 则符合论证思路。参见 Ross（1961），p.296；以及 Shields, p.77, note 49。不过 Shields 放入方括号的句子部分与 Ross 不同，他并没有将 ἀλλ' οὐχ ὁτὲ μὲν νοεῖ ὁτὲ δ' οὐ νοεῖ 放入方括号。

ὁτὲ μὲν νοεῖ ὁτὲ δ' οὐ νοεῖ.] χωρισθεὶς δ' ἐστὶ μόνον τοῦθ' ὅπερ ἐστί, καὶ τοῦτο μόνον ἀθάνατον καὶ ἀΐδιον (οὐ μνημονεύομεν δέ, ὅτι τοῦτο μὲν ἀπαθές, ὁ δὲ παθητικὸς νοῦς φθαρτός)˙ καὶ ἄνευ τούτου οὐθὲν νοεῖ.

而当分离之后，这个［理性］就只是它自身，只有它是不死的和永恒的（不过我们并没有记忆，因为这个［理性］是不受影响的，而受影响的理性则是可朽的）。而且没有它的话，就没有任何理解。

第六章

[430a26] Ἡ μὲν οὖν τῶν ἀδιαιρέτων νόησις ἐν τούτοις περὶ ἃ οὐκ ἔστι τὸ ψεῦδος, ἐν οἷς δὲ καὶ τὸ ψεῦδος καὶ τὸ ἀληθές σύνθεσίς τις ἤδη νοημάτων ὥσπερ ἓν ὄντων — καθάπερ Ἐμπεδοκλῆς ἔφη "ᾗ πολλῶν μὲν κόρσαι ἀναύχενες ἐβλάστησαν", ἔπειτα συντίθεσθαι τῇ φιλίᾳ, οὕτω καὶ ταῦτα κεχωρισμένα συντίθεται, οἷον τὸ ἀσύμμετρον καὶ ἡ διάμετρος — ἂν δὲ γενομένων ἢ ἐσομένων, τὸν χρόνον προσεννοῶν [καὶ] συντίθησι.

[430b1] τὸ γὰρ ψεῦδος ἐν συνθέσει ἀεί· καὶ γὰρ ἂν τὸ λευκὸν μὴ λευκὸν <φῇ, τὸ λευκὸν καὶ> τὸ μὴ λευκὸν συνέθηκεν· ἐνδέχεται δὲ καὶ διαίρεσιν φάναι πάντα. ἀλλ' οὖν ἔστι γε οὐ μόνον τὸ ψεῦδος ἢ ἀληθὲς ὅτι λευκὸς Κλέων ἐστίν, ἀλλὰ καὶ ὅτι ἦν ἢ ἔσται. τὸ δὲ ἓν ποιοῦν ἕκαστον, τοῦτο ὁ νοῦς.

[430b6] τὸ δ' ἀδιαίρετον ἐπεὶ διχῶς, ἢ δυνάμει ἢ ἐνεργείᾳ, οὐθὲν κωλύει νοεῖν τὸ <διαιρετὸν ᾗ>① ἀδιαίρετον, <οἷον> ὅταν νοῇ τὸ μῆκος (ἀδιαίρετον γὰρ ἐνεργείᾳ), καὶ ἐν χρόνῳ ἀδιαιρέτῳ· ὁμοίως γὰρ ὁ

---

① 这里的 διαιρετὸν ᾗ 以及后面的 οἷον 是 Ross（1961）的增补，OCT 本与抄本中没有，英译本也基本没有采用。在此我也选择不采用。

对于不可分的事物的理解（νόησις）属于那些不会有错的情况，而在那些既有错误又有真理的情形中，已经有一种理解对象（νοημάτων）的结合，就好像成为一［个统一体］。正如恩培多克勒所说，"很多无颈的头颅冒出来"，然后它们由于爱而结合起来，那些已经分离的事物也是这样结合起来的，比如"不可通约的"和"对角线"。而如果［理解］是对于那些已经到来或即将来临的事物，那么它就会理解并且与时间相结合。

因为错误总是在结合当中。因为即使＜有人说＞白的事物不是白的，＜他也要将白的事物和＞不白的事物结合起来。不过也有可能的是，所有这些［例子］只能表明划分。但是不管怎样，"克勒翁是白的"这句话肯定不是只有假或真，而是还有"过去是"和"将来是"。而在每一个［例子］中产生统一体（τὸ ἕν）的，就是理性（ὁ νοῦς）。

不过，既然不可分的事物（τὸ δ' ἀδιαίρετον）具有两个意义——要么是在潜在的意义上，要么是在现实的意义上，那么，没有事物能够阻止一个人去理解不可分的事物，当一个人理解长度的时候（因为长度在现实意义上是不可分的），［也没有事物能够阻止一个人］在不可分的时间中［去理解长度］，因为时间也和长度一样，既是可分的又是不可分的。因此我们不可能说明一个人在每一半当中所

χρόνος διαιρετὸς καὶ ἀδιαίρετος τῷ μήκει. οὔκουν ἔστιν εἰπεῖν ἐν τῷ ἡμίσει τί ἐνόει ἑκατέρῳ· οὐ γὰρ ἔστιν, ἂν μὴ διαιρεθῇ, ἀλλ᾽ ἢ δυνάμει. χωρὶς δ᾽ ἑκάτερον νοῶν τῶν ἡμίσεων διαιρεῖ καὶ τὸν χρόνον ἅμα, τότε δ᾽ οἱονεὶ μήκη· εἰ δ᾽ ὡς ἐξ ἀμφοῖν, καὶ ἐν τῷ χρόνῳ τῷ ἐπ᾽ ἀμφοῖν.

[430b14] [τὸ δὲ μὴ κατὰ τὸ ποσὸν ἀδιαίρετον ἀλλὰ τῷ εἴδει νοεῖ ἐν ἀδιαιρέτῳ χρόνῳ καὶ ἀδιαιρέτῳ τῆς ψυχῆς.] κατὰ συμβεβηκὸς δέ, καὶ οὐχ ᾗ ἐκεῖνα, διαιρετὰ ὃ νοεῖ καὶ ἐν ᾧ χρόνῳ, ἀλλ᾽ ᾗ <ἐκεῖνα> ἀδιαίρετα· ἔνεστι γὰρ κἂν τούτοις τι ἀδιαίρετον, ἀλλ᾽ ἴσως οὐ χωριστόν, ὃ ποιεῖ ἕνα τὸν χρόνον καὶ τὸ μῆκος. καὶ τοῦθ᾽ ὁμοίως ἐν ἅπαντί ἐστι τῷ συνεχεῖ, καὶ χρόνῳ καὶ μήκει.

[430b20] <τὸ δὲ μὴ κατὰ τὸ ποσὸν ἀδιαίρετον ἀλλὰ τῷ εἴδει νοεῖ ἐν ἀδιαιρέτῳ χρόνῳ καὶ ἀδιαιρέτῳ <τῷ> τῆς ψυχῆς.>[①] ἡ δὲ στιγμὴ καὶ πᾶσα διαίρεσις, καὶ τὸ οὕτως ἀδιαίρετον, δηλοῦται ὥσπερ ἡ στέρησις. καὶ ὅμοιος ὁ λόγος ἐπὶ τῶν ἄλλων, οἷον πῶς τὸ κακὸν γνωρίζει ἢ τὸ μέλαν· τῷ ἐναντίῳ γάρ πως γνωρίζει. δεῖ δὲ δυνάμει εἶναι τὸ γνωρίζον καὶ ἐνεῖναι ἐν αὐτῷ.[②] εἰ δέ τινι μηδὲν ἔστιν ἐναντίον [τῶν αἰτίων][③], αὐτὸ ἑαυτὸ γινώσκει καὶ ἐνέργειά ἐστι καὶ χωριστόν.

---

① OCT 本认为这句话或许可以移到这个位置，我依然将它放在 430b14-15 来读。

② ἐνεῖναι ἐν αὐτῷ, Reeve 按 Polansky 和抄本读作 ἓν εἶναι ἐν αὐτῷ, 并按此翻译成 in it [the contraries] must be one。我这里仍按 OCT 本读作 ἐνεῖναι ἐν αὐτῷ。

③ τῶν αἰτίων, "其始因的", Ross (1961) 删去了这个部分。

理解的究竟是什么，因为如果［长度］并没有被划分，它就不存在，除非是以潜在的方式。而如果他是分别理解了两半，那也就同时划分了时间，而这样时间也就类似于长度了。但是如果他将［长度］理解为由两部分构成，那他也就是在相应于这两部分的时间当中［理解长度］。

［不过，那些并非数量上（不可分），而是在形式上不可分的事物，一个人是在不可分的时间里，通过灵魂的不可分的部分来理解。］但是正是在偶然的意义上，而不是按照事物［本来］存在的意义上，一个人所理解的事物以及他所处的时间是可分的，但是就事物本来的存在而言则是不可分的。因为在这些［事物］中也有某个不可分的事物——不过它可能并不是分离的，这个事物令时间和长度都成为一个［统一体］。类似地，一切连续的事物中都有［这个事物］，就像在时间和长度中一样。

不过，点（ἡ στιγμὴ）和一切划分，以及在这个意义上一切不可分的事物，可以像缺乏（ἡ στέρησις）一样被弄清楚。而且这个道理也适用于其他情形，比如：一个人如何认识坏（τὸ κακὸν）或黑（τὸ μέλαν），因为在某种意义上，人们是通过相反物来认识［它们］的。因为认识者肯定是潜在的［认识对象］，并且是在其自身之中。不过，如果某事物并没有［其始因的］相反物，那么它就认识自身，就是现实活动并且可以分离。

[430b26] ἔστι δ' ἡ μὲν φάσις τι κατά τινος, ὥσπερ καὶ ἡ ἀπόφασις, καὶ ἀληθὴς ἢ ψευδὴς πᾶσα· ὁ δὲ νοῦς οὐ πᾶς, ἀλλ' ὁ τοῦ τί ἐστι κατὰ τὸ τί ἦν εἶναι ἀληθής, καὶ οὐ τὶ κατά τινος· ἀλλ' ὥσπερ τὸ ὁρᾶν τοῦ ἰδίου ἀληθές, εἰ δ' ἄνθρωπος τὸ λευκὸν ἢ μή, οὐκ ἀληθὲς ἀεί, οὕτως ἔχει ὅσα ἄνευ ὕλης.

不过，言说（ἡ φάσις）是用一个事物来说另一个事物，否定的言说（ἡ ἀπόφασις）也是一样，而且它们每一个都或真或假。但并非所有的理解都是如此，相反，对于本质意义上（κατὰ τὸ τί ἦν εἶναι）"是什么"（τοῦ τί ἐστι）的［理解］是真的，并且不是"依据某个事物［来说］另一个事物"［的方式］。然而，正如"看见一个［视觉］特有的对象"是真的，而"白的事物是（或不是）一个人"则并不总是真的，所以，对于不带质料的事物［的理解］也是如此。

第七章

[431a1] Τὸ δ' αὐτό ἐστιν ἡ κατ' ἐνέργειαν ἐπιστήμη τῷ πράγματι. ἡ δὲ κατὰ δύναμιν χρόνῳ προτέρα ἐν τῷ ἑνί, ὅλως δὲ οὐδὲ χρόνῳ· ἔστι γὰρ ἐξ ἐντελεχείᾳ ὄντος πάντα τὰ γιγνόμενα. — φαίνεται δὲ τὸ μὲν αἰσθητὸν ἐκ δυνάμει ὄντος τοῦ αἰσθητικοῦ ἐνεργείᾳ ποιοῦν· οὐ γὰρ πάσχει οὐδ' ἀλλοιοῦται. διὸ ἄλλο εἶδος τοῦτο κινήσεως· ἡ γὰρ κίνησις τοῦ ἀτελοῦς ἐνέργεια, ἡ δ' ἁπλῶς ἐνέργεια ἑτέρα, ἡ τοῦ τετελεσμένου.

[431a8] τὸ μὲν οὖν αἰσθάνεσθαι ὅμοιον τῷ φάναι μόνον καὶ νοεῖν· ὅταν δὲ ἡδὺ ἢ λυπηρόν, οἷον καταφᾶσα ἢ ἀποφᾶσα διώκει ἢ φεύγει· καὶ ἔστι τὸ ἥδεσθαι καὶ λυπεῖσθαι τὸ ἐνεργεῖν τῇ αἰσθητικῇ μεσότητι πρὸς τὸ ἀγαθὸν ἢ κακόν, ᾗ τοιαῦτα. καὶ ἡ φυγὴ δὲ καὶ ἡ ὄρεξις ταὐτό, ἡ κατ' ἐνέργειαν, καὶ οὐχ ἕτερον τὸ ὀρεκτικὸν καὶ τὸ φευκτικόν, οὔτ' ἀλλήλων οὔτε τοῦ αἰσθητικοῦ· ἀλλὰ τὸ εἶναι ἄλλο.

[431a14] τῇ δὲ διανοητικῇ ψυχῇ τὰ φαντάσματα οἷον αἰσθήματα ὑπάρχει, ὅταν δὲ ἀγαθὸν ἢ κακὸν φήσῃ ἢ ἀποφήσῃ, φεύγει ἢ διώκει· διὸ οὐδέποτε νοεῖ ἄνευ φαντάσματος ἡ ψυχή. — ὥσπερ δὲ ὁ ἀὴρ τὴν κόρην τοιανδὶ ἐποίησεν, αὕτη δ' ἕτερον, καὶ ἡ ἀκοὴ ὡσαύτως, τὸ δὲ

现实的知识和它的对象（τῷ πράγματι）一样，不过在一门具体的知识中（ἐν τῷ ἑνί），作为潜能［存在的知识］在时间上也是在先的，不过总体上它又并非时间上在先，因为一切生成的事物（πάντα τὰ γιγνόμενα）都是从现实存在［的事物］（ἐξ ἐντελεχείᾳ ὄντος）而生成。——显然，是感觉对象令感觉部分从潜在［地感知］变为现实的［感知］活动；因为它既不受外物影响，也不发生［状态的］改变。所以这是与运动不同的另一种［活动］，因为运动是不完备之事物（τοῦ ἀτελοῦς）的现实活动，而无条件的现实活动属于完备的事物（τοῦ τετελεσμένου），是另一种不同的［活动］。

因此，感知（τὸ αἰσθάνεσθαι）就类似于单纯的说话（τῷ φάναι）和理解活动（νοεῖν）。但是只要［感觉对象］是令人快乐或令人痛苦的，就好像［灵魂予以］肯定或拒绝的，那么［灵魂］就会追求（διώκει）或躲避（φεύγει）。而感到快乐和痛苦，则是感觉能力的"中间物"（τῇ αἰσθητικῇ μεσότητι）关于好或坏以及类似事物的现实活动。而厌恶（ἡ φυγή）和欲望（ἡ ὄρεξις）就其作为现实活动而言，其实是同一个，而欲望的能力（τὸ ὀρεκτικὸν）与厌恶的能力（τὸ ὀρεκτικὸν）彼此没有区别，与感觉能力也没有区别，不过它们的所是（τὸ εἶναι）则是不同的。

不过，对于理性灵魂（τῇ διανοητικῇ ψυχῇ）来说，其中的显像（τὰ φαντάσματα）与感觉对象类似，一旦它肯定或否定了好的事物或坏

ἔσχατον ἕν, καὶ μία <ἡ> μεσότης, τὸ δ' εἶναι αὐτῇ πλείω.

[431a19] τίνι δ' ἐπικρίνει τί διαφέρει γλυκὺ καὶ θερμόν, εἴρηται μὲν καὶ πρότερον, λεκτέον δὲ καὶ ὧδε. ἔστι γὰρ ἕν τι, οὕτω δὲ ὡς ὁ ὅρος, καὶ ταῦτα, ἓν τῷ ἀνάλογον καὶ τῷ ἀριθμῷ ὄντα, ἔχει <ἑκάτερον> πρὸς ἑκάτερον ὡς ἐκεῖνα πρὸς ἄλληλα· τί γὰρ διαφέρει τὸ ἀπορεῖν πῶς τὰ μὴ ὁμογενῆ κρίνει ἢ τὰ ἐναντία, οἷον λευκὸν καὶ μέλαν; ἔστω δὴ ὡς τὸ Α τὸ λευκὸν πρὸς τὸ Β τὸ μέλαν, τὸ Γ πρὸς τὸ Δ [ὡς ἐκεῖνα πρὸς ἄλληλα]· ὥστε καὶ ἐναλλάξ. εἰ δὴ τὰ ΓΑ ἑνὶ εἴη ὑπάρχοντα, οὕτως ἕξει, ὥσπερ καὶ τὰ ΔΒ, τὸ αὐτὸ μὲν καὶ ἕν, τὸ δ' εἶναι οὐ τὸ αὐτό — κἀκεῖνα ὁμοίως. ὁ δ' αὐτὸς λόγος καὶ εἰ τὸ μὲν Α τὸ γλυκὺ εἴη, τὸ δὲ Β τὸ λευκόν.

[431b1] τὰ μὲν οὖν εἴδη τὸ νοητικὸν ἐν τοῖς φαντάσμασι νοεῖ, καὶ ὡς ἐν ἐκείνοις ὥρισται αὐτῷ τὸ διωκτὸν καὶ φευκτόν, καὶ ἐκτὸς τῆς αἰσθήσεως, ὅταν ἐπὶ τῶν φαντασμάτων ᾖ, κινεῖται· οἷον, αἰσθανόμενος τὸν φρυκτὸν ὅτι πῦρ, τῇ κοινῇ ὁρῶν κινούμενον γνωρίζει ὅτι πολέμιος· ὁτὲ δὲ τοῖς ἐν τῇ ψυχῇ φαντάσμασιν ἢ νοήμασιν, ὥσπερ ὁρῶν, λογίζεται καὶ βουλεύεται τὰ μέλλοντα πρὸς τὰ παρόντα· καὶ ὅταν εἴπῃ

的事物，它就予以躲避或追求。因此，灵魂在进行理解活动时不会脱离显像。就像空气令瞳孔处于这样一种状态，瞳孔也令其他事物［处于这种状态］，听觉也与此类似。但是最终［受影响］的［事物］（τὸ ἔσχατον）是一，中间物也是一，而它的"所是"是多。

甜和热的区别是凭借什么来分辨的，我们之前已经说过了，但是我们还得再做出以下说明。因为有某个"一"，它就像界线（ὁ ὅρος）一样，而且这些［甜、热之类的性质］在类比的意义上是"一"，以及在数目上是一，它与［甜或热两个性质中］每一个的关系，正如与［它们各自相反的性质］彼此之间的关系。下面两个难题有什么区别呢——如何区分不是一类的事物或如何区分相反的事物，比如白与黑？假设 A 与 B 的关系类似于 C 与 D 的关系，白与黑的关系相当于甜和苦的关系，假设它们之间的关系相当①，这样就能形成关系的替换。那么，如果 CA 属于一个事物，那么情况就会如此，就像 DB 也是一样，它们是同一个事物，但它们的所是则不是同一个——其他［情况］也与此类似。而如果 A 是甜的而 B 是白的，道理也是一样。

能够理解的部分在显像当中来理解形式，就像［之前］那些通过表象来区分所要追求和躲避的事物的情形一样，而即使在感觉之外，只要有显像，就会做出运动［去追求或躲避］。比如说，当［一个人］感知到灯火，即火光，并通过共通的感觉（τῇ κοινῇ）看见它在移动，同时认出那是敌人。但是有时候，通过灵魂中的显像或理解对象，一个人也像亲眼看到它们一样，根据当时发生的事情，对将要发生的事情进行计算和筹划（βουλεύεται）。而只要［灵魂］（像

---

① 这里保留 ὡς ἐκεῖνα πρὸς ἄλληλα。

ὡς ἐκεῖ τὸ ἡδὺ ἢ λυπηρόν, ἐνταῦθα φεύγει ἢ διώκει — καὶ ὅλως ἓν[①] πράξει.

[431b10] καὶ τὸ ἄνευ δὲ πράξεως, τὸ ἀληθὲς καὶ τὸ ψεῦδος, ἐν τῷ αὐτῷ γένει ἐστὶ τῷ ἀγαθῷ καὶ τῷ κακῷ· ἀλλὰ τῷ γε ἁπλῶς διαφέρει καὶ τινί. — τὰ δὲ ἐν ἀφαιρέσει λεγόμενα <νοεῖ> ὥσπερ, εἴ <τις> τὸ σιμὸν ᾗ μὲν σιμὸν οὔ, κεχωρισμένως δὲ ᾗ κοῖλον [εἴ τις] ἐνόει [ἐνεργείᾳ], ἄνευ τῆς σαρκὸς ἂν ἐνόει ἐν ᾗ τὸ κοῖλον — οὕτω τὰ μαθηματικά, οὐ κεχωρισμένα <ὄντα>, ὡς κεχωρισμένα νοεῖ, ὅταν νοῇ <ᾗ> ἐκεῖνα. ὅλως δὲ ὁ νοῦς ἐστιν, ὁ κατ᾽ ἐνέργειαν, τὰ πράγματα. ἆρα δ᾽ ἐνδέχεται τῶν κεχωρισμένων τι νοεῖν ὄντα αὐτὸν μὴ κεχωρισμένον μεγέθους, ἢ οὔ, σκεπτέον ὕστερον.

---

① 这里按 OCT 本读作 ἕν。

此前那样）说"［这是］令人愉快的或令人难受的东西"，这种情况下它就会躲避或追求——并且通常来说会做出一个［行动］。

而那些不涉及行动的，也就是真与假，却与善和恶属于同一类，不过它们的区别在于一个是普遍的，另一个则是具体到某个［人］。——而对于那些被认为是抽象的事物，就好像［理解］"塌鼻"，不是将其作为扁塌的鼻子，而是分离地将其作为凹面来理解，而不带有理解凹面时凹面所在的那个肉。①——用这种方式，[灵魂］可以理解数学对象，它们不是分离的，但是当［灵魂］理解它们时，它可以将它们理解成分离的。不过，总而言之，作为现实活动的理性就是［它所理解的］事物（τὰ πράγματα）。而我们后面还必须考虑，如果理性自身不能与［空间上的］量（μεγέθους）相分离的话，它还能不能理解分离的事物。

---

① 这句前半部分我按 Reeve 读作 τὰ δὲ ἐν ἀφαιρέσει λεγόμενα ὥσπερ, εἴ τὸ σιμὸν ᾗ μὲν σιμὸν οὔ, κεχωρισμένως δὲ ᾗ κοῖλον ἐνόει, ἄνευ τῆς σαρκὸς ἂν ἐνόει ἐν ᾗ τὸ κοῖλον, 后半句还按 OCT 本读作 οὕτω τὰ μαθηματικά, οὐ κεχωρισμένα <ὄντα>, ὡς κεχωρισμένα νοεῖ, ὅταν νοῇ <ᾗ> ἐκεῖνα.

第八章

[431b20] Νῦν δέ, περὶ ψυχῆς τὰ λεχθέντα συγκεφαλαιώσαντες, εἴπωμεν πάλιν ὅτι ἡ ψυχὴ τὰ ὄντα πώς ἐστι πάντα· ἢ γὰρ αἰσθητὰ τὰ ὄντα ἢ νοητά, ἔστι δ' ἡ ἐπιστήμη μὲν τὰ ἐπιστητά πως, ἡ δ' αἴσθησις τὰ αἰσθητά· πῶς δὲ τοῦτο, δεῖ ζητεῖν.

[431b24] τέμνεται οὖν ἡ ἐπιστήμη καὶ ἡ αἴσθησις εἰς τὰ πράγματα, ἡ μὲν δυνάμει εἰς τὰ δυνάμει, ἡ δ' ἐντελεχείᾳ εἰς τὰ ἐντελεχείᾳ· τῆς δὲ ψυχῆς τὸ αἰσθητικὸν καὶ τὸ ἐπιστημονικὸν δυνάμει ταὐτά ἐστι, τὸ μὲν <τὸ> ἐπιστητὸν τὸ δὲ <τὸ> αἰσθητόν. ἀνάγκη δ' αὐτὰ ἢ τὰ εἴδη εἶναι. αὐτὰ μὲν δὴ οὔ· οὐ γὰρ ὁ λίθος ἐν τῇ ψυχῇ, ἀλλὰ τὸ εἶδος· ὥστε ἡ ψυχὴ ὥσπερ ἡ χείρ ἐστιν· καὶ γὰρ ἡ χεὶρ ὄργανόν ἐστιν ὀργάνων, καὶ ὁ νοῦς εἶδος εἰδῶν καὶ ἡ αἴσθησις εἶδος αἰσθητῶν.

[432a3] ἐπεὶ δὲ οὐδὲ πρᾶγμα οὐθὲν ἔστι παρὰ τὰ μεγέθη, ὡς δοκεῖ, τὰ αἰσθητὰ κεχωρισμένον, ἐν τοῖς εἴδεσι τοῖς αἰσθητοῖς τὰ νοητά ἐστι, τά τε ἐν ἀφαιρέσει λεγόμενα καὶ ὅσα τῶν αἰσθητῶν ἕξεις καὶ πάθη. καὶ διὰ τοῦτο οὔτε μὴ αἰσθανόμενος μηθὲν οὐθὲν ἂν μάθοι οὐδὲ ξυνείη, ὅταν τε θεωρῇ, ἀνάγκη ἅμα φάντασμά τι θεωρεῖν· τὰ γὰρ φαντάσματα

现在我们来总结一下之前关于灵魂所做的论述，我们可以再次说明，灵魂在某种意义上就是一切存在。因为存在要么是感觉的对象，要么是理解的对象，而知识在某种意义上是认知的对象（τὰ ἐπιστητά），感觉则是感知的对象（τὰ αἰσθητά）。但是何以如此，我们必须予以探究。

知识和感觉被分成与事物相应的［两种］：作为潜能的［知识或感觉］就相应于那些潜在的事物，作为现实的［知识或感觉］则相应于现实的事物。灵魂中的感觉部分和认识部分潜在地都是这些［事物］，一个是知识的对象（ἐπιστητὸν），另一个则是感觉的对象。而它们［灵魂的能力］必定要么是事物自身，要么是［事物的］形式。但是［它们］不可能是事物自身，因为在灵魂当中的不是石头，而是［石头的］形式。因此，灵魂就像手一样。因为手是各种工具的工具，而理性是各种形式的形式，感觉则是各种感觉对象的一个形式。

既然看起来似乎没有什么事物是在可感的量之外与其相分离的，那么理性的对象就在可感的形式（τοῖς εἴδεσι τοῖς αἰσθητοῖς）当中，无论是那些可以被抽象地述说的东西，还是感觉对象的状态和感受。正是出于这个原因，没有感知（μὴ αἰσθανόμενος）也就不能学习或理解（ξυνείη）任何东西。而当一个人在沉思的时候，他必

ὥσπερ αἰσθήματά ἐστι, πλὴν ἄνευ ὕλης. ἔστι δ' ἡ φαντασία ἕτερον φάσεως καὶ ἀποφάσεως· συμπλοκὴ γὰρ νοημάτων ἐστὶ τὸ ἀληθὲς ἢ ψεῦδος. τὰ δὲ πρῶτα νοήματα τί διοίσει τοῦ μὴ φαντασματα εἶναι; ἢ οὐδὲ ταῦτα φαντάσματα, ἀλλ' οὐκ ἄνευ φαντασμάτων.

然同时也在沉思某个显像，因为显像就如感觉一样，只不过没有质料。不过，想象（ἡ φαντασία）则与肯定和否定的言说不同，因为真和假是一种理解对象的综合。那么，对于最初的理解对象，是什么辨别出它们不是显像的呢？又或者它们虽然不是显像，但也不是脱离显像的。

第九章

[432a15] Ἐπεὶ δὲ ἡ ψυχὴ κατὰ δύο ὥρισται δυνάμεις ἡ τῶν ζῴων, τῷ τε κριτικῷ, ὃ διανοίας ἔργον ἐστὶ καὶ αἰσθήσεως, καὶ ἔτι τῷ κινεῖν τὴν κατὰ τόπον κίνησιν, περὶ μὲν αἰσθήσεως καὶ νοῦ διωρίσθω τοσαῦτα, περὶ δὲ τοῦ κινοῦντος, τί ποτέ ἐστι τῆς ψυχῆς, σκεπτέον, πότερον ἕν τι μόριον αὐτῆς χωριστὸν ὂν ἢ μεγέθει ἢ λόγῳ, ἢ πᾶσα ἡ ψυχή, καὶ εἰ μόριόν τι, πότερον ἴδιόν τι παρὰ τὰ εἰωθότα λέγεσθαι καὶ τὰ εἰρημένα, ἢ τούτων ἕν τι.

[432a22] ἔχει δὲ ἀπορίαν εὐθὺς πῶς τε δεῖ μόρια λέγειν τῆς ψυχῆς καὶ πόσα. τρόπον γάρ τινα ἄπειρα φαίνεται, καὶ οὐ μόνον ἅ τινες λέγουσι διορίζοντες, λογιστικὸν καὶ θυμικὸν καὶ ἐπιθυμητικόν, οἱ δὲ τὸ λόγον ἔχον καὶ τὸ ἄλογον· κατὰ γὰρ τὰς διαφορὰς δι' ἃς ταῦτα χωρίζουσι, καὶ ἄλλα φαίνεται μόρια μείζω διάστασιν ἔχοντα τούτων, περὶ ὧν καὶ νῦν εἴρηται, τό τε θρεπτικόν, ὃ καὶ τοῖς φυτοῖς ὑπάρχει καὶ πᾶσι τοῖς ζῴοις, καὶ τὸ αἰσθητικόν, ὃ οὔτε ὡς ἄλογον οὔτε ὡς λόγον ἔχον θείη ἄν τις ῥᾳδίως· ἔτι δὲ τὸ φανταστικόν, ὃ τῷ μὲν εἶναι πάντων ἕτερον, τίνι δὲ τούτων ταὐτὸν ἢ ἕτερον ἔχει πολλὴν ἀπορίαν, εἴ τις θήσει

既然动物的灵魂已经根据两种能力来加以定义，一是根据做出区分的（κριτικῷ）[能力]，而区分是思考（διανοίας）和感觉的功能，另一种则根据引起空间位置的运动[能力]。关于感觉和理解，我们前面说的这些已经足够了；但是现在我们必须探究灵魂中是什么在引起运动，它究竟是灵魂的某个部分——无论[这个部分]是在空间的量上分离，还是在定义上分离——还是整个灵魂。而且，如果它是[灵魂的]某个部分，它究竟是那些人们通常提到的、我们前面也说过的[部分]之外的某个特殊的[部分]，还是这些[部分]当中的某一个。

不过立刻会产生一个难题：我们应该用什么方式来谈论灵魂的各部分，以及有多少个部分。因为在某种意义上，灵魂各部分[的数量]似乎是没有限定的，而且也不只是那些划分[灵魂]的人说[它有]理性计算的部分（λογιστικόν）、意气的部分（θυμικόν）和欲求的部分（ἐπιθυμητικόν），还有其他人说[分成]有理性的部分（τὸ λόγον ἔχον）和非理性的部分（τὸ ἄλογον）。因为从他们据以划分上述部分的那些特征来看，显然还会有其他的部分，其差别比它们更大，[这些其他的部分]就是我们之前说过的：营养的部分为植物和一切动物所有，而能够感觉的部分则不能被简单地看作是非理性的或有理性的。还有一个想象的部分，而这个部分就其所是而言与所有[这些部分]都不同，不过关于它和这些部分当

κεχωρισμένα μόρια τῆς ψυχῆς· πρὸς δὲ τούτοις τὸ ὀρεκτικόν, ὃ καὶ λόγῳ καὶ δυνάμει ἕτερον ἂν δόξειεν εἶναι πάντων. καὶ ἄτοπον δὴ τὸ τοῦτο διασπᾶν· ἔν τε τῷ λογιστικῷ γὰρ ἡ βούλησις γίνεται, καὶ ἐν τῷ ἀλόγῳ ἡ ἐπιθυμία καὶ ὁ θυμός· εἰ δὲ τρία ἡ ψυχή, ἐν ἑκάστῳ ἔσται ὄρεξις.

[432b7] καὶ δὴ καὶ περὶ οὗ νῦν ὁ λόγος ἐνέστηκε, τί τὸ κινοῦν κατὰ τόπον τὸ ζῷόν ἐστιν; τὴν μὲν γὰρ κατ' αὔξησιν καὶ φθίσιν κίνησιν, ἅπασιν ὑπάρχουσαν, ὃ πᾶσιν ὑπάρχον δόξειεν ἂν κινεῖν, τὸ γεννητικὸν καὶ θρεπτικόν· περὶ δὲ ἀναπνοῆς καὶ ἐκπνοῆς, καὶ ὕπνου καὶ ἐγρηγόρσεως, ὕστερον ἐπισκεπτέον· ἔχει γὰρ καὶ ταῦτα πολλὴν ἀπορίαν.

[432b13] ἀλλὰ περὶ τῆς κατὰ τόπον κινήσεως, τί τὸ κινοῦν τὸ ζῷον τὴν πορευτικὴν κίνησιν, σκεπτέον. ὅτι μὲν οὖν οὐχ ἡ θρεπτικὴ δύναμις, δῆλον· ἀεί τε γὰρ ἕνεκά του ἡ κίνησις αὕτη, καὶ μετὰ φαντασίας καὶ ὀρέξεώς ἐστιν· οὐθὲν γὰρ μὴ ὀρεγόμενον ἢ φεῦγον κινεῖται ἀλλ' ἢ βίᾳ· ἔτι κἂν τὰ φυτὰ κινητικὰ ἦν, κἂν εἶχέ τι μόριον ὀργανικὸν πρὸς τὴν κίνησιν ταύτην.

[432b19] ὁμοίως δὲ οὐδὲ τὸ αἰσθητικόν· πολλὰ γάρ ἐστι τῶν ζῴων ἃ αἴσθησιν μὲν ἔχει, μόνιμα δ' ἐστὶ καὶ ἀκίνητα διὰ τέλους. εἰ οὖν ἡ φύσις μήτε ποιεῖ μάτην μηθὲν μήτε ἀπολείπει τι τῶν ἀναγκαίων, πλὴν ἐν τοῖς πηρώμασι καὶ ἐν τοῖς ἀτελέσιν, τὰ δὲ τοιαῦτα τῶν ζῴων τέλεια

中的哪个相同、哪个不同，还有很大的困难，如果有人想要将灵魂划分成各个部分的话。除了上述这些［部分］之外，还有欲望的部分（τὸ ὀρεκτικόν），它在定义上和能力上似乎与所有这些部分都不同。而且，把这个［部分］分离开来肯定是荒谬的，因为在理性计算的部分也有想望（ἡ βούλησις），而在非理性的部分也有欲求（ἡ ἐπιθυμία）和血气。而如果灵魂是三分的，那么在每个部分都有欲望（ὄρεξις）。

现在来看看我们所讨论的问题：是什么令动物产生了空间位置的运动？因为生长和衰朽方面的运动为一切动物所有，看来它［即生长和衰朽方面的运动］也要由一切动物都具有的东西来产生，也就是生殖的部分和营养的部分。关于呼与吸、睡与醒，稍后也必须予以讨论；因为对于这些也有很大的困难。

不过，关于空间位置的运动，我们必须探究的是，究竟是什么在动物那里产生了行进运动（τὴν πορευτικὴν κίνησιν）。［引起行进运动的］不是营养的能力，这是很清楚的；因为这个运动总是为着某个东西，而且伴随着想象和欲望；因为任何不是在欲求或躲避某个东西的事物都不会被推动，除非受到了外力（βία）的作用。果真如此的话[①]，那就连植物也是可以运动的，它们也会具有某个可以促成这种运动的部分。

同样，那也不是感觉的部分。因为很多动物都有感觉，但是它们终其一生都是静止的，也不能运动。这样的话，如果自然不会徒劳地做任何事情，也不会遗漏任何必要的东西（除了在那些残疾的或不完备的［生物］那里），而这些动物是完备的，也并非残疾（可

[①] 即如果引起行进运动的是营养的部分。

καὶ οὐ πηρώματά ἐστιν (σημεῖον δ᾽ ὅτι ἐστὶ γεννητικὰ καὶ ἀκμὴν ἔχει καὶ φθίσιν) — ὥστ᾽ εἶχεν ἂν καὶ τὰ ὀργανικὰ μέρη τῆς πορείας.

[432b26] ἀλλὰ μὴν οὐδὲ τὸ λογιστικὸν καὶ ὁ καλούμενος νοῦς ἐστιν ὁ κινῶν· ὁ μὲν γὰρ θεωρητικὸς οὐθὲν θεωρεῖ πρακτόν, οὐδὲ λέγει περὶ φευκτοῦ καὶ διωκτοῦ οὐθέν, ἀεὶ δὲ ἡ κίνησις ἢ φεύγοντός τι ἢ διώκοντός τί ἐστιν. ἀλλ᾽ οὐδ᾽ ὅταν θεωρῇ τι τοιοῦτον, ἤδη κελεύει φεύγειν ἢ διώκειν, οἷον πολλάκις διανοεῖται φοβερόν τι ἢ ἡδύ, οὐ κελεύει δὲ φοβεῖσθαι, ἡ δὲ καρδία κινεῖται, ἂν δ᾽ ἡδύ, ἕτερόν τι μόριον.

[433a1] ἔτι καὶ ἐπιτάττοντος τοῦ νοῦ καὶ λεγούσης τῆς διανοίας φεύγειν τι ἢ διώκειν οὐ κινεῖται, ἀλλὰ κατὰ τὴν ἐπιθυμίαν πράττει, οἷον ὁ ἀκρατής. καὶ ὅλως δὲ ὁρῶμεν ὅτι ὁ ἔχων τὴν ἰατρικὴν οὐκ ἰᾶται, ὡς ἑτέρου τινὸς κυρίου ὄντος τοῦ ποιεῖν κατὰ τὴν ἐπιστήμην, ἀλλ᾽ οὐ τῆς ἐπιστήμης. ἀλλὰ μὴν οὐδ᾽ ἡ ὄρεξις ταύτης κυρία τῆς κινήσεως· οἱ γὰρ ἐγκρατεῖς ὀρεγόμενοι καὶ ἐπιθυμοῦντες οὐ πράττουσιν ὧν ἔχουσι τὴν ὄρεξιν, ἀλλ᾽ ἀκολουθοῦσι τῷ νῷ.

以表明这一点的是，它们能够生殖，也有［生命］的成熟和衰朽），所以它们也具有那些可以促成行进的部分。

产生运动的也不是理性计算的部分（τὸ λογιστικὸν），也就是说，不是那个被人称作"理性"［的部分］（νοῦς）；因为能够沉思的部分并不沉思那些实践的事物（πρακτόν），也不会说要躲避什么、追求什么，但运动总是属于躲避某物或追求某物［的某个事物］。但是，即使它［理性的部分］在沉思这些［事情］的时候，它也并不立刻命令去躲避或追求，比如说，它经常想到吓人的事或令人愉快的事，但是并不命令［某事物感到］恐惧，尽管心已经被推动了——而如果［想到的］是令人愉快［的事情］的话，那就是其他某个部分被推动。

此外，即使理性（τοῦ νοῦ）吩咐我们、思想（τῆς διανοίας）也告诉我们去躲避或追求某个东西，我们也并没有被推动，而是按照我们的欲求去行动，比如不能自制的人［的情形］。一般来说，我们看到具有医术的人并没有［实际上］治愈［病人］，这就是说，另有其他的事物决定了［行动者］根据知识而做出行动，但［这个决定性的事物］并不是知识本身。欲望也不决定运动；因为自制的人即使正在欲望和欲求［某个事物］，他们也不会为了欲望的对象而行动，而是听从理性［而行动］。

第十章

[433a9] φαίνεται δέ γε δύο ταῦτα κινοῦντα, ἢ ὄρεξις ἢ νοῦς, εἴ τις τὴν φαντασίαν τιθείη ὡς νόησίν τινα· πολλοὶ① γὰρ παρὰ τὴν ἐπιστήμην ἀκολουθοῦσι ταῖς φαντασίαις, καὶ ἐν τοῖς ἄλλοις ζῴοις οὐ νόησις οὐδὲ λογισμὸς ἔστιν, ἀλλὰ φαντασία. ἄμφω ἄρα ταῦτα κινητικὰ κατὰ τόπον, νοῦς καὶ ὄρεξις, νοῦς δὲ ὁ ἕνεκά του λογιζόμενος καὶ ὁ πρακτικός· διαφέρει δὲ τοῦ θεωρητικοῦ τῷ τέλει. καὶ ἡ ὄρεξις <δ'> ἕνεκά του πᾶσα· οὗ γὰρ ἡ ὄρεξις, αὕτη ἀρχὴ τοῦ πρακτικοῦ νοῦ, τὸ δ' ἔσχατον ἀρχὴ τῆς πράξεως.

[433a17] ὥστε εὐλόγως δύο ταῦτα φαίνεται τὰ κινοῦντα, ὄρεξις καὶ διάνοια πρακτική· τὸ ὀρεκτὸν γὰρ κινεῖ, καὶ διὰ τοῦτο ἡ διάνοια κινεῖ, ὅτι ἀρχὴ αὐτῆς ἐστι τὸ ὀρεκτόν. καὶ ἡ φαντασία δὲ ὅταν κινῇ, οὐ κινεῖ ἄνευ ὀρέξεως. ἓν δή τι τὸ κινοῦν, τὸ ὀρεκτικόν. εἰ γὰρ δύο, νοῦς καὶ ὄρεξις, ἐκίνουν, κατὰ κοινὸν ἄν τι ἐκίνουν εἶδος· νῦν δὲ ὁ μὲν νοῦς οὐ φαίνεται κινῶν ἄνευ ὀρέξεως (ἡ γὰρ βούλησις ὄρεξις, ὅταν δὲ κατὰ τὸν λογισμὸν κινῆται, καὶ κατὰ βούλησιν κινεῖται), ἡ δ' ὄρεξις κινεῖ

---

① 抄本作 πολλὰ，即"因为很多情况下听从的都是想象而不是知识"。

但是不管怎样，显然就是两个东西产生了运动：要么是欲望，要么是理性（νοῦς）——如果我们把想象作为一种理解（νόησιν）的话；因为很多人听从的都是想象而不是知识，而且，在其他动物那里都没有理解和理性计算（λογισμὸς），而只有想象。因此，这两个东西，即理性和欲望，可以产生空间位置的运动，但是理性是为某个事物所做的推理，而且是实践性的（ὁ πρακτικός）；就目的而言，它与沉思的［理性］不同。而且每一个欲望也都是为了某个东西；因为欲望的对象正是实践的理性（τοῦ πρακτικοῦ νοῦ）的起点，而［实践理性的］最终［一步］则是行动的起点。

所以［下面这个说法］是合理的：这两个［部分］，即欲望和实践的思想（διάνοια πρακτική），看来就是引起运动的［原因］。因为欲望的对象引起运动，而正是出于这个原因，思想也引起运动，因为思想的起点就是欲望的对象。而且，当想象引起运动时，它并不是在没有欲望的情况下引起运动。因此就有一个引起运动的东西，即欲望的部分（τὸ ὀρεκτικόν）。因为如果是两个部分——理性和欲望——引起运动，那么它们引起运动就是由于某个共同的形式（εἶδος）。但是实际上，理性显然不会在没有欲望的情况下引起运动（因为想望［βούλησις］是一种欲望，而当一个［行动者］依据理性推理而被推动运动时，它也是依据想望而被推动的），而欲望在

καὶ παρὰ τὸν λογισμόν· ἡ γὰρ ἐπιθυμία ὄρεξίς τίς ἐστιν.

[433a26] νοῦς μὲν οὖν πᾶς ὀρθός ἐστιν· ὄρεξις δὲ καὶ φαντασία καὶ ὀρθὴ καὶ οὐκ ὀρθή. διὸ ἀεὶ κινεῖ μὲν τὸ ὀρεκτόν, ἀλλὰ τοῦτ' ἐστὶν ἢ τὸ ἀγαθὸν ἢ τὸ φαινόμενον ἀγαθόν· οὐ πᾶν δέ, ἀλλὰ τὸ πρακτὸν ἀγαθόν. πρακτὸν δ' ἐστὶ τὸ ἐνδεχόμενον καὶ ἄλλως ἔχειν.

[433a31] ὅτι μὲν οὖν ἡ τοιαύτη δύναμις κινεῖ τῆς ψυχῆς, ἡ καλουμένη ὄρεξις, φανερόν. τοῖς δὲ διαιροῦσι τὰ μέρη τῆς ψυχῆς, ἐὰν κατὰ τὰς δυνάμεις διαιρῶσι καὶ χωρίζωσι, πάμπολλα γίνεται, θρεπτικόν, αἰσθητικόν, νοητικόν, βουλευτικόν, ἔτι ὀρεκτικόν· ταῦτα γὰρ πλέονο διαφέρει ἀλλήλων ἢ ἐπιθυμητικὸν καὶ θυμικόν.

[433b5] ἐπεὶ δ' ὀρέξεις γίνονται ἐναντίαι ἀλλήλαις, τοῦτο δὲ συμβαίνει ὅταν ὁ λόγος καὶ αἱ ἐπιθυμίαι ἐναντίαι ὦσι, γίνεται δ' ἐν τοῖς χρόνου αἴσθησιν ἔχουσιν (ὁ μὲν γὰρ νοῦς διὰ τὸ μέλλον ἀνθέλκειν κελεύει, ἡ δ' ἐπιθυμία διὰ τὸ ἤδη· φαίνεται γὰρ τὸ ἤδη ἡδὺ καὶ ἁπλῶς ἡδὺ καὶ ἀγαθὸν ἁπλῶς, διὰ τὸ μὴ ὁρᾶν τὸ μέλλον), εἴδει μὲν ἓν ἂν εἴη τὸ κινοῦν, τὸ ὀρεκτικόν, ᾗ ὀρεκτικόν — πρῶτον δὲ πάντων τὸ ὀρεκτόν· τοῦτο γὰρ κινεῖ οὐ κινούμενον, τῷ νοηθῆναι ἢ φαντασθῆναι — ἀριθμῷ δὲ πλείω τὰ κινοῦντα.

[433b13] ἐπεὶ δ' ἔστι τρία, ἓν μὲν τὸ κινοῦν, δεύτερον δ' ᾧ κινεῖ, ἔτι τρίτον τὸ κινούμενον, τὸ δὲ κινοῦν διττόν, τὸ μὲν ἀκίνητον, τὸ δὲ κινοῦν καὶ

引起运动时甚至可以与理性推理相反；因为欲求（ἐπιθυμία）是某种欲望。

所以，理智始终是正确的，而欲望和想象则既正确又不正确。因此，产生运动的东西总是欲望的对象，但这［对象］要么是好的事物，要么是看起来好的事物（τὸ φαινόμενον ἀγαθόν）——不过并不是所有的好事物，而是可以付诸行动的（πρακτὸν）好事物。而可以付诸行动的事物并不是必然的（ἄλλως ἔχειν）。

因此，很明显，正是灵魂中的这种能力——它被称为欲望——产生了运动。但是，对于那些划分灵魂各部分的人来说，如果他们是按照能力来划分和分离［灵魂各部分］的话，那么就会出现很多部分：营养的部分，感觉的部分，理性的部分，思虑的部分（βουλευτικόν），还有欲望的部分。因为与欲求（ἐπιθυμητικὸν）和血气（θυμικόν）的部分相比，这些部分彼此间的差别更大。

不过，欲望会变得彼此对立，而这发生在理性（ὁ λόγος）和欲求相对立的时候，发生在对时间有感觉的［动物］那里（因为理智命令我们基于未来而加以克制，而欲求则基于现在（διὰ τὸ ἤδη）［而命令］；因为当前的快乐看起来既是绝对快乐的，也是绝对好的——因为我们看不到未来）。不过，产生运动的东西在形式上应该只有一种，这就是作为欲望的欲望部分——不过，一切［原因］当中首要的是欲望的对象，因为它不被推动就可以通过理解（νοηθῆναι）或想象而引起运动——不过在数量上，产生运动的［原因］有多个。

不过，有三个东西［与运动相关］：首先是产生运动的东西，其次是它借以产生运动的东西，第三个则是被推动的东西。产生运动的东西是双重的：一个是没有被推动的东西，另一个则是既产生

κινούμενον, ἔστι δὴ τὸ μὲν ἀκίνητον τὸ πρακτὸν ἀγαθόν, τὸ δὲ κινοῦν καὶ κινούμενον τὸ ὀρεκτικόν (κινεῖται γὰρ τὸ κινούμενον ᾗ ὀρέγεται, καὶ ἡ ὄρεξις κίνησίς τίς ἐστιν, ἡ ἐνεργείᾳ), τὸ δὲ κινούμενον τὸ ζῷον· ᾧ δὲ κινεῖ ὀργάνῳ, ἡ ὄρεξις, ἤδη τοῦτο σωματικόν ἐστιν — διὸ ἐν τοῖς κοινοῖς σώματος καὶ ψυχῆς ἔργοις θεωρητέον περὶ αὐτοῦ.

[433b21] νῦν δὲ ὡς ἐν κεφαλαίῳ εἰπεῖν, τὸ κινοῦν ὀργανικῶς ὅπου ἀρχὴ καὶ τελευτὴ τὸ αὐτό — οἷον ὁ γιγγλυμός· ἐνταῦθα γὰρ τὸ κυρτὸν καὶ τὸ κοῖλον τὸ μὲν τελευτὴ τὸ δ᾽ ἀρχή (διὸ τὸ μὲν ἠρεμεῖ τὸ δὲ κινεῖται), λόγῳ μὲν ἕτερα ὄντα, μεγέθει δ᾽ ἀχώριστα. πάντα γὰρ ὤσει καὶ ἕλξει κινεῖται· διὸ δεῖ, ὥσπερ ἐν κύκλῳ, μένειν τι, καὶ ἐντεῦθεν ἄρχεσθαι τὴν κίνησιν. ὅλως μὲν οὖν, ὥσπερ εἴρηται, ᾗ ὀρεκτικὸν τὸ ζῷον, ταύτῃ αὑτοῦ κινητικόν· ὀρεκτικὸν δὲ οὐκ ἄνευ φαντασίας· φαντασία δὲ πᾶσα ἢ λογιστικὴ ἢ αἰσθητική. ταύτης μὲν οὖν καὶ τὰ ἄλλα ζῷα μετέχει.

运动又被推动的东西。没有被推动的东西是可以付诸行动的善，而产生运动和被推动的就是欲望的部分（因为被推动的东西是由于具有欲望而被推动，而作为现实活动的欲望则是某种运动），被推动的则是动物。而欲望借以推动［动物］运动的工具，如此看来则是具有身体的——因此，我们必须将它作为身体和灵魂共有的功能来加以思考。

不过我们现在概括地说一下：作为工具而产生运动的东西，它的所在也是起点和终点的所在之处，就像铰链一样；因为［在铰链上］凸面和凹面分别作为终点和起点（所以一个不动而另一个被推动），而这二者虽然在定义上不同，但在空间上（μεγέθει）是不可分离的。因为一切事物都是通过推或拉而被推动的。所以说，就像在一个圆当中一样，必须有某个［点］是不动的，运动也必须从这个点开始。因此，一般来说，正如我们已经说过的，只要动物具有欲望的部分，它就能推动自身。不过，欲望的部分不能没有想象，而一切想象或者是理性计算的，或者是感觉的。因此，其他动物也同样具有感觉的想象。

第十一章

[433b31] Σκεπτέον δὲ καὶ περὶ τῶν ἀτελῶν τί τὸ κινοῦν ἐστιν, οἷς ἁφῇ μόνον ὑπάρχει αἴσθησις, πότερον ἐνδέχεται φαντασίαν ὑπάρχειν τούτοις, ἢ οὔ, καὶ ἐπιθυμίαν. φαίνεται γὰρ λύπη καὶ ἡδονὴ ἐνοῦσα, εἰ δὲ ταῦτα, καὶ ἐπιθυμίαν ἀνάγκη. Φαντασία δὲ πῶς ἂν ἐνείη; ἢ ὥσπερ καὶ κινεῖται ἀορίστως, καὶ ταῦτ᾽ ἔνεστι μέν, ἀορίστως δ᾽ ἔνεστιν.

[434a5] ἡ μὲν οὖν αἰσθητικὴ φαντασία, ὥσπερ εἴρηται, καὶ ἐν τοῖς ἄλλοις ζῴοις ὑπάρχει, ἡ δὲ βουλευτικὴ ἐν τοῖς λογιστικοῖς (πότερον γὰρ πράξει τόδε ἢ τόδε, λογισμοῦ ἤδη ἐστὶν ἔργον· καὶ ἀνάγκη ἑνὶ μετρεῖν· τὸ μεῖζον γὰρ διώκει· ὥστε δύναται ἓν ἐκ πλειόνων φαντασμάτων ποιεῖν), καὶ αἴτιον τοῦτο τοῦ δόξαν μὴ δοκεῖν ἔχειν, ὅτι τὴν ἐκ συλλογισμοῦ οὐκ ἔχει, αὕτη δὲ ἐκείνην.①

[434a11] διὸ τὸ βουλευτικὸν οὐκ ἔχει ἡ ὄρεξις· νικᾷ δ᾽ ἐνίοτε καὶ κινεῖ ὁτὲ μὲν αὕτη ἐκείνην, ὁτὲ δ᾽ ἐκείνη ταύτην, ὥσπερ σφαῖρα

---

① 这里按OCT本读作 αὕτη δὲ ἐκείνην（不过OCT本把这部分放在括号中删去），Ross(1961) 则读作 αὕτη δὲ κινεῖ。

不过，我们也必须探究，是什么在那些不完备的动物那里引起运动——这些动物只有触觉，以及这些动物有没有可能具有想象和欲求（ἐπιθυμίαν）。因为它们身上显然是有痛苦和快乐的，而如果有这些［东西］，那就肯定也有欲求。但是它们如何具有想象呢？还是说，正如它们是以一种不定的方式（ἀορίστως）而被推动运动一样，它们也具有这些［东西］——但是以一种不定的方式具有［这些东西］？

所以，正如我们说过的，与感觉相关的想象（ἡ αἰσθητικὴ φαντασία）也为其他的动物所具有，但是与思虑相关的（ἡ βουλευτικὴ）［想象］则属于那些能够进行理性计算的动物（因为，是做这件事还是那件事，这已经是理性计算的工作。而且，我们必须用一个［事物］来衡量，因为我们追求的是更大的［东西］。由此我们就能从众多显像中造出一个［显像］）。而这就是［这些动物］看起来不具有信念的原因，即它们不具有从推论中得来的［想象］（τὴν ἐκ συλλογισμοῦ），而这个［想象］是具有那个［信念］的。

由于这个原因，欲望并没有思虑的部分。而有时候这个［欲望］压倒并驱动那个［欲望］，有时候那个［欲望］压倒并驱动这个［欲

<σφαῖραν>,① ἡ ὄρεξις τὴν ὄρεξιν, ὅταν ἀκρασία γένηται· φύσει δὲ ἀεὶ ἡ ἄνω ἀρχικωτέρα καὶ κινεῖ· ὥστε τρεῖς φορὰς ἤδη κινεῖσθαι. τὸ δ' ἐπιστημονικὸν οὐ κινεῖται, ἀλλὰ μένει. ἐπεὶ δ' ἡ μὲν καθόλου ὑπόληψις καὶ λόγος, ἡ δὲ τοῦ καθ' ἕκαστον (ἡ μὲν γὰρ λέγει ὅτι δεῖ τὸν τοιοῦτον τὸ τοιόνδε πράττειν, ἡ δὲ ὅτι τόδε τοιόνδε, κἀγὼ δὲ τοιόσδε), ἢ δὴ αὕτη κινεῖ ἡ δόξα, οὐχ ἡ καθόλου, ἢ ἄμφω, ἀλλ' ἡ μὲν ἠρεμοῦσα μᾶλλον, ἡ δ' οὔ.

---

① Reeve 这里按抄本读作 νικᾷ δ' ἐνίοτε καὶ κινεῖ τὴν βούλησιν, ὅτε δ' ἐκείνη ταύτην, ὥσπερ σφαῖρα，这样就译作"而有时候欲望压倒并驱动想望，有时候则相反，就像一个球"。

望］，就像一个球＜推动另一个球＞，当出现不能自制（ἀκρασία）的时候，一个欲望［就压倒］另一个欲望。但是就本性而言，更高的［欲望］总是占据主导并引起运动。这样就造成了三种方式的运动。不过，知识的部分并没有被推动，而是保持不动。而既然一个断定（ὑπόληψις）和命题（λόγος）是普遍的，另一个则是特殊的（因为前者说的是如此这般的一个人应当做如此这般的一件事，而后者说的是，这是如此这般的一件事，而我是如此这般的一个人），所以，要么是这个［特殊的］信念，而不是那个普遍的［信念］产生运动，要么是二者［共同产生运动］，但一个更静态，另一个则并非如此。

第十二章

[434a22] Τὴν μὲν οὖν θρεπτικὴν ψυχὴν ἀνάγκη πᾶν ἔχειν ὅτι περ ἂν ζῇ καὶ ψυχὴν ἔχῃ, ἀπὸ γενέσεως καὶ μέχρι φθορᾶς· ἀνάγκη γὰρ τὸ γενόμενον αὔξησιν ἔχειν καὶ ἀκμὴν καὶ φθίσιν, ταῦτα δ᾽ ἄνευ τροφῆς ἀδύνατον· ἀνάγκη ἄρα ἐνεῖναι τὴ θρεπτικὴν δύναμιν ἐν πᾶσι τοῖς φυομένοις καὶ φθίνουσιν·

[434a27] αἴσθησιν δ᾽ οὐκ ἀναγκαῖον ἐν ἅπασι τοῖς ζῶσιν· οὔτε γὰρ ὅσων τὸ σῶμα ἁπλοῦν ἐνδέχεται αὐτὴν ἔχειν, [οὔτε ἄνευ ταύτης οἷόν τε οὐθὲν εἶναι ζῷον]① οὔτε ὅσα μὴ δεκτικὰ τῶν εἰδῶν ἄνευ τῆς ὕλης. τὸ δὲ ζῷον ἀναγκαῖον αἴσθησιν ἔχειν, <οὐδὲ ἄνευ ταύτης οἷόν τε οὐθὲν εἶναι ζῷον,> εἰ μηθὲν μάτην ποιεῖ ἡ φύσις. ἕνεκά του γὰρ πάντα ὑπάρχει τὰ φύσει, ἢ συμπτώματα ἔσται τῶν ἕνεκά του. εἰ οὖν πᾶν σῶμα πορευτικόν, μὴ ἔχον αἴσθησιν, φθείροιτο ἂν καὶ εἰς τέλος οὐκ ἂν ἔλθοι, ὅ ἐστι φύσεως ἔργον (πῶς γὰρ θρέψεται; τοῖς μὲν γὰρ μονίμοις ὑπάρχει τοῦτο ὅθεν πεφύκασιν, οὐχ οἷόν τε δὲ σῶμα ἔχειν μὲν ψυχὴν

---

① 这里按 OCT 本删掉 οὔτε ἄνευ ταύτης οἷόν τε οὐθὲν εἶναι ζῷον 一句（即"若没有这个也就没有什么可算作动物了"），放到下一句 τὸ δὲ ζῷον ἀναγκαῖον αἴσθησιν ἔχειν 后面。

所以说，营养的灵魂必然是每一个有生命的事物都拥有的，也是有灵魂的生物从出生到死亡都拥有的；因为任何已经出生的事物都必定具有生长、成熟和衰朽，而没有营养，这些也就不可能了。因此，营养的能力必定存在于一切有生长和衰朽的事物那里。

不过，感觉并非必然为一切有生命的事物所拥有；因为简单物不会有触觉，而且那些不能脱离质料而接收形式的事物也不会有触觉。不过动物肯定具有感觉，<若没有这个［感觉］也就没有什么可算作动物了>，如果自然不会徒劳地做任何事的话。因为按照自然存在的一切事物都是为了某个目的而存在的，或者是与那些为了某个目的而存在的事物相伴随的。因此，如果所有能够行进的身体没有感觉，那就会毁灭而无法到达最终目的（τέλος），这个［目的］就是自然的功能（ἔργον）。（因为它要如何获得营养呢？那些静止的生物是从它们生长的地方获得营养，但是，如果一个物体不是静止的且已经生成，那它就不可能具有灵魂和能够进行辨

καὶ νοῦν κριτικόν, αἴσθησιν δὲ μὴ ἔχειν, μὴ μόνιμον ὄν, γενητὸν δέ —
ἀλλὰ μὴν οὐδὲ ἀγένητον· διὰ τί γὰρ οὐχ ἕξει; ἢ γὰρ τῇ ψυχῇ βέλτιον
ἢ τῷ σώματι, νῦν δ᾿ οὐδέτερον· ἡ μὲν γὰρ οὐ μᾶλλον νοήσει, τῷ δ᾿
οὐθὲν ἔσται μᾶλλον δι᾿ ἐκεῖνο) — οὐθὲν ἄρα ἔχει ψυχὴν σῶμα μὴ
μόνιμον <ὄν> ἄνευ αἰσθήσεως.

[434b9] ἀλλὰ μὴν εἴγε αἴσθησιν ἔχει, ἀνάγκη τὸ σῶμα εἶναι ἢ ἁπλοῦν ἢ
μικτόν. οὐχ οἷόν τε δὲ ἁπλοῦν· ἁφὴν γὰρ οὐχ ἕξει, ἔστι δὲ ἀνάγκη
ταύτην ἔχειν. τοῦτο δὲ ἐκ τῶνδε δῆλον. ἐπεὶ γὰρ τὸ ζῷον σῶμα
ἔμψυχόν ἐστι, σῶμα δὲ ἅπαν ἁπτόν, ἁπτὸν δὲ τὸ αἰσθητὸν ἁφῇ, ἀνάγκη
[καὶ] τὸ τοῦ ζῴου σῶμα ἁπτικὸν εἶναι, εἰ μέλλει σώζεσθαι τὸ ζῷον.
αἱ γὰρ ἄλλαι αἰσθήσεις δι᾿ ἑτέρων αἰσθάνονται, οἷον ὄσφρησις ὄψις
ἀκοή· ἁπτόμενον δέ, εἰ μὴ ἕξει αἴσθησιν, οὐ δυνήσεται τὰ μὲν φεύγειν
τὰ δὲ λαβεῖν. εἰ δὲ τοῦτο, ἀδύνατον ἔσται σώζεσθαι τὸ ζῷον.

[434b18] διὸ καὶ ἡ γεῦσίς ἐστιν ὥσπερ ἁφή τις· τροφῆς γάρ ἐστιν, ἡ δὲ
τροφὴ τὸ σῶμα ἁπτόν. ψόφος δὲ καὶ χρῶμα καὶ ὀσμὴ οὐ τρέφει, οὐδὲ
ποιεῖ οὔτ᾿ αὔξησιν οὔτε φθίσιν· ὥστε καὶ τὴν γεῦσιν ἀνάγκη ἁφὴν
εἶναί τινα, διὰ τὸ τοῦ ἁπτοῦ καὶ θρεπτικοῦ αἴσθησιν εἶναι· αὗται μὲν
οὖν ἀναγκαῖαι τῷ ζῴῳ, καὶ φανερὸν ὅτι οὐχ οἷόν τε ἄνευ ἁφῆς εἶναι
ζῷον, αἱ δὲ ἄλλαι τοῦ τε εὖ ἕνεκα καὶ γένει ζῴων ἤδη οὐ τῷ τυχόντι·
ἀλλὰ τισίν, οἷον τῷ πορευτικῷ, ἀνάγκη ὑπάρχειν· εἰ γὰρ μέλλει

别的理性,却没有感觉——就算它不生成也是如此。它为什么没有感觉?因为[没有感觉]要么对灵魂更好,要么对身体更好,但实际上它对二者都不会更好。因为灵魂不会由于上述情况而理解得更好,对身体来说也不会更好)——所以说,不会有哪个不静止的物体是有灵魂而没有感觉的。

然而,如果这个物体确实具有感觉,那么它必定要么是单一的,要么是混合的(μικτόν)。但是它不可能是单一的,因为这样它就不会有触觉,而它必定有触觉。这一点从以下论述来看是很清楚的。既然动物是一个有灵魂的(ἔμψυχόν)身体,而所有身体都是可触摸的,感觉的对象又是通过触觉而成为可触摸的事物①,那么动物的身体必然是有触觉的,如果动物要存活下来的话。因为其他的感觉,例如嗅觉、视觉和听觉,是通过其他的事物而感知的。但是在接触事物时,如果一个动物没有感觉,它就不能躲开一些东西,抓住另一些东西。如果是这样的话,动物就无法存活下来。

所以说,味觉也像是一种触觉,因为它关系到食物(τροφῆς),而食物是一种可触的物体。声音、颜色和气味都不提供营养,也不会导致生长或衰朽;因此味觉必定也是一种触觉,因为它是对可触的、有营养的事物的感觉。因此,[触觉和味觉]这些感觉对于动物来说都是必要的,而且很显然,没有触觉的话,动物就不可能存在;但是其他的感觉是为了"好"(τοῦ εὖ),而且并不是偶然为哪个种类的动物所有,不过对于某些动物——比如能够行进的动物——具有这些感觉也是必然的。因为如果[能够行进的]动物要

---

① ἁπτὸν δὲ τὸ αἰσθητὸν ἀφῇ, Ross(1961)删去了这句,我按 OCT 本予以保留。

σώζεσθαι, οὐ μόνον δεῖ ἁπτόμενον αἰσθάνεσθαι ἀλλὰ καὶ ἄποθεν. τοῦτο δ᾽ ἂν εἴη, εἰ διὰ τοῦ μεταξὺ αἰσθητικὸν εἴη τῷ ἐκεῖνο μὲν ὑπὸ τοῦ αἰσθητοῦ πάσχειν καὶ κινεῖσθαι, αὐτὸ δ᾽ ὑπ᾽ ἐκείνου.

[434b29]   ὥσπερ γὰρ τὸ κινοῦν κατὰ τόπον μέχρι του μεταβάλλειν ποιεῖ, καὶ τὸ ὦσαν ἕτερον ποιεῖ ὥστε ὠθεῖν, καὶ ἔστι διὰ μέσου ἡ κίνησις, καὶ τὸ μὲν πρῶτον κινοῦν ὠθεῖ οὐκ ὠθούμενον, τὸ δ᾽ ἔσχατον μόνον ὠθεῖται οὐκ ὦσαν, τὸ δὲ μέσον ἄμφω, παλλὰ δὲ τὰ μέσα, οὕτω καὶ ἐπ᾽ ἀλλοιώσεως, πλὴν ὅτι μένοντα ἐν τῷ αὐτῷ τόπῳ ἀλλοιοῦται, οἷον εἰ εἰς κηρὸν βάψειέ τις, μέχρι τούτου ἐκινήθη, ἕως ἔβαψεν· λίθος δὲ οὐδέν, ἀλλ᾽ ὕδωρ μέχρι πόρρω· ὁ δ᾽ ἀὴρ ἐπὶ πλεῖστον κινεῖται καὶ ποιεῖ καὶ πάσχει, ἐὰν μένῃ καὶ εἷς ᾖ.

[435a5]   διὸ καὶ περὶ ἀνακλάσεως βέλτιον ἢ τὴν ὄψιν ἐξιοῦσαν ἀνακλᾶσθαι τὸν ἀέρα πάσχειν ὑπὸ τοῦ σχήματος καὶ χρώματος, μέχρι περ οὗ ἂν ᾖ εἷς. ἐπὶ δὲ τοῦ λείου ἐστὶν εἷς· διὸ πάλιν οὗτος τὴν ὄψιν κινεῖ, ὥσπερ ἂν εἰ τὸ ἐν τῷ κηρῷ σημεῖον διεδίδοτο μέχρι τοῦ πέρατος.

存活下来，那它不仅必须在接触［事物］的时候能够感知，而且必须在一定距离之外［也能感知］。如果它能够通过介质而感知的话，就会是这种情况，而介质受到感觉对象的影响并被推动，动物则受到介质［的影响并被推动］。

因为正如引起空间位置运动的事物产生了某种程度的变化，而且推动其他东西的那个事物也令它［推动别的事物］，这个运动就是通过中间物（μέσου）而发生的。并且，正如最初的推动者（τὸ πρῶτον κινοῦν）推动［其他事物］而不被推动，最后的那个事物只是被推动而不推动［其他事物］，中间物则既推动又被推动（不过中间物有很多）。同样，改变（ἐπ' ἀλλοιώσεως）的情况也是如此，事物除了状态发生改变以外，空间位置依然保持不变。例如，如果有人将某个东西浸入蜡中，蜡就会移动到东西浸入的地方；但是一块石头就不会［这样移动］，不过，水被移动的［距离］会更多，空气被移动的［距离］则是最多，而且，如果它保持不动并且始终是一个整体的话，它就会既产生影响又受到影响。

正因如此，关于反射（ἀνακλάσεως），最好不要说［从眼睛中］发出的视线被反射回来，而是说空气——就其保持为一个整体而言——受到了形状和颜色的影响。不过在平滑的表面上，它还是一个整体；因此它就反过来推动视觉，就好像蜡上的印记已经穿透到它［另一面］的边界一样。

第十三章

[435a11]　　Ὅτι δ᾽ οὐχ οἷόν τε ἁπλοῦν εἶναι τὸ τοῦ ζῴου σῶμα, φανερόν, λέγω δ᾽ οἷον πύρινον ἢ ἀέρινον. ἄνευ μὲν γὰρ ἁφῆς οὐδεμίαν ἐνδέχεται ἄλλην αἴσθησιν ἔχειν (τὸ γὰρ σῶμα ἁπτικὸν τὸ ἔμψυχον πᾶν, ὥσπερ εἴρηται)· τὰ δὲ ἄλλα ἔξω γῆς αἰσθητήρια μὲν ἂν γένοιτο, πάντα δὲ τῷ δι᾽ ἑτέρου αἰσθάνεσθαι ποιεῖ τὴν αἴσθησιν, καὶ διὰ τῶν μεταξύ, ἡ δ᾽ ἁφὴ τῷ αὐτῶν ἅπτεσθαί ἐστιν, διὸ καὶ τοὔνομα τοῦτο ἔχει. καίτοι καὶ τὰ ἄλλα αἰσθητήρια ἁφῇ αἰσθάνεται, ἀλλὰ δι᾽ ἑτέρου· αὕτη δὲ δοκεῖ μόνη δι᾽ αὑτῆς. ὥστε τῶν μὲν τοιούτων στοιχείων οὐθὲν ἂν εἴη σῶμα τοῦ ζῴου.

[435a20]　　οὐδὲ δὴ γήϊνον. πάντων γὰρ ἡ ἁφὴ τῶν ἁπτῶν ἐστιν ὥσπερ μεσότης, καὶ δεκτικὸν τὸ αἰσθητήριον οὐ μόνον ὅσαι διαφοραὶ γῆς εἰσίν, ἀλλὰ καὶ θερμοῦ καὶ ψυχροῦ καὶ τῶν ἄλλων ἁπτῶν ἁπάντων. καὶ διὰ τοῦτο τοῖς ὀστοῖς καὶ ταῖς θριξὶ καὶ τοῖς τοιούτοις μορίοις οὐκ αἰσθανόμεθα, ὅτι γῆς ἐστιν, καὶ τὰ φυτὰ διὰ τοῦτο οὐδεμίαν ἔχει αἴσθησιν, ὅτι γῆς ἐστιν· ἄνευ δὲ ἁφῆς οὐδεμίαν οἷόν τε ἄλλην ὑπάρχειν, τοῦτο δὲ τὸ αἰσθητήριον οὐκ ἔστιν οὔτε γῆς οὔτε ἄλλου τῶν στοιχείων οὐδενός.

很显然，动物的身体不会是单一的——我的意思是说，比如，不可能是火或气［构成的］。因为没有触觉的话，它就不会有其他感觉（因为每一个置入灵魂的物体都有触觉，就像我们之前说过的）。现在，除了土之外的其他元素都能变成感觉器官，但它们都是通过感知其他事物，即通过介质而产生感觉的。但是触觉就是触碰事物［而产生的］，也正因此它才有了这个名字。不过就算是其他感觉器官，也是通过触觉而进行感知的，但是也通过其他事物；而触觉本身似乎仅仅通过自身［而感知］。因此，在这些元素当中，没有哪一个能［单独］构成动物的身体。

［动物的身体］也不可能是由土组成的。因为触觉就好像作为所有触觉对象的中间物，其感觉器官所能够接受的，不仅仅是土的特质，而且也包括冷和热以及其他一切触觉对象［的特质］。由于这个原因，我们并不是用我们的骨头、毛发以及此类的部分来感知的，因为［它们］都是由土构成的。也正因如此，植物也没有感觉，因为［它们］是由土构成的。但是，若没有触觉，其他的感觉也就不可能存在，而这个感觉器官既不是［仅仅］由土构成的，也不是［仅仅］由其他元素构成的。

[435b4]   φανερὸν τοίνυν ὅτι ἀνάγκη μόνης ταύτης στερισκόμενα τῆς αἰσθήσεως τὰ ζῷα ἀποθνήσκειν· οὔτε γὰρ ταύτην ἔχειν οἷόν τε μὴ ζῷον ὄν, οὔτε ζῷον ὂν ἄλλην ἔχειν ἀνάγκη πλὴν ταύτην. καὶ διὰ τοῦτο τὰ μὲν ἄλλα αἰσθητὰ ταῖς ὑπερβολαῖς οὐ διαφθείρει τὸ ζῷον, οἷον χρῶμα καὶ ψόφος καὶ ὀσμή, ἀλλὰ μόνον τὰ αἰσθητήρια (ἂν μὴ κατὰ συμβεβηκός, οἷον ἂν ἅμα τῷ ψόφῳ ὦσις γένηται καὶ πληγή), καὶ ὑπὸ ὁραμάτων καὶ ὀσμῆς ἕτερα κινεῖται, ἃ τῇ ἁφῇ φθείρει. καὶ ὁ χυμὸς δὲ ᾗ ἅμα συμβαίνει ἁπτικὸν εἶναι, ταύτῃ φθείρει, ἡ δὲ τῶν ἁπτῶν ὑπερβολή, οἷον θερμῶν καὶ ψυχρῶν καὶ σκληρῶν, ἀναιρεῖ τὸ ζῷον· παντὸς μὲν γὰρ ὑπερβολὴ αἰσθητοῦ ἀναιρεῖ τὸ αἰσθητήριον, ὥστε καὶ τὸ ἁπτὸν τὴν ἁφήν, ταύτῃ δὲ ὥρισται τὸ ζῷον· ἄνευ γὰρ ἁφῆς δέδεικται ὅτι ἀδύνατον εἶναι ζῷον. διὸ ἡ τῶν ἁπτῶν ὑπερβολὴ οὐ μόνον τὸ αἰσθητήριον φθείρει, ἀλλὰ καὶ τὸ ζῷον, ὅτι ἀνάγκη μόνην ἔχειν ταύτην.

[435b19]   τὰς δ' ἄλλας αἰσθήσεις ἔχει τὸ ζῷον, ὥσπερ εἴρηται, οὐ τοῦ εἶναι ἕνεκα ἀλλὰ τοῦ εὖ, οἷον ὄψιν, ἐπεὶ ἐν ἀέρι καὶ ὕδατι, ὅπως ὁρᾷ, ὅλως δ' ἐπεὶ ἐν διαφανεῖ, γεῦσιν δὲ διὰ τὸ ἡδὺ καὶ λυπηρόν, ἵνα αἰσθάνηται τὸ ἐν τροφῇ καὶ ἐπιθυμῇ καὶ κινῆται, ἀκοὴν δὲ ὅπως σημαίνηταί τι αὐτῷ [γλῶτταν δὲ ὅπως σημαίνῃ τι ἑτέρῳ].

因此很明显，只有失去了这种感觉，动物才必定死去。因为其他那些不是动物的存在不可能具有这种感觉，而动物也并不必然具有除了这种感觉之外的其他感觉。正因如此，其他的感觉对象，例如颜色、声音和气味，在过度的情况下并不会毁掉动物，而只是毁掉［它们的］感觉器官（除非是在偶然意义上［毁掉动物］，比如说，如果撞与击都和声音同时发生）；还有其他通过触觉而被毁坏的事物会通过视觉和嗅觉对象而被推动。而口味（ὁ χυμὸς）也会毁坏［事物］，因为它碰巧同时也是可触摸的。但是，触觉对象——例如热的东西、冷的东西和坚硬的东西——的过度会害死动物。因为一切感觉对象的过度都会毁坏感觉器官，这样一来触觉对象［的过度］就会毁坏触觉，而动物正是由这个［触觉］来界定的。因为我们已经表明，没有触觉的话，动物就不能存在。正因如此，触觉对象的过度不仅会毁坏感觉器官，而且也会毁掉动物，因为只有这种［感觉］是动物必须具有的。

而动物具有其他感觉，正如我们已经说过的，不是为了存在，而是为了存在得好，例如［动物有］视觉是为了看，因为［它生活］在空气中和水里，或者一般来说，因为它生活在透明的东西中。它是因为令人愉快和令人痛苦的东西而具有味觉，以便可以在食物中感知到［这些东西］，可以具有欲望，可以被推动。而它具有听觉是为了某个事物可以向它指示出来，而具有舌头则是为了能将某个事物指示给另一个［动物］。[①]

---

① γλῶτταν δὲ ὅπως σημαίνῃ τι ἑτέρῳ，OCT 本和 Ross（1961）删去了这句话，但是很多英译本都予以保留。

本书所涉著作名称及缩略语表

亚里士多德（Aristotle）：

《论灵魂》（*De Anima, DA.*）

《后分析篇》（*Posterior Analytics, APo.*）

《论生灭》（*On Generation and Corruption, GC.*）

《动物志》（*History of Animals, HA.*）

《范畴篇》（*Categories, Cat.*）

《形而上学》（*Metaphysics, Met.*）

柏拉图（Plato）：

《理想国》（*Republic, Rep.*）

《斐多》（*Phaedo, Phd.*）

《巴门尼德》（*Parmenides, Parm.*）

《蒂迈欧》（*Timaeus, Tim.*）

荷马（Homer）：

《伊利亚特》（*Iliad*）

OCT = D. Ross, *Aristotelis De Anima* (Oxford, 1956)

Ross (1961) = D. Ross, *Aristotle De Anima: Edited, with Introduction and Commentary* (Oxford, 1961).

文献信息

使用文本

1. W. D. Ross, *Aristotelis De Anima, the Oxford Classical Texts* (OCT), Oxford University Press, 1956.

2. W. D. Ross, *Aristotle De Anima: Edited, with Introduction and Commentary*, Oxford University Press, 1961.

主要参考译本及评注

1. C.D.C. Reeve, *Aristotle De Anima*, Hackett, 2017.

2. C. Shields, *Aristotle De Anima*, Carendon Press, Oxford, 2016.

3. D. W. Hamlyn, *Aristotle's De Anima Books II and III* (with Certain Passages from Book I), Oxford University Press, 1968.

4. R. Hicks, *Aristotle De Anima with Translation, Introduction, and Notes*, Cambridge University Press, 1965.

5. R. Polansky, *Aristotle's De Anima*, Cambridge University Press, 2007.

6. Fred D. Miller, Jr, *Aristotle On the Soul and Other Psychological Works*, Oxford World's Classics, Oxford, 2018.

7. M. Durrant, *Aristotle's De Anima in Focus*, Routledge, 1983.

8. 《论灵魂》，秦典华译，苗力田主编，《亚里士多德全集》第三卷，中国人民大学出版社，1992年。

致 谢

正是由于我的三位卓越的同行——葛天勤、魏梁钰和徐向东——所给予我的无私帮助和细致修改,本书的翻译才得以顺利完成,在此要特别向他们表达我最真诚也最深挚的谢意与敬意。感谢王妹和张仑阅读译稿第一卷的最初草稿,并给予宝贵的修改意见。感谢这本书的责任编辑王晨玉,如果没有她的信任、守护和所付出的辛苦,这本书不会是现在这个样子。最后还要感谢所有前辈译者和评注者,正是他们杰出的研究、翻译和评注工作,才令这个译本成为可能。当然,由于时间和译者的能力所限(尤其是后者),这个译本当中难免有错误、疏漏,可能引起理解困难的表述和不成熟的表达,同时也并未给出比较详细和完备的说明与评注。译者本人当为以上错误、疏漏及不足之处负责,并将在日后出版的评注本和修订版当中尽力改正。

陈 玮

2021 年 11 月

杭州,港湾家园